D1573918

Wir finden für Sie die optimale Lösung!

YIT steht als Kurzform für das finnische „Yleinen Insinööritoimisto" und heißt übersetzt: „Allgemeine Ingenieurgesellschaft". Europaweit stehen die drei englisch ausgesprochenen Buchstaben YIT inzwischen aber vor allem für eines: perfekte Gebäudetechnik und Facility Services! Als einer der führenden Anbieter für technische Gebäudeausrüstung, Facility Management und Energiespar-Contracting in Europa erwirtschaftete YIT im Jahr 2010 in allen Segmenten mit rund 26.000 Mitarbeitern einen Umsatz von ca. 3,8 Mrd. Euro.

In Deutschland betreibt YIT ein eigenes Forschungs- und Entwicklungszentrum, entwickelt und fertigt eigene Komponenten und Produkte und bietet lüftungstechnische Sonderlösungen sowie Anlagen zur Abluftreinigung an – allein in Deutschland mit rund 2.800 Mitarbeitern in 25 Niederlassungen. Wir betreuen Bürogebäude und Industrieanlagen ebenso wie Flughäfen, Kraftwerke, Hotels oder Kongresszentren und sorgen dafür, dass alles reibungslos funktioniert: zuverlässig, effizient und kostenoptimiert.

YIT Germany GmbH
Niederlassung Köln

Dürener Straße 401 B
50858 Köln

Tel.: +49 221 93310-0
Fax: +49 221 93310-111

info@yit.de
www.yit.de

Bauen + Wirtschaft®
Architektur der Region im Spiegel

KÖLN-BONN
2011

Wirtschafts- und
Verlagsgesellschaft
mbH

ISBN 978-3-939824-76-3

26 Campus Poppelsdorf, Bonn
Beitrag: „Im Blickpunkt"

Bildnachweise siehe Redaktionsbeiträge

26 Wettbewerb Historisches Archiv und Kunst- und Museumsbibliothek
Beitrag: „Im Blickpunkt"

38 Integrierte Gesamtschule Rodenkirchen, Köln
Beitrag: Gebäudewirtschaft der Stadt Köln

STANDPUNKTE

8

Köln ist auf gutem Kurs!
Von Jürgen Roters
Oberbürgermeister der Stadt Köln

9

Lohnenswert, sich mit Bonn näher zu beschäftigen
Von Jürgen Nimptsch
Oberbürgermeister der Stadt Bonn

10

Bauen heißt verantwortete Baukultur
Von Dipl.-Ing. Thomas Kempen, Beratender Ingenieur BDB
Vorsitzender des Landesverbandes
Bund Deutscher Baumeister, Architekten und Ingenieure e.V. NRW

11

**Neue Impulse für die Region Köln/Bonn –
Nur denkbar mit den Ideen unabhängiger Ingenieure**
Von Dipl.-Ing. Bernhard Spitthöver
Vorsitzender des VBI-Landesverbandes Nordrhein-Westfalen

12

Immobilienwirtschaft kann Lebensgefühl einer Region stärken
Von Dr. Daniel Arnold
Regionalbeauftragter Nordrhein-Westfalen
des ZIA Zentraler Immobilien Ausschuss e.V.

IM BLICKPUNKT

14

Zentrale Themen der Kölner Stadtentwicklung
Von Bernd Streitberger
Dezernent für Stadtentwicklung, Planen und Bauen der Stadt Köln

20

Bonn – wachsende Stadt am Rhein
Von Werner Wingenfeld
Stadtbaurat der Stadt Bonn

26

Sehenswerte Architektur in Köln und Bonn
Campus Poppelsdorf der Rheinischen Friedrich-Wilhelms-Universität Bonn / Wettbewerb Neubau Historisches Archiv und Kunst- und Museumsbibliothek, Köln / „hw rod" – Lagerstätte für Hochwasserschutzelemente, Köln / Umbau Bürogebäude zu Wohnhaus, Niebuhrstraße, Bonn / Einfamilienhaus Leinsamenweg, Köln-Müngersdorf / Einfamilienhaus Piccolominstraße, Köln

67

Per Mausklick Überblick über Baubranche
Ausgaben der Architekturtitel des WV-Verlages unter www.bauenundwirtschaft.com als Vollversion im Internet. Wir stellen auch Ihr Angebot mit vielen Serviceleistungen ins Netz

75

Online-Dienst für Bauen und Architektur
www.bauinsel.com – die Internet-Insel für alle Bauinteressierten / Unabhängiger, überregionaler Online-Dienst der Insel online GmbH, der Partnerfirma des WV-Verlages

174

Bauvertrag: Auf was sollte der Handwerker achten?
Von Bernd Ebers
Rechtsanwalt und Notar in Limburg/Lahn

14 „Zentrale Themen der Kölner Stadtentwicklung"
Fachbeitrag: Bernd Streitberger
Dezernent für Stadtentwicklung, Planen und Bauen der Stadt Köln

ÖFFENTLICHE BAUTEN / SANIERUNG

38

Verschiedene Schulbaumaßnahmen der Stadt Köln
ÖPP-Projekt „Neubau und Betrieb der Integrierten Gesamtschule Rodenkirchen" / Teilneubau Gymnasium Schaurtestraße in Köln-Deutz / Neubau Städtische Schule für Sprachbehinderte mit Sporthalle Judenkirchhofsweg, Köln-Deutz / Erweiterung der Florianschule, Köln-Weidenpesch

68

Moderne Bäder für die Bürger von Köln
Sportgerechte Freizeitanlage Lentpark / Neubau Stadionbad / Generalsanierung des Zollstockbads

76

Bauen zum Wohle der Patienten
Klinik-Campus – die größte Baustelle Kölns: Neubau Laborgebäude CECAD / Laborgebäude für Alterns- und Genomforschung / Funktionsgebäude für Alternsforschung / Neubau Zahnklinik / Neubau Funktionsgebäude UB-West / Sanierung Bettenhaus

132

Investition in Gesundheit: Ausbau des Universitätsklinikums Bonn
Erschließungsmaßnahme Süd: Neubau eines Energie- und Medienkanals, Neubau des Parkhauses „Süd", Grundsanierung des Instituts für Experimentelle Hämatologie und Transfusionsmedizin, Neubau einer Modulbauklinik, Neubau der Kliniken Neurologie, Psychiatrie und Palliativmedizin

150

Bauliche Investition in Bildung
Die Stadt Mülheim an der Ruhr saniert und erweitert die Karl-Ziegler-Schule, die Willy-Brandt-Schule und die Luisenschule

172

Sanierter Bibliotheksbau übertrifft Original
Um- und Ausbau der Universitäts- und Landesbibliothek Bonn

20 „Bonn – wachsende Stadt am Rhein"
Fachbeitrag: Werner Wingenfeld
Stadtbaurat der Stadt Bonn

76 Laborgebäude CECAD, Uniklinik Köln
Beitrag: medfacilities

132 Kliniken Neurologie, Psychiatrie und Palliativmedizin, Universitätsklinikum Bonn
Beitrag: Universitätsklinikum Bonn

184 Umbau ehemaliges Altes Abgeordnetenhochhaus, Bonn
Beitrag: Assmann Beraten+Planen

46 Nord-Süd Stadtbahn Köln
Beitrag: Kölner Verkehrs-Betriebe

184

Komplexe Bauprojekte mit hohem Anspruch
UN-Campus: die zurzeit größte laufende Baumaßnahme des Bundes in Bonn / Fachhochschule Südwestfalen: Erweiterungsgebäude in Meschede / Neubau Finanzamt Leverkusen / Neubau Feuerwache Dinslaken

ÖFFENTLICHE BAUTEN

46

Nord-Süd Stadtbahn Köln
Eines der größten Infrastrukturprojekte im Öffentlichen Personennahverkehr in Deutschland – 3D-Ansichten erlauben schon jetzt einen Blick in die neuen Haltestellen

87

Forschung unter Glas
Max-Planck-Institut für Biologie des Alterns, Köln

128

Ein würdiger, sakraler Ort: Den Hinterhöfen entwachsen
In Köln-Ehrenfeld errichtet die Türkisch-Islamische Union der Anstalt für Religionen e.V. (DITIB) eine neue Moschee

131

Klinik der kurzen Wege
Die Kliniken der Stadt Köln gGmbH investieren in einen Neubau für das Krankenhaus Köln-Merheim

166

Neue Schatzkammern der Bildung
Verbesserung der Studienbedingungen durch ein neues Seminargebäude für die Universität zu Köln

ÖFFENTLICHE BAUTEN / WOHNUNGSBAU

175

Ev. Gemeindezentrum und attraktiver Mietraum unter einem Dach
Neubau des Ernst-Flatow-Hauses mit Gemeindezentrum und 25 Mietwohnungen in Ehrenfeld

WOHNUNGSBAU

114

Gelebte Urbanität in grüner Wohnlage
Im Kölner Süden errichten vier Wohnungsbaugenossenschaften das Neubaugebiet „Vorgebirgsgärten"

118
Hochwertiger innerstädtischer Wohnraum – attraktive Hauspreise
Neue Wohnparks der Deutschen Reihenhaus AG in Köln-Widdersdorf, Köln-Poll und Bonn-Lengsdorf

124
Architektur trifft Natur – mitten in der Stadt
Wohnanlage „Am Clarenbach" und Mehrfamilienhaus Joeststraße 7 – 9 in Köln-Lindenthal

142
Modernes Leben am Rhein
In Köln-Ensen und Niederkassel-Mondorf entstehen zwei Neubaugebiete am Rheinufer

145
Ein Garten in Sülz
Individuelles Raumgefüge, preiswert und in zeitloser Architektur – „Sülzterrassen"

148
Draußen im Grünen und doch mittendrin
Das Baugebiet „Am Feldrain" als neue Adresse für hochwertiges Wohnen in attraktiver Lage in Köln-Sürth

153
Finanzierbare, qualitativ hochwertige Zuhause zum Wohlfühlen
Germania Carré in Köln-Porz / Einfamilienhäuser in Köln-Rath und Köln-Sürth

156
Architektenhäuser: schick, elegant und individuell
Stadthäuser „Am alten Bach", Neuss-Allerheiligen / Wohnviertel Park Linné, Köln-Braunsfeld

162
„Energiediät"-Wohnen in Köln-Nippes
Zwei Neubauprojekte Neusser Straße – gehobener Standard, gesenkte Kosten

WOHN- UND GESCHÄFTSBAUTEN / GEWERBEBAUTEN

94
Städtebaulich anspruchsvolle Planungen
Geschäftshaus in Bonn-Beuel-Vilich / Ausbau Aldi-Filiale in Bonn, Endenicher Straße / Einfamilienhaus in Erpel, nahe Bonn

87 Max-Planck-Institut für Biologie des Alterns, Köln
Beitrag: hammeskrause architekten

124 Mehrfamilienhaus Joeststraße, Köln
Beitrag: Günther Fischer, Gesellschaft für Baubetreuung

138 Gürzenich Quartier, Köln
Beitrag: PARETO

168 Wohnbebauung „Romeo e Giulietta", Köln
Beitrag: a+m architekten ingenieure

146 AKR-art'otel, Köln
Beitrag: LIP Ludger Inholte Projektentwicklung

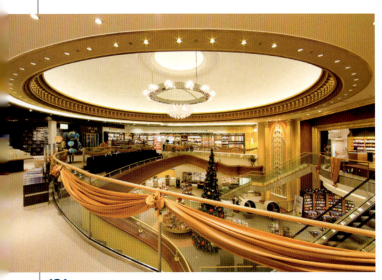
161 Buchhandlung im ehemaligen Kino Metropol, Bonn
Beitrag: MICHAEL Architekten

WOHNUNGSBAU / GEWERBEBAUTEN

138

Überzeugende Lösungen
Außergewöhnliche Architektur in Vorzeigelage: brandtelf, Bonn / Ideale Kombination aus „Wohnen im Grünen" und Stadtleben: STIL QUARTIER, Köln / Bereicherung für die Domstadt: Gürzenich-Quartier, Köln

164

Neues Ärztehaus für Röttgen
Versorgung im Bonner Westen wird gestärkt

168

Struktur aus Gemeinschaft, Kontext und Umwelt
Bürohaus „Altes Kesselhaus" im Leskanpark, Köln-Dellbrück / Wohnbebauung „Romeo e Giulietta", Köln-Weidenpesch / Wohnbebauung Max-Wallraf-Straße, Köln

178

Verantwortungsvolle Stadtentwicklung für Köln
Baufeld 10 – Neubau Bürogebäude im Rheinauhafen / Butzweilerhof – Neubau von 99 Einfamilienhäusern

GEWERBEBAUTEN

146

Spektakulärer Hotelbau direkt am Rheinufer
Der Neubau des AKR-art'otel im Rheinauhafen in Köln

GEWERBEBAUTEN / GESCHÄFTSHAUS

158

Büro- und Geschäftshaus Westgate
Green Building mit zentraler Lage und Blick auf den Kölner Dom

SANIERUNG / WOHNUNGSBAU

100

Stadtveredelungen mit innerstädtischem Wohnungsbau
Köln: Aachener Straße 243 – 247 / Pfitznerstraße 5 / Düsseldorfer Straße 53 / Falkenburgstraße 23 – 27 / Gereonshof 4 – 6 / Gocher Straße 15 / Mauritiussteinweg 58 / Norbertstraße 22 – 30 / Rhöndorfer Straße 14 a / Wichterichstraße 13 – 15

176

Komfortables Wohnen in historischer Denkmalschutzsubstanz
Restaurierung des denkmalgeschützten Gutes „Steinneuerhof" in Köln-Rondorf

SANIERUNG / GEWERBEBAUTEN

161

Eine Bühne für Filme wird zu einer Bühne für Bücher
Sanierung und Umnutzung des historischen Lichtspielhauses Metropol am Bonner Marktplatz

SANIERUNG / GEWERBEBAUTEN / GESCHÄFTSBAUTEN

88

Vermarktungsgerechte Planung, optionale Flexibilität
Umbauten Büro- und Geschäftshäuser Neumarkt 8 – 10 und Schildergasse 84a in Köln

SANIERUNG / GEWERBEBAUTEN / WOHNUNGSBAU

108

Große Projekte – erste Adressen
Köln: Blau-Gold-Haus in neuem Glanz und mit neuer Nutzung / Repräsentatives Geschäfts- und Bürohaus im TechnologiePark Köln / Residenz Braunsfeld bietet 46 barrierefreie Wohneinheiten

SANIERUNG / RESTAURIERUNG

154

M70 – stilvoll arbeiten in Exklusivität und Klasse
Generalsanierung und Umnutzung des ehemaligen Marienburger Kurbads in Köln

170

Denkmalgeschützte Gebäude behutsam revitalisiert
Umbau und Sanierung des Gereonshauses / Um- bzw. Neubau des COMEDIA Theaters in Köln

SERVICE

188

Die Bauspezialisten – Branchenverzeichnis

208

Impressum

Diese Ausgabe finden Sie auch im Internet unter
www.bauenundwirtschaft.com
mit vielen Suchfunktionen und mehr!

Region mit produktiver Dynamik

Gebildet wird die Region von den Städten Köln, Bonn und Leverkusen sowie dem Rheinisch-Bergischen-Kreis, dem Rhein-Sieg-Kreis, dem Rhein-Erft-Kreis und dem Oberbergischen Kreis. Zentrale Kennzeichen der Wirtschaft in der Region Köln/Bonn sind ihre dynamische Branchenstruktur und ein ausgewogener Mix an Betriebsgrößen. Um die großen Werke der Rheinschiene und die hoch spezialisierten Handwerks- und Industrieunternehmen des Umlandes hat sich eine neue Wirtschaftslandschaft entwickelt, die auf die alten Schwerpunkte aufbaut und moderne Branchen hinzufügt. Diese kennen keine kommunalen Grenzen mehr und ermöglichen eine Vielzahl von Synergieeffekten.

Die Region Köln/Bonn profitiert dabei von ihrer zentralen Lage im erweiterten Europa der Regionen. Sie ist Teil des größten und produktivsten europäischen Wirtschaftsraumes und zugleich eine Drehscheibe Europas mit optimaler Erreichbarkeit über alle Verkehrswege.

Moderne Industrie und Dienstleistung stellen die Basis für die weitere Entwicklung der Region dar. Sie profitieren von einem starken Angebot regionaler Dienstleister und dem breiten Know-how der regionalen Forschung und Wissenschaft, die einer der oftmals unterschätzten „Zukunftsmacher" in der Region ist – eine vorzügliche Plattform für die wissensbasierte Weiterentwicklung der regionalen Wirtschaft.

Wir haben uns mit dieser Ausgabe die Aufgabe gestellt, anhand ausgewählter Bauprojekte die vielfältige Bandbreite architektonischer Kreativität und intelligenter Lösungskonzepte in Köln und Bonn aufzuzeigen. „Bauen + Wirtschaft, Architektur der Region im Spiegel – Köln • Bonn 2011" ist eine Publikation über die baulichen Aktivitäten in diesem Ballungsraum und zugleich ein nützliches Nachschlagewerk. Die vorgestellten und im Branchenverzeichnis „Die Bauspezialisten" am Ende der Ausgabe aufgeführten Firmen wurden von unseren Redakteuren befragt. Die beteiligten Firmen präsentierten sich als leistungsstarke Baupartner, die durch Kompetenz, Flexibilität und Innovationsbereitschaft überzeugten.

Ihre WV Chefredaktion

Köln ist auf gutem Kurs!

Von Jürgen Roters
Oberbürgermeister der Stadt Köln

Mit dem Rheinauhafen hat Köln dem weltbekannten Dom ein modernes Wahrzeichen an die Seite gestellt: Die drei Kranhäuser prägen die neue Kölner Stadtsilhouette. Tradition und Moderne, Geschichte und Zukunft – das Rheinpanorama bringt auf den Punkt, dass in Köln beides zusammengehört. Die zweitausendjährige Stadt ist jung geblieben. Eine Botschaft, die durch dieses Bild vom heutigen Köln, durch den Blick auf Dom und Kranhäuser, immer mit transportiert wird.

Auch in Zukunft kann die Rheinmetropole auf Wachstum setzen. Bis 2030 wächst Kölns Einwohnerzahl laut IT.NRW, dem früheren Landesamt für Statistik, um 11 Prozent auf über 1.100.000. In puncto Wirtschaft hat Köln die Weichen ebenfalls auf Zukunft gestellt. Über 82 Prozent der sozialversicherungspflichtig Beschäftigten arbeiten im Dienstleistungsbereich. Für wirtschaftliche Stabilität und Dynamik sorgt darüber hinaus neben der zentralen Lage der Stadt insbesondere der breite Branchenmix im Wirtschaftsraum Köln. Das kommt auch dem Kölner Immobilienmarkt zugute. So hat sich Köln in den letzten Jahren dauerhaft in der Spitzengruppe der deutschen Immobilienzentren etabliert.

Standortentscheidungen renommierter Unternehmen stehen für die Anziehungskraft der Domstadt: Von der Generali Holding Deutschland über die Verlagsgruppe Bastei Lübbe oder den indischen Softwarespezialisten Defiance bis zur Detecon International GmbH. Die auf Informations- und Kommunikationstechnologie spezialisierte Managementberatung der Telekom-Gruppe kommt mit 600 Mitarbeitern im Sommer 2012 nach Köln.

Dass schließlich Lanxess seine Konzernzentrale mit über 1.000 hoch qualifizierten Mitarbeitern zukünftig in Köln hat, stärkt den Wirtschaftsstandort nachhaltig. Das MDax Unternehmen hat sich 38.000 m² mit Domblick gesichert und das Projekt „maxCologne" einen prominenten Nutzer für das 22-stöckige Hochhaus gefunden. In unmittelbarer Nachbarschaft läutet das Großprojekt MesseCityKöln die nächste Etappe für Deutz als rechtsrheinische Innenstadt ein. Das ICE-Terminal Köln Deutz/Messe liegt sozusagen vor der Haustür. So ist der Frankfurter Flughafen in nur 48 Minuten zu erreichen. Und die schnellste Bahnverbindung zum Köln Bonn Airport dauert gerade einmal acht Minuten. Mit ihrer zentralen Lage und ausgezeichneten Verkehrsanbindung hat die MesseCityKöln das Potenzial zu einem Businessquartier von internationalem Format.

Köln bietet hochkarätige Projekte und Perspektiven. Ich lade Sie ein, uns auf unserem Weg in die Zukunft zu begleiten.

Lohnenswert, sich mit Bonn näher zu beschäftigen

Von Jürgen Nimptsch
Oberbürgermeister der Stadt Bonn

Das Werden und Wachsen einer Stadt ist Ausdruck der in ihr „wohnenden" und wirkenden Kräfte, ihres Suchens nach dem passenden Weg und dem angemessenen Maßstab, ihrer Dynamik und manchmal auch einfach nur der politischen Gegebenheiten.
In diesem Buch stellt unser Stadtbaurat Werner Wingenfeld das Baugeschehen aus fachlicher Sicht dar. Ich beschränke mich deshalb hier auf einige Rahmenbedingungen, unter denen sich Stadtentwicklung zurzeit in Bonn vollzieht.
Die Bonner Zahlen sind gut. Im Sommer 2011 meldeten die Statistiker des Landes Nordrhein-Westfalen, dass in Bonn mehr Babys als in anderen Städten des Landes geboren werden: 3.335 Kinder erblickten hier 2010 das Licht der Welt; 6,3 Prozent mehr als im Jahr davor. Auch der Einwohnerzuwachs ist ungebrochen: Nach der Kommunalstatistik leben jetzt rund 318.000 Menschen in Bonn, mit steigender Tendenz, wie IT.NRW festgestellt hat: Bis 2030 soll die Stadt noch einmal über elf Prozent mehr Bürgerinnen und Bürger haben, also etwa 353.600.
Stolz kann Bonn auch auf sein hohes Bildungsniveau sein: Über die Hälfte der Schulabgänger hat Abitur; das ist in NRW Spitze. Die gut ausgebildete Bevölkerung ist ein wichtiges Argument für Unternehmen, die hier qualifizierte Arbeitskräfte finden. Beleg dafür ist die wachsende Zahl an sozialversicherungspflichtigen Arbeitsplätzen (plus 1,6 Prozent 2010). Auch die Unternehmensgründungen nehmen zu und lagen 2010 mit 3.323 neuen Firmen 2,7 Prozent über dem Vorjahr. Rückläufig sind dagegen die Insolvenzen, die 2010 mit 168 um 13,4 Prozent niedriger waren als 2009 und auch weniger Beschäftige betrafen (350 statt 448). Die Arbeitslosenquote lag im Juni 2011 bei 6,5 Prozent statt 6,9 Prozent zwölf Monate davor.
Die Weichen, die in den vergangenen Jahren für Bonn gestellt worden sind, erweisen sich als belastbar und zukunftsträchtig. Nach gemeinsamen Anstrengungen aller Beteiligten ist der Haushalt 2011/12 in trockenen Tüchern und die Fertigstellung des World Conference Center Bonn auf gutem Wege. Der Rat hat erst nach Redaktionsschluss entschieden, ob er dem Vorschlag der Verwaltung folgt, nach Möglichkeit einen privat finanzierten Neubau am Rande der Rheinaue zu errichten. Bis Mitte 2012 müsste die Finanzierung gesichert sein, damit wir das Gebäude rechtzeitig zu Beethovens 200. Geburtstag im Jahr 2020 in Betrieb nehmen können.
Dass ich als Bonner Oberbürgermeister die positive Entwicklung unserer Stadt herausstelle, ist nicht verwunderlich. Dass allerdings die Städte-Rankings aller Art Bonn immer wieder unter die „Top Ten" oder gar in die Spitzengruppe platzieren, ist – bei aller Skepsis gegenüber solchen Rankings – sicher ein Zeichen, dass es sich wirklich lohnt, sich mit Bonn näher zu beschäftigen. Ich lade Sie herzlich dazu ein.

Bauen heißt verantwortete Baukultur

Von Dipl.-Ing. Thomas Kempen, Beratender Ingenieur BDB
**Vorsitzender des Landesverbandes
Bund Deutscher Baumeister, Architekten und Ingenieure e.V. NRW**

© rossifoto, Bochum

Der Umbau unserer Städte ist weiterhin das alles umfassende, zentrale Thema des Bauens, nicht nur in NRW – die Aufgaben sind immens: wir müssen praktikable Lösungen entwickeln für den demografischen Wandel, intelligente Konzepte bereitstellen für die energetische Sanierung unserer Bestände, haben Fragen eines nachhaltigen Klimaschutzes und einer wirkungsvollen CO_2-Minimierung beim Bauen zu beantworten und, was uns als größter Architekten- und Ingenieurverband NRWs stets eine Herzensangelegenheit ist, dabei die Baukultur zu wahren und zu fördern helfen.
Wir sind sehr froh, dass die Eurokrise sich bislang nicht negativ auf unsere Büros ausgewirkt hat – nach wie vor ist die Auftragslage stabil. Auch die Baugenehmigungs- und -fertigstellungszahlen aus NRW – aber auch aus den anderen Bundesländern – stimmen uns zuversichtlich und geben uns die vorsichtige Einschätzung, dass wir nicht auf eine Baurezession zusteuern.
An die verantwortliche Politik in Bund und Land ist jedoch die Forderung zu richten, für dauerhafte und verlässliche Rahmenbedingungen zu sorgen und die immensen Planungs- und Bauaufgaben, die sich nicht mehr allein durch ständig reduzierte Förderprogramme realisieren lassen, mit steuerlichen Komponenten, Stichwort Wiedereinführung einer degressiven AfA für Wohngebäude, anzureizen.
Traditionell wie aktuell passiert einiges in der Rheinschiene. Die Region ist, wie stets, in Bewegung und zeigt viel Innovation. Das sieht man neuerlich an dieser Veröffentlichung: Die vorgestellten Projekte und Planungs- und Bauaufgaben sind breitgefächert und vielseitig angelegt. Entscheidend für die Zukunft wird es sein, die Verantwortung im Sinne baukultureller Entwicklungen auch weiter aufrecht zu erhalten und fortzuführen. Wir Architekten und Ingenieure tragen gemeinsam mit den Bauherren dieser zukunftsträchtigen Region eine große Verantwortung für den Fortbestand vorbildlicher Baukultur.
Wer in dieser Region investiert, investiert in die Zukunft. Die Architekten und Ingenieure des BDB.NRW sind hierbei gerne Ihr fachlich kompetenter Planungspartner.

Neue Impulse für die Region Köln/Bonn – Nur denkbar mit den Ideen unabhängiger Ingenieure

Von Dipl.-Ing. Bernhard Spitthöver
Vorsitzender des VBI-Landesverbandes Nordrhein-Westfalen

Dynamische Regionen zeigen ihr Wachstum und ihre Innovationsfähigkeit am Sichtbarsten in der aktiven Gestaltung ihrer Umwelt. Neue Gebäude und Infrastrukturmaßnahmen dokumentieren den Willen zur Veränderung. In der Region Köln/Bonn lässt sich diese Entwicklung an den vielen Beispielen in dieser Dokumentation eindrucksvoll ablesen.

Die Mitgliedsunternehmen des Verbandes Beratender Ingenieure VBI haben hier einen maßgeblichen Anteil an diesem Prozess. Sowohl bei Neubaumaßnahmen als auch beim Bauen im Bestand und der Revitalisierung von Infrastruktureinrichtungen gehören die Beratenden Ingenieure und unabhängigen Planer des VBI zu den führenden ihrer Fachbereiche.

Alle Bauprojekte leben von den innovativen Ideen der beteiligten Planer. Den Ingenieuren kommt dabei eine Schlüsselrolle zu. Denn nur mit ihren Fähigkeiten können Visionen der Bauherren und ambitionierte gestalterische Entwürfe Wirklichkeit werden. Mit der Arbeit der Ingenieure beginnen die Bauwerke erst richtig zu funktionieren und werden damit nutzbar.

Erst ein stabiles Tragwerk, das auch gewagte Architektur stützt, oder ausgeklügelte Energie- und Heizkonzepte, die den Energieverbrauch minimieren, machen aus einem Projekt ein überzeugendes Bauwerk.

Vieles ist für Außenstehende schwer zu erkennen, dennoch ist alles unverzichtbar: jede innere oder äußere Erschließung, jede Ver- und Entsorgung. Ingenieure lassen es warm oder kalt werden, führen frische Luft dorthin, wo wir sie brauchen, und lassen uns in beleuchteten Gebäuden wohlfühlen. All dieses bedarf immer wieder angepasster intelligenter Konzepte. Von der Autobahn bis zum Fahrstuhl, vom intelligenten Wasserhahn bis zum Großklärwerk, von der Gebäudeautomation bis zum Kraftwerk: Ingenieure sorgen dafür, dass alles funktioniert.

Das Fundament, auf dem VBI-Ingenieure diese Leistungen erbringen, ist die Unabhängigkeit von Hersteller- und Lieferinteressen. Dies bedeutet, dass der Planer nur seinem Auftraggeber verpflichtet ist. Die Trennung von Planung und Ausführung ist die Voraussetzung, um die im Sinne des Bauherren optimale Lösung erzielen zu können – sowohl bei der Qualität als auch bei den Kosten.

Optimale Beratung und stets an die Erfordernisse angepasste Planung haben aber ihren Preis. Denn sie sind hochkomplexe und meist innovative Leistungen. Unabhängige Planer sind daher auf auskömmliche Honorare angewiesen – und wichtig für jeden Bauherrn: In der intensiven Planungsphase werden die entscheidenden Weichen für die Gesamtkosten eines Bauwerks und seine späteren Betriebs- und Unterhaltungskosten gestellt. An dieser sensiblen Stelle lohnt es sich, durch eine gute Planung den Grundstein für den späteren Gesamterfolg eines Projektes zu legen.

Mit rund 3.000 Mitgliedsunternehmen und etwa 45.000 Beschäftigten ist der VBI die berufspolitische und wirtschaftliche Interessenvertretung der planenden und beratenden Ingenieurunternehmen in Deutschland. Ihre Experten sind als Planer, Berater, Prüfer und Sachverständige auf allen Gebieten des technischen, naturwissenschaftlichen und technisch-wirtschaftlichen Consulting tätig. Der Landesverband Nordrhein-Westfalen zählt insgesamt rund 420 hoch qualifizierte Mitgliedsunternehmen, die das besondere Qualitätsmerkmal „VBI" mit Überzeugung tragen. Die Adressen unserer Planer finden Sie unter www.vbi.de in der VBI-Planerdatenbank.

Immobilienwirtschaft kann Lebensgefühl einer Region stärken

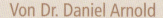

Von Dr. Daniel Arnold
Regionalbeauftragter Nordrhein-Westfalen des ZIA Zentraler Immobilien Ausschuss e.V.

Dem Rheinländer sagt man nach, dass er ein glücklicher Mensch ist. Da fragt man sich doch: Was mag wohl zu diesem Lebensgefühl beitragen? Da gibt es auf den ersten Blick vieles: die Sprache, Bier und Brauhäuser, Himmel un Ääd, der Fastelovend und auch den Rhein. Letztendlich zeichnet die Bewohner aber aus, dass sie offensichtlich zufrieden sind. Ganz selbstverständlich sagen sie: ihre Region „es e Jeföhl!". Sie leben gerne in dieser wunderschönen Gegend rund um Köln und Bonn.

Und wo verbringen sie die meiste Zeit? In Immobilien – die sie überall umgeben, beruflich wie privat. Nun ist es sicherlich gewagt zu behaupten, dass die Menschen hier so zufrieden sind, weil sie in so herausragenden Bauwerken leben. Doch Immobilien sind ein elementarer Baustein des Wohlbefindens und der wirtschaftlichen Lebensumstände.

Es stellt sich also die Frage nach dem Fundament für dieses besondere Lebensgefühl. Um eine belastbare Antwort zu finden, werfen wir einen Blick auf die beiden für diese Publikation wesentlichen Begriffe: Bauen und Wirtschaft. Noch bis ins 18. Jh. stand „bauen" für „wohnen" und somit im unmittelbaren Zusammenhang mit dem täglichen Wohlbefinden. Erst dann setzte sich die heutige Bedeutung im Sinne von „errichten" durch. „Wirtschaft" bezeichnete im Deutschen lange die Tätigkeit des Wirtes, steht also auch hier wieder für Gastlichkeit und Wohlgefühl. Ab dem 17. Jh. erfuhr es die Bedeutung „Verwaltung eines Hauswesen". Heute versteht man darunter die Gesamtheit der Einrichtungen und Maßnahmen zur Deckung des menschlichen Bedarfs an Gütern und personellen Leistungen.

Da wird es scheinbar komplex – eben vielschichtig, wie die Immobilienwirtschaft heute ist. Berührt sie doch in der Wertschöpfung so viele Bereiche: Planung, Investment, Finanzierung, Realisierung, Vermarktung, Bewirtschaftung und die Erhaltung. Der ZIA Zentraler Immobilienausschuss vertritt – auch in Nordrhein-Westfalen – die gesamte Immobilienwirtschaft entlang der Wertschöpfungskette der Branche.

Dieser umfassende Ansatz des ZIA war und ist einzigartig in der Immobilienverbandslandschaft. Das Gros der Immobilienverbände vertritt nach wie vor eher Spezial- oder Partikularinteressen, beispielsweise nur die Wohnungswirtschaft oder bestimmte Immobilienanlageprodukte. So einzigartig der Ansatz ist, so attraktiv scheint er für Beitrittswillige: Seit seiner Gründung im Jahr 2006 ist die Zahl seiner Mitglieder beständig gestiegen und liegt aktuell bei rund 140. Darunter befinden sich im Übrigen auch zahlreiche Verbände, die für sich genommen weiterhin ihre Partikularinteressen, zugleich aber auch im ZIA eine umfassende Vertretung gegenüber Politik und Verwaltung suchen. Eines der aktuellen Themen beim ZIA ist die Nachhaltigkeit von Immobilienunternehmen. Hier hat der Verband jüngst einen Kodex publiziert, den es in dieser, auf die Belange der Immobilienwirtschaft zugespitzten Form bislang nicht gegeben hat.

Doch zurück zur Region Köln/Bonn. Viele herausragende Projekte hat die Immobilienwirtschaft in der Region in den letzten Jahren bewirkt: Ein breites Angebot für Wohneigentum – vom einfachen Reihenhaus im Wohnpark bis zum Kölner Kranhaus in Premiumlage. Modernen Mietwohnungsbau jenseits des reinen Investments-Denken. Für die Attraktivität der Region sprechende Gewerbeansiedlungen wie der Zuzug von Lanxess ins umgestaltete MaxCologne oder international ausgezeichnete Hotellerie-Highlights wie das Kameha Grand in Bonn.
Dem Erfolg stehen aber auch bittere Pleiten gegenüber: In der Domstadt hängt der Wohnungsbau dem Bedarf hinterher. In der Bundesstadt steht ein halbfertiges WCCB, das immense finanzielle Auswirkungen auf die Stadt und ihre Bürger hat. In Köln steht gar ein ganzes Stadtarchiv nicht mehr. Ein großer Teil der Erinnerung – und damit des Bewusstseins einer Stadt – ist untergegangen.

Das zeigt: Wenn die Immobilienwirtschaft ihre Kompetenzen bündelt und stark vertritt, kann das positive Lebensgefühl einer Region gestärkt werden. Ihre Interessenvertretung muss die herausragenden Unternehmen in ihrer Vielschichtigkeit verstehen und für sie im stetigen Austausch mit Entscheidern aus Politik und Verwaltung stehen. Sie kann eine gesamtgesellschaftliche Funktion wahrnehmen. Wenn man sie denn lässt. Zum Dialog laden der ZIA und seine Mitgliedsunternehmen gerne ein.

Zentrale Themen der Kölner Stadtentwicklung

Von Bernd Streitberger
Dezernent für Stadtentwicklung, Planen und Bauen der Stadt Köln

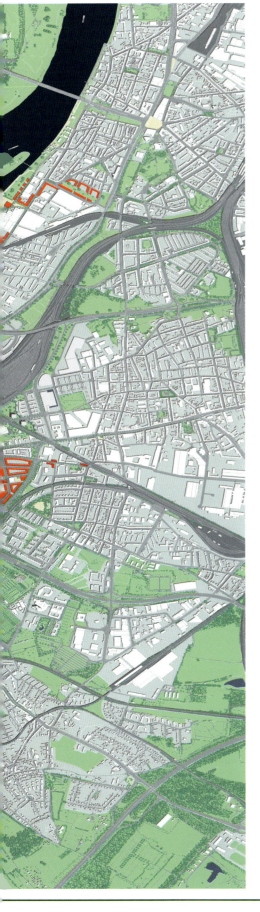

Der Städtebauliche Masterplan Innenstadt ist als grundsätzliche Handlungsempfehlung und strategische Zielausrichtung für die zukünftige Entwicklung der Innenstadt beschlossen
Abb.: Quelle Stadtplanungsamt Köln/Entwurf AS&P – Albert Speer & Partner GmbH

STÄDTEBAULICHER MASTERPLAN INNENSTADT

Der Städtebauliche Masterplan Innenstadt wurde im Jahr 2007 von der Stadt Köln zusammen mit dem Verein „Unternehmer für die Region Köln e.V." angestoßen. Das beauftragte Büro AS&P Albert Speer und Partner, Frankfurt a.M., stellte seine Ergebnisse im November 2008 der Fachöffentlichkeit vor. Am 5. Mai 2009 beschloss der Rat der Stadt Köln mit breitem Konsens den Masterplan als grundsätzliche Handlungsempfehlung und strategische Zielausrichtung für die zukünftige Entwicklung der Innenstadt. Eine eingesetzte Lenkungsgruppe mit Vertretern des Büros AS&P, Politik und Verwaltung und externen Beratern begleitet seitdem den Planungsprozess und die Umsetzung der einzelnen Projekte.

Die Kölner Innenstadt ist mit ca. 130.000 Einwohnern und 180.000 Arbeitsplätzen auf einer Fläche von 1.640 ha einer der lebendigsten urbanen Räume in Deutschland. Trotz seiner großen Entwicklungspotentiale präsentiert sich dieser Stadtraum recht zerklüftet. „Die großen Lücken, die der Zweite Weltkrieg gerissen hat, sind schlecht vernarbt, und der Nachkriegsstädtebau hat neue Schneisen geschlagen, die den Organismus der Stadt schwer belasten" (Bauwens-Adenauer, Soénius 2009:11). Auch durch unzureichende Pflege resultierte daraus eine aus heutiger Sicht mangelnde Qualität der Architektur und der Gestaltung des öffentlichen Raumes.

Die zentrale Frage des Masterplans Innenstadt lautet: Wie kann das Leitbild der europäischen Stadt – dem die Stadt Köln verpflichtet ist und für das Köln mit seiner zweitausendjährigen Stadtgeschichte ein typischer Protagonist ist – für die Herausforderungen des 21. Jh. auf eine Stadtentwicklung in der Innenstadt angewandt werden? Über welche Spielräume und Reserven verfügt die Kölner Innenstadt, um auch in zwanzig oder fünfzig Jahren ein attraktives und leistungsfähiges Zentrum einer wachsenden Region zu sein? Wie sind zukünftig verbesserte Wohnbedingungen in der Innenstadt zu schaffen, wie ist der Stadtverkehr der Zukunft zu integrieren, wie sind der öffentliche Raum und die großen Stadträume zu gestalten? Der Städtebauliche Masterplan Innenstadt versteht sich damit als ein Regiebuch für die zukünftige Entwicklung der Stadt.

Inhaltlich unterscheidet er zwischen Interventionsräumen, Vertiefungsbereichen und möglichen Leitprojekten. Ingesamt wurden sieben Interventionsräume als stadträumlich funktionale Einheiten ausgemacht. Im Einzelnen sind dies die großen Stadträume „Rhein", „Ringe" und „Innerer Grüngürtel", die zentralen Stadtachsen „Nord-Süd-Fahrt" und „Ost-West-Achse" sowie die entwicklungsbedeutsamen Stadtbereiche „Kernzone" und „Rechte Rheinseite".

Der städtebauliche Masterplan Innenstadt ist kein abschließendes Planwerk. Er ist vielmehr modular und fortschreibungsfähig angelegt. Die Entwicklung der Domumgebung und das Projekt „Parkstadt Süd" sind zwei der zahlreichen Leitprojekte des Masterplans.

DOMUMGEBUNG

Das Projekt läuft im Rahmen des Förderprogramms des Bundes für nationale UNESCO-Welterbestätten (2010 – 2014) mit einem Gesamtinvestitionsvolumen von ca. 21 Mio. Euro.

Der Rat der Stadt Köln beschloss im Frühjahr 2010 ein Gesamtkonzept für die Attraktivierung des Domumfeldes zu erstellen. Es sollte die vorliegenden Planungen für den Dionysoshof am Osterker des Domes weiterqualifizieren und in einen Gesamtkontext mit dem Domumfeld setzen. Diese Vorgehensweise entspricht den Zielen des städtebaulichen Masterplans mit einer qualitätsvollen Gestaltung ihres Umfeldes der Welterbestätte die gebührende Referenz zu erweisen.

Das Domumfeld ist zugleich Stadteingang und Drehscheibe für die Besucher von Innenstadt und Rhein sowie Magnet von Millionen nationalen und internationalen Gästen. Während sich der engere Stadtraum um den Dom als baugeschichtliches Panorama des vergangenen Jahrhunderts präsentiert, ist der Sockelbereich des Doms durch pavillonartige Zweck- und Zubauten verstellt. Vor allem in der östlichen Domumgebung trifft der Besucher auf einen baulich überinstrumentierten Ort aus Treppenanlagen und Brückenbauten.

Das Büro Allman/Sattler/Wappner Architekten aus München wurde nach einem international besetztem Workshop mit der Erarbeitung der Rahmenplanung für die Domumgebung beauftragt. Begleitend dazu

Attraktivierung des Domumfeldes: Der Rat der Stadt Köln beschloss im Frühjahr 2010 ein Gesamtkonzept für die Attraktivierung des Domumfeldes zu erstellen. Es sollte die vorliegenden Planungen für den Dionysoshof am Osterker des Domes weiterqualifizieren und in einen Gesamtkontext mit dem Domumfeld setzen. Diese Vorgehensweise entspricht den Zielen des städtebaulichen Masterplans mit einer qualitätsvollen Gestaltung ihres Umfeldes der Welterbestätte die gebührende Referenz zu erweisen
Abb.: KölnTourismus GmbH/Udo Haake

fand ein moderiertes Beteiligungsverfahren mit insgesamt 60 Vertretern der Stadtgesellschaft und benachbarten Anliegern statt.

Die Gesamtkonzeption beruht auf dem gestalterischen Prinzip einer Reduktion und Glättung störender Bauteile, die den Dom umgeben. Kleinere bauliche Maßnahmen ergänzen und verändern den Bestand und treten nicht als weitere solitäre Stadtbausteine in der Domumgebung in Erscheinung.

Auf Höhe des Museums Ludwig wird die Domplatte bis zum Erker des Werkstattgebäudes zurückgeschnitten, so dass noch ein ausreichend weiter Vorplatz vor dem Museumseingang verbleibt und auch das Kunstwerk Ma'alot von Dani Karavan in diesem Bereich besser zur Geltung kommt. Die Bebauung, die bisher dem Zugang zu einem Gleis des Hauptbahnhofs diente, wird abgerissen. In dem dadurch entstehenden Raum wird eine einladende, großzügig dimensionierte Treppe zum Haupteingang des Museums Ludwig geschaffen und die bestehenden Gewölberäume im Bahnsockel reaktiviert. Des Weiteren wird der gesamte bestehende Bereich um Dionysoshof und Baptisterium zurückgebaut und in Anlehnung an dessen Konzeption eine neue Rampentreppe als wichtiger Verbindungsbaustein der beiden Stadtebenen geschaffen, der nunmehr das baulich neu gefasste Baptisterium im Stadtraum prägnant verortet.

Weitere planerische Eingriffe werden am Kurt-Hackenberg-Platz, im Straßenraum „Am Hof", auf dem Roncalliplatz sowie an der West- und Nordseite im Bereich „Trankgasse" vorgenommen. Alle Maßnahmen zielen darauf ab, der Domebene eine klare und ruhige Kontur zu geben sowie die Wege vom Hauptbahnhof zum nordwestlichen Bereich des Domes als auch in die Altstadt zu attraktivieren.

Die motorisierten Verkehre in der Domumgebung werden insgesamt reduziert, um den Bereich des Dionysoshof/Baptisteriums wieder als öffentlich nutzbaren Raum mit großzügig dimensionierten Laufwegen und Aufenthaltsräumen erlebbar zu gestalten.

PARKSTADT SÜD – BEWERBUNG UM DIE BUNDESGARTENSCHAU 2025

Deutsche Städte, insbesondere Köln, haben gute Erfahrungen mit dem städtebaulichen Instrumentarium der Bau- und Gartenbauausstellungen gemacht. Der vorhandene, 100-jährige Erfahrungsschatz dieser Ausstellungskultur soll genutzt werden, um die Umsetzung des Masterplans zu beschleunigen und zu verdichten.

Der Rat der Stadt Köln hat die Verwaltung beauftragt, die Bewerbung einer Bundesgartenschau (BUGA) vorzubereiten. Der Schwerpunktbereich „Innerer Grüngürtel" bietet die Möglichkeit, das Erbe Konrad Adenauers und Fritz Schumachers sinnvoll zu ergänzen. Neben den freiraumplanerischen Entwicklungspotentialen kann die BUGA auch städtebauliche Potentiale des Masterplans im Bereich des heutigen Standortes des Großmarktes umsetzen.

Die Umnutzung des frei werdenden Großmarktareals markiert langfristig die letzte große städtebauliche Entwicklungsfläche in der linksrheinischen Innenstadt. Auf einer Fläche von ca. 50 ha besteht nicht nur die Chance für eine städtebauliche Erweiterung der Südstadt, sondern auch für eine erste große Etappe des Grüngürtels bis an das Rheinufer. Mit der Nord-Süd-Bahn und einer möglichen weiteren Station am Eisenbahnring wird das Areal hervorragend an das ÖPNV-Netz angebunden sein.

Die Areale entlang des südlichen Randes des Eisenbahnrings eignen sich für Büro- und Dienstleistungen. Die denkmalgeschützte Großmarkthalle wird erhalten und auf ihre Eignung für Zwischennutzungen geprüft werden. Sympathisch ist der Vorschlag des städtebaulichen Masterplans, welcher als Pioniernutzung eine städtische Kunsthalle in Kombination einer öffentlichen Markthalle nebst Gastronomie vorschlägt.

Mit der Entwicklung des Großmarktareals wird der Innere Grüngürtel mit dem neuen Eis- und Schwimmstadion im Norden, dem Aachener Weiher und dem Museum für Ostasiatische Kunst im Westen einen dritten öffentlichen Anziehungspunkt im Süden bekommen. Damit wird der Bewerbung der Stadt Köln zur BUGA 2025 besonderer

Attraktivierung des Domumfeldes: Perspektive Dionysoshof
Abb.: Quelle Stadtplanungsamt Köln/Entwurf Allmann Sattler Wappner Architekten GmbH

Attraktivierung des Domumfeldes; Perspektive Medienwand
Abb.: Quelle Stadtplanungsamt Köln/Entwurf Allmann Sattler Wappner Architekten GmbH

Nachdruck verliehen.

Die Anstrengungen, die hierfür notwendig sind, lassen sich im Planungsalltag nicht bewältigen, sie bedürfen eines entsprechenden Rahmens und Instrumentariums. Die Initiative „Ausstellung Stadt – Köln 2025" schlägt daher vor, die Bundesgartenschau mit einer Bauausstellung zu verknüpfen. Eine interdisziplinäre Lenkungsgruppe hat ein Memorandum verfasst, in dem die Notwendigkeit und erste Leitthemen einer „Ausstellung Stadt – Köln 2025" formuliert wurden.

Derzeit laufen die Vorstudien zur Bewerbung der Stadt zur BUGA 2025. Angestrebt wird die Ausweisung eines Sanierungsgebietes für das Großmarktareal.

NISCHEN IN DER STADT: HELIOS-GELÄNDE IN KÖLN-EHRENFELD

Die Durchführung breit angelegter Planungsprozesse zur Entwicklung innerstädtischer Areale mit vorlaufender Bürgerbeteiligung hat nicht zuletzt durch das Projekt Stuttgart 21 an Bedeutung gewonnen. Das Ziel ist eine für den Stadtteil und die Bürger wie auch für den Bauherrn verträgliche Lösung – bei Wahrung der Identität des Ortes – zu finden. Dem übergeordneten Thema „Nischen in der Stadt" wird zukünftig eine höhere Bedeutung zukommen.

Das Heliosgelände befindet sich in der Mitte des Bezirkszentrums Ehrenfeld und liegt am Schnittpunkt der Venloer Straße und des Ehrenfeldgürtels. Es hat eine Größe von rund 4 ha. Das ehemalige Verwaltungsgebäude Helioshaus sowie die Rheinlandhalle mit dem Heliosturm – einem Leuchtturm im Binnenland – stehen unter Denkmalschutz. Das Areal ist als Folge früherer Nutzungen stark belastet.

Das Gelände ist Teil eines größeren Gebietes, das sich als ehemaliges Industriegebiet heute in einer grundlegenden Umstrukturierung befindet und ein eigenes Profil noch nicht gefunden hat. Vielmehr hat sich ein Mosaik aus gewerblichen Nutzungen, Büro- und Dienstleistungen, überregional bekannten Clubs, Lokalen sowie Kleingewerbe, Ateliers und alternativen Wohnformen entwickelt. Die westlich und nördlich gelegenen Flächen an der Lichtstraße und dem Grünen Weg werden teils noch gewerblich genutzt.

Dem Areal kommt wegen seiner zentralen Lage und seiner Größe eine Schlüsselstellung für die weitere Restrukturierung dieses Teils von Ehrenfeld zu. Ein von der Stadt in den 1980er Jahren aufgestellter Bebauungsplan für ein Bezirksrathaus und ergänzende Kerngebietsnutzungen musste aufgehoben werden, da er sich wegen umfangreicher Altlasten nicht realisieren ließ.

Der neue Eigentümer plante zunächst die Einrichtung eines Einkaufszentrums mit mehr als 25.000 m² Verkaufsfläche und einem weit über den Stadtbezirk hinausgehenden Einzugsbereich. Diese Planung nahm die Bezirksvertretung Ehrenfeld zum Anlass, die Verwaltung mit einem eigenen Gutachten zu beauftragen, das ermitteln sollte, in welchem Umfang und mit welchen Sortimenten des Einzelhandelsangebotes das Bezirkszentrum Venloer Straße auf dem Heliosgelände ergänzt werden könnte, ohne dass der bestehende Einzelhandel Schaden nimmt.

Diese Potentialanalyse kommt zu dem Ergebnis, dass auf dem Heliosgelände maximal 20.000 m² Handelsfläche mit einer klar definierten Sortimentsbelegung verträglich sind.

Attraktivierung des Domumfeldes: Auf Höhe des Museums Ludwig wird die Domplatte bis zum Erker des Werkstattgebäudes zurückgeschnitten, so dass noch ein ausreichend weiter Vorplatz vor dem Museumseingang verbleibt und auch das Kunstwerk Ma'alot von Dani Karavan in diesem Bereich besser zur Geltung kommt. Die Bebauung, die bisher dem Zugang zu einem Gleis des Hauptbahnhofs diente, wird abgerissen. In dem dadurch entstehenden Raum wird eine einladende, großzügig dimensionierte Treppe zum Haupteingang des Museums Ludwig geschaffen und die bestehenden Gewölberäume im Bahnsockel reaktiviert
Abb.: KölnTourismus GmbH/Thomas Riehle

Mit der Präsentation der Potentialanalyse in der Bezirksvertretung Ehrenfeld im Juni 2010 wurde die Planung eines Einkaufszentrums erstmals einer breiten Öffentlichkeit bekannt und war von Beginn an umstritten. Eine in diesem Kontext gegründete „Bürgerinitiative Helios" hat die Meinungsführerschaft in diesem Konflikt übernommen.

Die Planungsüberlegungen des Eigentümers wurden im September 2010 in einer öffentlichen Informations- und Diskussionsveranstaltung vorgestellt. Das Konzept sieht die Revitalisierung für ein gemischt genutztes Vorhaben auf 20.000 m² mit Einzelhandel sowie Dienstleistungen, Kultur und Wohnen vor, ohne dieses bereits planerisch konkretisiert zu haben. In dieser Veranstaltung wurde die Ablehnung der Planungen einer „Shopping-Mall" durch die Mehrzahl der rund 700 Anwesenden nochmals deutlich.

In Folge dieser Veranstaltung hat die Bezirksvertretung Ehrenfeld beschlossen, einen städtebaulichen Planungswettbewerb für das Heliosgelände auszuloben. Erst danach und auf dieser Grundlage soll ein Architekturwettbewerb zur Erzielung einer angemessenen architektonischen Gestaltung ausgeschrieben werden. Der Stadtentwicklungsausschuss hatte sich im November 2010 den Anregungen der Bezirksvertretung weitgehend angeschlossen.

Derzeit wird das Moderationsverfahren vorbereitet, es wird die Chance gesehen, dass auf der Basis der Moderation konsensuale Rahmenbedingungen für die weitere Planung und Entwicklung des Geländes gefunden werden.

Autor:
Bernd Streitberger
Dezernent für Stadtentwicklung, Planen und Bauen der Stadt Köln

Bonn – wachsende Stadt am Rhein

Von Werner Wingenfeld
Stadtbaurat der Stadt Bonn

Bonn wächst. Bonn prosperiert. Bonn hat wie alle Städte zu wenig Geld. Unter diesen Rahmenbedingungen die Stadtentwicklung zu steuern, ist mitunter die Quadratur des Kreises. Es könnte alles schneller gehen. Vielleicht liegt aber auch manchmal in der Langsamkeit die Kraft. Und Qualität ist alles.

Umbau des Abgeordnetenhauses zum Klimasekretariat der Vereinten Nationen
Abb.: Bundesamt für Bauwesen und Raumordnung, Berlin

DER STRUKTURWANDEL FÜHRT BONN ZU NEUER BLÜTE.

Vergessen ist das Bangen um die Zukunft der Region nach dem Bonn-Berlin-Beschluss im Jahre 1991. Darin liegt Chance und Gefahr zugleich. Chance, weil ein neues Selbstbewusstsein entstanden ist, das die Stadt selbst Krisen wie den konkursbedingten Baustopp des UN-Kongresszentrums erfolgreich bestehen und den bisherigen „hidden champion" ein wenig mehr aus dem Schatten der übrigen großen Dienstleistungsstandorte Deutschlands heraustreten lässt; Gefahr, weil man verwöhnt vom Erfolg zuweilen auch vergessen könnte, wie wichtig der regionale Zusammenhalt für den Erfolg war und wie bedeutsam es ist, die im Bonn-Berlin-Beschluss niedergelegte Verpflichtung zur „fairen Arbeitsteilung" zwischen Bonn und Berlin weiterhin einzufordern.

Nicht zuletzt dieser „fairen Arbeitsteilung" hat Bonn es zu verdanken, dass mit den Hauptsitzen der Post AG, der Telekom oder T-Mobile neben den verbliebenen Ministerien und anderen Bundesbehörden ein gewichtiger Grundstein für die prosperierende Entwicklung nach dem Regierungsumzug gelegt wurde. Einen weiteren Grundstein bildet der UN-Campus, der Bonn als einzigen Standort der Vereinten Nationen in Deutschland in den Rang einer „internationalen Stadt" erhebt und der in Zukunft, so ist zu hoffen, noch erheblich an Gewicht zunehmen wird.

Alle diese Adressen wurden sowohl städtebaulich als auch architektonisch in hervorragender Qualität realisiert, wie ein Blick auf den T-Mobile-Campus der Architekten Steidle und Schmitz, den Post-Tower von Helmut Jahn oder die Telekom-Bauten von Thomas van den Valentyn zeigt. Akzentuiert von diesen Highlights erwuchs aus dem ehemaligen Regierungsviertel rund um den UN-Campus einer der bedeutendsten Dienstleistungsstandorte Deutschlands, der zahlreiche erstrangige Unternehmen versammelte. In den nächsten Jahren werden hier die letzten verbliebenen freien Grundstücke hochwertig bebaut.

Darüber hinaus ist auf der gegenüberliegenden Rheinseite mit dem „Bonner Bogen" ein weiteres Vorzeige-Quartier aus Dienstleistung, Hotel und Gastronomie entstanden. Hier haben sich in glücklicher Wei-

Areal des UN-Campus mit World Congress Center Bonn im Um- und Ausbau
Abb.: Presseamt Bundesstadt Bonn

Bürogebäude Brandteil an der Willy-Brandt-Allee Nr. 11
Abb.: Entwicklungsgesellschaft Heussallee GmbH & Co. KG, Köln; Visualisierung: www.AUST3D.de, Köln

se städtebauliche Rahmensetzung und Qualitätsanspruch der öffentlichen Hand, Eigenwilligkeit und Aufgeschlossenheit des Bauherrn und architektonische Leistung des Architekten Karl-Heinz Schommer verbunden und eine gelungene Synthese von historischer Industriearchitektur und hochmodernen, dem Nachhaltigkeitsgedanken verpflichteten Bauten hervorgebracht. Das mittig platzierte Kameha Grand Hotel Schommers hat hierfür u.a. in Cannes 2010 den MIPIM-Award erhalten. Das letzte rheinseitige Gebäude steht kurz vor dem Baubeginn. Ein rückwärtig gelegener 2. Bauabschnitt wird zurzeit unter der Handschrift des Architekten Kaspar Kraemer entwickelt.

Der Standort Bonn ruht auch auf einem weiteren Fundament: Bonn war immer auch eine hochkarätige Wissenschaftsstadt. Seit dem 19. Jh., in dem die Hohenzollern-Könige und -Kaiser ihre Söhne in Bonn studie-

Entwurf Bürogebäude B9 Offices
Abb.: Ten Brinke Projektentwicklung GmbH, Bocholt

Siegerentwurf im Wettbewerb für das Deutsche Demenzzentrum auf dem Venusberg
Abb.: wulf architekten GmbH, Stuttgart

ren ließen, hatte die Bonner Universität einen ausgezeichneten Ruf als geisteswissenschaftlicher Lernort. Hinzugekommen sind seitdem die Kompetenz im Bereich der Mathematik und Informatik, der Geoinformation und insbesondere der Lebenswissenschaften, um nur einige zu nennen. Die Universitätskliniken auf dem Venusberg haben dementsprechend einen herausragenden Ruf in Deutschland. Die Kompetenz in Forschung und Lehre war sicherlich entscheidend für die Ansiedlung des Deutschen Zentrums für neurodegenerative Erkrankungen. Soeben wurde der Realisierungswettbewerb für die Gebäude auf dem Venusberg abgeschlossen. Sieger wurden die Stuttgarter Architekten Wulf & Partner.

Auch die Universität selbst wächst weiter. Neben dem Ausbau der Flächen in der Bonner Innenstadt werden die naturwissenschaftlichen Standorte in Poppelsdorf und Endenich in der nächsten Dekade erheblich erweitert. In Poppelsdorf wird dabei in Sichtweite des Schlosses ein ganz neuer Stadtteil entstehen, der über eine prominente Gestaltung des öffentlichen Raumes mit den umliegenden Stadtquartieren vernetzt wird.

Über die großen Leuchtturmprojekte sollten keinesfalls die zahllosen kleineren gewerblichen Bauaktivitäten aus dem Blick fallen. Gerade in einer Universitätsstadt wie Bonn, die in eine Region mit einer ganzen Reihe weiterer wissenschaftlicher Einrichtungen eingebettet ist, ist der Anteil an jungen Unternehmern sehr hoch, die sich aus wissenschaftlicher Forschung ausgegründet und den Sprung in die Selbstständigkeit gewagt haben. Das betrifft in Bonn mit ganz besonderer Intensität die IT-Branche, die von der hohen Qualität der universitären Informatik-Lehre ebenso wie von den IT-Dienstleistern, allen voran die Deutsche Telekom, profitieren. Auch sie, die Startups, prägen Bonn, und zahlreiche Bauten künden von der Erfolgsstory mancher dieser Unternehmen, indem sie, mit den Jahren zu klein geworden, an neue Startups weitergereicht werden, während die Etablierten in selbst errichteten oder angemieteten repräsentativen Adressen heimisch werden.

Bonn ist aber nicht zuletzt auch ein Ort der Lebensfreude, mit hohem Freizeitwert, hervorragenden Wohnquartieren und kulturellen Angeboten, die selbst wesentlich größeren Städten zur Zierde reichen würden. Dem bekanntesten kulturschaffenden Sohn der Stadt, Ludwig van Beethoven, gelten derzeit alle Anstrengungen, ein erstklassiges neues Haus zu bauen, das auf breitem bürgerlichen Konsens weltweit beachtete Akustik und Architektur vereinen soll. Ein solches Großprojekt kann aber nur mit Hilfe des finanziellen Engagements privater Geldgeber, insbesondere der großen ortsansässigen Konzerne, in solch ambitionierter Weise umgesetzt werden.

Bonn und der Region wird prognostiziert, dass die Bevölkerung bis 2030 um weitere zehntausende Menschen wachsen könnte. Die Flächen, auf denen Wohnungen entstehen können, sind rar. Und im Sinne der klimagerechten Stadtentwicklung hat sich Bonn entschieden, die bauliche Entwicklung im direkten Zusammenhang mit der Freiflächenentwicklung zu thematisieren. Zunächst rücken daher neben den wenigen noch nicht besiedelten Wohnbauflächen und einigen ehemalig militärisch genutzten Flächen auch altgewerbliche Grundstücke ins Blickfeld. Sie bieten erhebliches Poten-

Siegerentwurf des Gestaltungswettbewerbs für den öffentlichen Raum im Campus Poppelsdorf
Abb.: sinai., Faust. Schroll. Schwarz., Freiraumplanung + Projektsteuerung GmbH, Berlin; Visualisierung: Matthias Grobe

Siegerentwurf für den Neubau der Zentrale der Wirtschaftsprüfungsgesellschaft DHPG
Abb.: Prof. Schmitz Architekten GmbH, Köln

zial zur Entwicklung einer urbanen Mischung aus Wohnen und wohnverträglichem Arbeiten.

Aber da auch diese Flächen in Bonn endlich sind, wird es, wenn man die Chancen und Anforderungen einer wachsenden, zukunftssicheren und sozialverträglichen Stadt ernst nimmt, nicht ausbleiben können, in Bonn künftig mehr über urbane Dichte nachzudenken.

Zurzeit wird der im letzten Jahr begonnene Masterplan „Innere Stadt" fertiggestellt. Dieser hat den gesamten Bereich der historischen Kernstadt des 19. Jh. ins Visier genommen. Neben den Beziehungen der Gründerzeitquartiere zum eigentlichen Stadtzentrum wurden auch die Beziehungen der Quartiere untereinander betrachtet. Ein großes Augenmerk wird des Weiteren auf die Stadteingänge gelegt. Mit dem Masterplan sollen Maßnahmen und Projekte öffentlicher Akteure und der Akteure aus der Bürgerschaft auf eine gemeinsam erarbeitete Entwicklungsstrategie ausgerichtet werden. Welche konkreten Veränderungen hieraus entstehen können, wird in einigen „Lupenräumen" demonstriert, für die exemplarisch die städtebaulichen Möglichkeiten bis hin zu realisierungsfähigen Pro-

Städtebaulicher Entwurf für die Wohnbebauung in der ehemaligen Gallwitzkaserne　　Abb.: Bundesstadt Bonn

Siegerentwürfe für das Festspielhaus von Hermann & Valentiny und Hadid Architects
Abb.: Hermann & Valentiny and partners / Zaha Hadid Architects / Deutsche Post AG

jekten ausgearbeitet werden.

Bei der Bearbeitung hatte sich sehr schnell gezeigt, dass ein Schwerpunkt des Masterplanes die Betrachtung der verkehrlichen Entwicklung sein muss. Der Masterplan wurde daher intensiv mit dem parallel aufgestellten Verkehrsentwicklungsplan verschnitten. Im Zusammenhang mit der Verkehrsentwicklung hat sich die Stadt insbesondere die Aufgabe gestellt, den Radverkehr massiv zu fördern.

Zur Stärkung des Lebensraums in einer urbanen Kernstadt gehört zweifelsohne ihre Attraktivität als Einzelhandelsstandort. Dieser muss auch hinsichtlich des optischen Erscheinungsbildes gepflegt werden. Nach einer 10-jährigen Runderneuerung der Straßen und Plätze widmet sich die Stadt seit 2008 verstärkt den Gestaltungswirkungen privater Aktivitäten im öffentlichen Raum. Nach einer ersten Gestaltungsoffensive im Jahr 2008 ist im letzten Jahr mit dem Erlass einer Gestaltungs-, Werbeanlagen- und Sondernutzungssatzung erstmals für die gesamte Innenstadt der sanfte Druck des Rechtsinstrumentariums hinzugekommen.

Einige große Einzelhandelsprojekte sind in Bonn auf den Weg gebracht. So baut am Friedensplatz die Sparkasse Köln-Bonn nach einem Entwurf des Berliner Büros Ortner & Ortner ein neues Büro- und Geschäftshaus, das ca. 6.500 m² Einzelhandelsverkaufsfläche enthält. Und auch am Hauptbahnhof besteht die Hoffnung, dass die unendliche Geschichte mit neuen Geschäftshäusern ein gutes Ende findet. Zurzeit finden Untersuchungen darüber statt, in wie weit das hinter dem Alten Rathaus gelegene Viktoria-Karree für größere Einzelhandelsnutzungen entwickelt werden kann.

**Autor:
Werner Wingenfeld
Stadtbaurat der Stadt Bonn**

Sehenswerte Architektur in Köln und Bonn

Campus Poppelsdorf der Rheinischen Friedrich-Wilhelms-Universität Bonn / Wettbewerb Neubau Historisches Archiv und Kunst- und Museumsbibliothek, Köln / „hw rod" – Lagerstätte für Hochwasserschutzelemente, Köln / Umbau Bürogebäude zu Wohnhaus, Niebuhrstraße, Bonn / Einfamilienhaus Leinsamenweg, Köln-Müngersdorf / Einfamilienhaus Piccolominstraße, Köln

Campus Poppelsdorf: Die Rheinische Friedrich-Wilhelms-Universität Bonn steht in den nächsten Jahren und Jahrzehnten vor maßgeblichen baulich-strukturellen Veränderungen, die in ihrer Summe die Zusammenhänge von Forschung und Lehre neu ordnen werden   Abb.: Quelle skt umbaukultur Bonn

CAMPUS POPPELSDORF DER RHEINISCHEN FRIEDRICH-WILHELMS-UNIVERSITÄT BONN

Die Rheinische Friedrich-Wilhelms-Universität Bonn steht in den nächsten Jahren und Jahrzehnten vor maßgeblichen baulich-strukturellen Veränderungen, die in ihrer Summe die Zusammenhänge von Forschung und Lehre neu ordnen werden. Die zukünftige Entwicklung wird sich dabei auf drei Standorte konzentrieren: Campus „City", Campus „Poppelsdorf" und Campus „Endenich".

Auf Initiative des Bau- und Liegenschaftsbetriebes des Landes Nordrhein-Westfalen ist in Zusammenarbeit mit der Universität Bonn und unter Beteiligung der Stadt Bonn eine Hochschulstandortentwicklungsplanung (HSEP 2006) aufgestellt und 2009 fortgeschrieben worden. Sie umfasst alle von der Universität genutzten Liegenschaften und Gebäude. Neben der Instandhaltung und Modernisierung der oftmals denkmalgeschützten Bausubstanz sind zukünftig zahlreiche Neubaumaßnahmen geplant.

Die Rheinische Friedrich-Wilhelms-Universität Bonn ist eine international operierende, kooperations- und schwerpunktorientierte Forschungsuniversität. In Poppelsdorf sind die Mathematisch-Naturwissenschaftliche Fakultät (F6) mit den Schwerpunkten Mathematik, Informatik, Physik, Biologie und Geowissenschaften und die Landwirtschaftliche Fakultät (F7) mit dem Schwerpunkt Agrarwissenschaften angesiedelt. Des Weiteren sind dort Einrichtungen der Botanischen Gärten untergebracht. (Quelle: rheform – HSEP, Teil 1, Strukturelle Analyse und Entwicklung, März 2009.)

Mit dem Ausbau des Campus-Standortes Poppelsdorf erfährt der Stadtteil eine nachhaltige städtebauliche Entwicklung, die in ihrer Dimension durchaus mit der fußläufigen Bonner Innenstadt vergleichbar ist. „Bildung.Bauen" wird hier zu einem prägenden Faktor der Stadtentwicklung. Gerade die innerstädtische Lage in Bezug auf den Bonner Stadtgrundriss stellt Chance, Herausforderung und Qualitätsanspruch gleichermaßen dar. Um diesen Anforderungen gerecht zu werden, wurde vor knapp zwei Jahren ein Projektmanagement mit mehreren Arbeitsebenen eingerichtet, in dem die jeweiligen Vertreter des BLB NRW Köln, der Rheinischen Friedrich-Wilhelms-Universität und der Stadt Bonn aktiv mitwirken und die Entwicklung steuern.

Städtebauliches Gesamtkonzept Campus Bonn-Poppelsdorf: Basierend auf dem Masterplan des BLB NRW, öffentlich vorgestellt im Oktober 2008, wurde die Planung kontinuierlich fortgeschrieben, inhaltlich vertieft und verfeinert. Der Campus Poppelsdorf mit einer Gesamtausdehnung von ca. 26 ha wird künftig neben den historischen Institutsgebäuden an der „Nußallee" um Neubauten etwa gleicher Größenordnung erweitert und damit in seiner heutigen Gebäudefläche nahezu verdoppelt werden. Ziel des Masterplans ist es, durch ein nachhaltiges Grundgerüst „alt und neu" zusammenzufügen, strategisch neu auszurichten und eine moderne, offene Entwicklungsstruktur zu ermöglichen. Der Campus Poppelsdorf ist durch die Meckenheimer und Endenicher Allee im Stadtnetz verankert. Die heute vorhandenen Verbindungswege entlang der Autobahn und der Wegeler Straße sollen in Form eines großzügigen Grünstreifens als attraktive Radwegeverbindungen erhalten werden und gemeinsam mit den Alleebäumen und den Parkanlagen am Poppelsdorfer Schloss und der ehemaligen Landwirtschaftskammer einen „Grünen Rahmen" um den Campus bilden.

Parallel zur historischen „Nußallee" soll eine neue Fuß- und Radwegachse in Nord-Süd-Richtung die neuen Bauabschnitte mit dem Stadtteilzentrum Poppelsdorf und der Endenicher Allee verbinden und gleichzeitig zu den beiden Bushaltestellen an deren Endpunkten führen. Die Nähe zu den Campusstandorten ermöglicht eine sinnvolle Nutzungsergänzung für die Studierenden und Mitarbeiter der Universität. Nahversorgung und Wohnen finden in den angrenzenden Vierteln statt und tragen zu einer Belebung der Stadtteile bei. Im Gegenzug grenzen sich die Campusstandorte nicht von ihrer Umgebung ab, sondern öffnen sich zunehmend für die Nachbarschaft und präsentieren ihre Forschungsarbeit einer interessierten Bonner Bevölkerung. Inhaltliche Angebote wie „Kinder-UNI" oder „Lebenslanges Lernen" ergänzen die öffentliche Wahrnehmung und Identifikation der Bonner mit „ihrer" Universität.

Neben den geplanten Instituts- und Laborgebäuden sowie Forschungsgewächshäusern sind im Zentrum der Anlage eine neue Mensa, eine Sporthalle und ein Schaugewächshaus vorgesehen. Eine stärkere Durchmischung des Campus mit Universitäts-affinen

Campus Poppelsdorf: Platz mit Blick zum Mathematikum
Abb.: Quelle sinai. Faust. Schroll. Schwarz. Freiraumplanung und Projektsteuerung GmbH, Berlin

Nutzungen wie z.B. studentischem Wohnen trägt zu einer Belebung der Stadtteile bei. Gemeinsam mit den notwendigen technischen Einrichtungen (Fahrbereitschaft, Werkstätten, Technische Verwaltung) soll in den kommenden 20 Jahren in insgesamt 162.000 m² neue Bruttogeschossfläche investiert werden. Darüber hinaus ist die Modernisierung bestehender Institutsgebäude mit insgesamt ca. 23.000 m² Bruttogeschossfläche geplant.

Eine grüne Achse zwischen „Nußallee" und neuer „Mittelachse" in der Mitte des Campus soll in Anlehnung an die historischen Grünachsen von Hofgarten und Poppelsdorfer Allee den zentralen Treffpunkt der Studierenden und Mitarbeiter des Campus markieren. Mit dem Gegenüber von Landwirtschaftlicher Bibliothek und neuer Mensa soll auf dieser Achse ein Platz geschaffen werden, der attraktive Aufenthaltsqualitäten bietet. Daran angelehnt werden ein zentrales Hörsaalgebäude und die BIT Akademie. Die Gestaltung des Platzes soll auf eine ganzjährige, öffentliche Nutzung mit nächtlicher Beleuchtung abgestimmt werden.

Die günstige Lage der Campusstandorte als innerstädtische Standorte mit einer sehr guten Anbindung an den Öffentlichen Nahverkehr bietet die Chance einer nahezu autofreien Campusgestaltung mit Vorrang für die Fußgänger und Radfahrer. Schon heute wird dies durch das Mobilitätsverhalten der Studierenden und Mitarbeiter belegt. Im Zuge der städtebaulichen Entwicklung des Campus-Areals wurde ein Basiskonzept zur verkehrlichen Integration der geplanten Maßnahmen entwickelt. Dem waren Standortuntersuchungen vorausgegangen, die durch Verkehrszählungen und die Ermittlung der aktuellen Stellplatznutzung im Bestand an allen drei Campus-Standorten in den Jahren 2008/2009 ergänzt wurden. Das Hauptziel besteht darin, eine verkehrliche Grundstruktur zu entwickeln, bei der das neue Gelände im Bereich des sogenannten „Hundertjährigen Feldes" von fließendem Verkehr freigehalten wird.

Der Zielverkehr zur geplanten bzw. teilweise neu gestalteten zentralen Stellplatzanlage erfolgt peripher über eine parallel zur Autobahn geführte Erschließungsstraße, die von der Carl-Troll-Straße bis zur Endenicher Allee durchgeführt und jeweils mit einer Zugangskontrolle versehen wird. Im Randbereich zur Autobahn wird eine neue Stellplatzanlage errichtet, die unter Berücksichtigung der Sicherheitsbedürfnisse der Bürger grün gestaltet und mit Bäumen versehen werden soll.

Realisierung 1. Bauabschnitt 2011 – 2014: Der 1. Bauabschnitt umfasst einen Neubaukomplex auf der nördlichen Fläche des sogenannten „Hundertjährigen Feldes", das bis 2010 für Forschungszwecke der Universität landwirtschaftlich genutzt wurde. Mit dieser ersten Baumaßnahme sollen die Nutzungen des Standortes „Römerstraße" hierher verlagert werden. Im Einzelnen sind in dem Gebäudekomplex mit insgesamt ca. 34.000 m² Bruttogeschossfläche untergebracht: Institut für Informatik, Institut für Numerische Simulation, Institut für Ernährungs- und Lebensmittelwissenschaften, B-IT-Akademie und ein Hörsaalzentrum.

Die Gebäudeabschnitte sind entlang der neuen Mittelachse gruppiert und werden dort über Eingangshöfe erschlossen. In Anlehnung an die bestehende Bebauung sind sie in dreigeschossiger Bauweise mit Staffelgeschoss geplant. Im Zuge der Baumaßnahmen sollen die Erschließungsstraße von der Endenicher Allee und der Carl-Troll-Straße aus neu gestaltet und die Stellplätze entlang der Autobahn neu geordnet werden.

Freiraumplanerischer Wettbewerb 2011: Gegenstand des unter der Federführung des Büros skt umbaukultur Architekten BDA aus Bonn durchgeführten Wettbewerbes ist die Entwicklung einer freiraumplanerischen Ideenkonzeption für den Gesamtstandort „Campus Poppelsdorf" und damit für ein ca. 26 ha großes Planungsgebiet. Der Bau- und Liegenschaftsbetrieb NRW hat zur Verfeinerung des Freiraumkonzeptes einen Wettbewerb „Freianlagen für den Universitätscampus-Poppelsdorf" unter der Teilnahme von 13 Landschaftsarchitekten ausgelobt. Mit der Entscheidung im März 2011 steht die Beauftragung für die Realisierung der Freiflächen, die dem 1. Bauabschnitt zugeordnet sind, sowie des mittleren, zentralen Platzes und damit auch die Neuordnung des Vorbereichs vor der Landwirtschaftlichen Bibliothek an.

Der 1. Preis ging an sinai. Faust. Schroll. Schwarz. aus Berlin. Der Campus leitet seine Identität treffend aus der Gartentradition des Ortes ab und wird zur Stadt in den Gärten. Aus den Zeitschichten des Campus Poppelsdorf entsteht ein klares ausdiffenziertes Konzept für drei auf den Ort reagierende Gartentypologien: die Gründerzeit mit durch Hecken markierten Grenzen, die offenen fließenden Räume der Moderne mit eingestreuten Linien und Orten und die verdichtete Blockstruktur des 21. Jh. mit harten Außen- und spielerischen Innenräumen. Die Systematik aus Plätzen, Flächen und Wegen ist mit Orten der Kom-

Campus Poppelsdorf: Bonn-Aachen International Center for Information Technology (B-IT)
Abb.: Quelle BLB NRW NL Köln

munikation zu einem Ensemble hoher räumlicher und gestalterischer Qualität entwickelt. Mit Rasen, Hecke und Baum beschränkt sich der Entwurf auf wenige, aber variabel eingesetzte Elemente zwischen den Wegen und Plätzen aus schlichten Betonplatten. Ein besonderes Lob gilt der hervorragenden Gestaltung des zentralen Platzes und des Übergangs zum Mathematischen Zentrum und weiter nach Endenich, wobei hier die Stilmittel kontrovers diskutiert werden. Die Orientierung leidet vermeintlich ein wenig unter der Aufgabe der südlichen Ost-West-Achse und ihrem frühen Ende vor der Meckenheimer Allee, allerdings scheint der „Teppich" ein lohnenswerter alternativer Ansatz zu sein. Der Entwurf bietet ein klares und starkes Grundgerüst für die weitere Entwicklung, kann aber gleichzeitig flexibel auf Änderungen reagieren. In dem Gerüst entstehen vielfältig und multifunktional bespielbare Räume und Orte, der Erfolg der Hot Spots wird aber bezweifelt. Die Alleen in Nord-Süd-Richtung sind im Volumen verfehlt und führen voraussichtlich zu Konflikten mit Anlieferung und Feuerwehr. Auf der im Netz nicht verzichtbaren Nußallee sollen keine Autos mehr fahren; im Grundsatz ermöglicht das Profil (Bus/Bahn) aber den Pkw-Verkehr. Stellplätze und Radabstellmöglichkeiten sind richtig platziert, aber etwas knapp in der Zahl. Der erkennbar hohe Versiegelungsgrad ist unverständlich und einem Quartier des 21. Jh. nicht angemessen. Hecken bedingen erhöhte Pflegekosten, die in diesem all allerdings höchst wirkungsvoll in grüne Qualitäten investiert sind.

Insgesamt eine Arbeit, die geeignet ist, ein starkes grünes Gerüst für die weitere Entwicklung des Campus Poppelsdorf zu bilden.

WETTBEWERB NEUBAU HISTORISCHES ARCHIV UND KUNST- UND MUSEUMSBIBLIOTHEK, KÖLN

Bereits sechs Monate nach dem tragischen Einsturz des Kölner Stadtarchivs am 3. März 2009 hatte der Stadtrat beschlossen, für 86 Mio. Euro einen Neubau am Eifelwall in der südlichen Neustadt zu errichten und in diesem das Historische Archiv mit der Kunst- und Museumsbibliothek zusammenzufassen. Insgesamt soll an dem neuen Standort ein Gebäude mit etwa 30.000 m² BGF entstehen, etwa zwei Drittel der Fläche entfällt auf das Archiv und ein Drittel auf die Bibliotheken.

Im Juni 2011 wurde der Wettbewerb für den Neubau des Historischen Archivs und der Kunst- und Museumsbibliothek entschieden. Der Wettbewerb war als einphasiger, begrenzter Wettbewerb mit europaweiter Ankündigung und vorgeschaltetem Auswahlverfahren ausgelobt. Das Wettbewerbsverfahren war anonym, ihm lagen die Regeln der Auslobung von Wettbewerben (RAW 2004) zugrunde. Auslober des Realisierungswettbewerbs war die Gebäudewirtschaft der Stadt Köln.

Das Preisgericht hat insgesamt 40 Entwürfe

Modell Siegerentwurf Wettbewerb Neubau Historisches Archiv und Kunst- und Museumsbibliothek, Köln
Abb.: waechter + waechter architekten bda

von nationalen und internationalen Architektenteams bewertet. Unter dem Vorsitz von Professor Carlo Weber stimmte das Preisgericht für den Entwurf des Büros Waechter + Waechter Architekten BDA, Darmstadt. Der 2. Preis ging an die Architekten Nieto Sobejano Arquite aus Berlin, der 3. Preis an Thomas Müller Ivan Reimann Architekten GmbH aus Berlin, der 4. Preis an Staab Architekten GmbH aus Berlin, der 5. Preis ging nach Köln an Van den Valentyn Architektur.

Erläuterungen zum Siegerkonzept:

Eine viergeschossige Mantelbebauung umfasst schützend die Archivalien – aus dem langgestreckten Schutzbau in einer ruhigen, zeitlos unaufgeregten Architektursprache erhebt sich der fast fensterlose auratische Block der Magazine wie ein Schatzhaus. Mit einer, der Bedeutung der Aufgabe angemessenen klassischen Architektursprache, erhält der neu zu gestaltende Grüngürtel einen ruhigen Hintergrund mit einer eindeutigen Raumkante. Die Höhe der Mantelbebauung mit vier Geschossen nimmt die Traufhöhen der bestehenden Bebauung mit vier bis fünf Wohngeschossen am Eifelwall auf. Rundum zeigt sich das Stadtarchiv mit einer belebten Fassade – vor allem die gegenüberliegende Wohnbebauung am Eifelwall aber auch die geplanten Baukörper im Nordosten erhalten so eine der bestehenden kleinteiligen Nutzung angemessene Maßstäblichkeit als vis à vis. Die Mantelbebauung öffnet sich nach Nordwesten mit der Stirnseite zur Luxemburger Straße. Die Gebäudekante folgt bewusst nicht der Straßenkante, um eine asymmetrische Aufweitung des Straßenraums zu erreichen. Vier Stelen, an denen Wasser herunterrieselt und die zugleich zur Befestigung von Bannern (mit Veranstaltungshinweisen) dienen, markieren die Umlenkung der Fußgängerverbindung zum bestehenden Grüngürtel und vermitteln zwischen dem Straßenverlauf und der Nachbarbebauung am Eifelwall.

Funktionaler Aufbau: Zwischen dem Magazinbau und dem umlaufenden Schutzmantel ist ein quadratischer und ein längsgerichteter Innenhof eingeschnitten – das Grün der angrenzenden Parklandschaft kann so im Innenbereich fortgeführt und die hieran anschließenden Erschließungsflächen und Lesesäle (mit Blick auf das Grün) natürlich belichtet werden. Unmittelbar an das Magazin grenzen längsseitig im Nordosten die Werkstätten des Historischen Archivs und der Kunst- und Museumsbibliothek an. Nach Südwesten liegen ebenfalls längsseitig, zum Park ausgerichtet, jeweils in zwei Geschossen die Verwaltungsflächen. Die Anlieferung liegt an der Südostecke zwischen Verwaltung und Werkstätten – sämtliche öffentliche Nutzungen sind in dem Kopfbau im Westen zusammengefasst.

Äußere Erschließung: Der Haupteingang liegt am Vorplatz an der Luxemburgerstraße – von hier betritt der Besucher den Kopfbau, ein lichtdurchflutetes Foyer mit Blick in den Innenhof und über eine Innenhalle vertikal in die Obergeschosse. Die Struktur des Gebäudes wird so leicht erfassbar. Für die Mitarbeiter sind am Eifelwall Eingänge vorgesehen, die jeweils übersichtlich in das Ringsystem münden. Die Besucher verlassen die Tiefgarage über eine einläufige Treppe oder Aufzug im Kopfbau und erreichen so den Vorplatz vor dem Haupteingang. Die Mitarbeiter gelangen über Aufzüge und Treppen direkt aus der Tiefgarage in die jeweiligen Arbeitsbereiche.

Innere Erschließung: Der Bau gliedert sich in den externen Bereich des Kopfbaus und den internen Bereich für die Magazine sowie der Mantelbebauung mit der in Teilbereichen bedingt öffentlichen Infrastruktur. Die Orientierung im Inneren wird durch die Einblicke in die verschieden großen Innenhöfe gewährleistet und das horizontale Wegesystem ist daher leicht erfassbar. An den Kreuzungspunkten ist die Vertikalerschließung mit Treppen und Aufzügen übersichtlich angeordnet.

Foyer/Veranstaltungsbereich: Das Foyer der Eingangshalle öffnet sich großzügig und schwellenlos zum Vorplatz. Zum Grünraum schließt der Kommunikations- und Verkaufsbereich an, zum begehbaren Innenhof der unterteilbare Ausstellungsbereich mit den koppelbaren Vortrags- und Seminarräumen. Durch die viergeschossige Innenhalle ist das Foyer

Siegerentwurf Wettbewerb Neubau Historisches Archiv und Kunst- und Museumsbibliothek, Köln
Abb.: waechter + waechter architekten bda

Siegerentwurf Wettbewerb Neubau Historisches Archiv und Kunst- und Museumsbibliothek, Köln
Abb.: waechter + waechter architekten bda

räumlich mit den Lesesälen in den Obergeschossen verknüpft. Über eine einladende raumbestimmende Treppenrampe erreicht der Besucher auf kürzestem Weg die Lesesäle des Historisches Archivs und der Kunst- und Museumsbibliothek im 1. Obergeschoss.

Lesesaal des Historischen Archivs: Hofseitig ist der Lesesaal des Historisches Archivs angeordnet mit dem Aufsichtterminal und dem Freihandbereich an den Fassadenflächen und den eingerückten Arbeitsplätzen. Im Norden sind die abgetrennten Bereiche der Beratung, des Arbeitsraums sowie der Archivbereitstellung angeordnet. Die Andienung aus den verschiedenen Magazinen des Archivbaus erfolgt auf sehr kurzen Wegen.

Lesesaal Kunst- und Museumsbibliothek: Straßenseitig liegt der Lesesaal der Kunst- und Museumsbibliothek mit dem Informations- und Beratungsbereich in unmittelbarer Eingangsnähe. Interne Treppen erschließen die zwei Galeriegeschosse. Die Regale des Freihandbereichs sind an den Längsseiten der Innenhalle angeordnet – Arbeitsplätze an den Brüstungen zur Innenhalle und den Lufträumen dienen Besuchern zum kurzen Nachschlagen und sortieren. Die zentralen Lese- und Arbeitsplätze sind in unterschiedlicher Form als Leseinseln/Lesekabine oder offene Arbeitsplätze nach Süden mit Blick zum neu gestalteten Grünraum angeordnet. Die zugehörigen Magazinflächen liegen im Untergeschoss und sind auf kürzestem Weg mit dem Lastenaufzug an den Informationsbereich angebunden.

Archivflächen Historisches Archiv, Werkstätten, Verwaltung: Die Archivflächen des Historisches Archivs sind kompakt im Schatzhaus im Erdgeschoss und sechs Obergeschossen untergebracht und zweibündig über eine mittige Erschließungsachse, an der auch zentral ein Lastenaufzug liegt, erschlossen. Die Werkstätten mit größerer Raumtiefe sind nach Norden zum Eifelwall angeordnet; nach Süden zum Grünraum liegen die Verwaltungsräume.

Architektonische Gestaltung: Das städtebauliche Konzept mit einem mantelartigen Schutzbau um die zu schützenden Archivalien wird durch die teiltransparenten Fassaden mit der vorgeschlagenen senkrechten, feingliedrigen Fassadenstruktur, die in der Umgebung vorhandene Proportionen aufnimmt, unterstützt. Die Fassade verkörpert so nach außen den Anspruch und das Selbstverständnis des Stadtarchivs als Speicher und Schatzhaus der Geschichte und als einladender, anziehender Mittelpunkt der Geschichtsvermittlung und des -austauschs. Die tiefen, außenseitig vor die Fassaden gehängten Lamellen aus brünierter Baubronze bilden eine feingliedrige „brise soleil". Durch die tiefen Laibungen wird ein schönes und ständig wechselndes Licht- und Schattenspiel erreicht. Die Fassade wirkt je nach Blickwinkel völlig unterschiedlich, offen und geschlossen zugleich und ermöglicht so eine natürliche Belichtung aller Bereiche; zugleich öffnet sich das Stadtarchiv als Bürgerarchiv freundlich, schaufensterartig in die Straßen- und Grünräume. Durch die changierende Farbigkeit der Baubronze wird zudem eine lebendige und mit schöner Patina alternde Anmutung erzielt. Die geschlossenen Fassadenflächen erhalten eine hinterlüftete Vorhangfassade aus Baubronzeblech. Dabei sind die Bleche mehrfach gekantet, so dass nicht nur die Blechdicke reduziert werden kann, sondern durch die Tiefe schöne Schatteneffekte entstehen. Der Lesesaal mit seinen Holzverkleidungen aus hell gelaugter Eiche ist freundlich und einladend, vermittelt jedoch auch die notwendige Ruhe. Kleinere kabinettartige Ebenen mit den Lese- und Arbeitsplätzen und große offene Räume, Dichte und Weite wechseln. Untereinander sind die Ebenen durch Lufträume und Galerien vielfältig verbunden. Durch die differenzierte Höhenentwicklung entsteht eine offene, spannende, abwechslungsreiche Leselandschaft mit fließenden Räumen, die sowohl eine größtmögliche Verzahnung der unterschiedlichen Ebenen, wie auch eine Trennung der verschiedenen Funktionen ermöglicht. Die Sichtbeziehungen tragen zu einer Atmosphäre von Offenheit und Kommunikation bei. Die Vertikalerschließung betont dies mit einer spannungsvollen räumlichen Sequenz aus wechselnden Treppen mit vielfältigen Blicken in die verschiedenen Bereiche, so dass gleichzeitig eine gute und einfache Orientierung sichergestellt ist.

Von den Wettbewerbsteilnehmerinnen und -teilnehmern waren städtebaulich, architektonisch und funktional anspruchsvolle Entwürfe erwartet worden. Die Planung und die spätere Errichtung eines Gebäudes für diese beiden bedeutenden wissenschaftlichen Einrichtungen verlangte von allen Beteiligten eine intensive Auseinandersetzung mit den verschiedenen Aufgabenbereichen, Inhalten und Zielen der künftigen Nutzerinnen und Nutzer.

Am Eifelwall soll das modernste und sicherste Kommunalarchiv Europas entstehen. Es will zum einen Bürgerinnen, Bürger, Verwaltung und Wissenschaft einladen, an der großen Kölner Geschichte und deren Schätzen teilzuhaben und zum anderen die internationale Kunstgeschichte, insbesondere des 20. und 21. Jh., vermitteln.

Vorgesehen ist ein einladendes, offenes und gleichzeitig hochfunktionales Haus, das sowohl Fachwissenschaftlerinnen und Fachwissenschaftler als auch Studentinnen, Studenten sowie interessierte Bürgerinnen und Bürger anspricht. Strengste konservatorische Erfordernisse sollen mit Energieeffizienz und möglichst geringen Betriebskosten vereint werden. Daher sollte die Planung auch unter dem Aspekt eines energieoptimierten Bauens im Sinne des sogenannten Passivhausstandards erfolgen.

Eine große Herausforderung für die Teilnehmerinnen und Teilnehmer des Wettbewerbs war die Umsetzung des funktional äußerst vielschichtigen und anspruchsvollen Raumprogramms. Eine wichtige Forderung war zudem, dass die unterschiedlichen Nutzungen einerseits eigenständig betrieben werden können, und dass das Haus andererseits für das Publikum attraktive gemeinsame Foyer- und Veranstaltungsräume aufweist. So sind künftig der Lesesaal des Historischen Archivs und der Lese- und Arbeitsbereich der Kunst- und Museumsbibliothek vom gemeinsamen Foyer aus zugänglich.

An die Sicherheit der Magazinräume werden baulich und klimatisch höchste Anforderungen gestellt, um größtmöglichen Schutz vor schädlichen Umwelteinflüssen, Vandalismus, Diebstahl und Naturkatastrophen zu gewährleisten. Aus dem hohen Eigengewicht der Regalanlagen und Planschränke und dem beträchtlichen Gewicht der eingelagerten Bestände ergeben sich ebenso höchste Anforderungen an die Statik und Magazinflächen. Da falsche Klimabedingungen und Klimaschwankungen zu irreparablen Schädigungen des Archiv- und Bibliotheksguts führen, müssen Schwanken der Temperatur und Luftfeuchtigkeit soweit wie möglich reduziert werden.

Auf die Restaurierungswerkstatt kommt in den nächsten Jahrzehnten über die normalen, erhaltenden und konservierenden Aufgaben auch die große Aufgabe der Wiederherstellung der vom Einsturz geschädigten Bestände zu. Daher wird die Restaurierungswerkstatt künftig neben den normalen Räumen wie Werkstatt und Labor auch über spezielle Nass- und Trocknungsräume und einen eigenen Bereich für die Gefriertrocknung verfügen.

Der Neubau bildet den Auftakt zu der im Masterplan Innenstadt vorgeschlagenen baulichen Erweiterung entlang des Inneren Grüngürtels. Derzeit steht auf dem städtischen Gelände ein veraltetes Gebäude, in dem das städtische Umweltlabor, ein Lebensmittellabor sowie eine Holzhandlung untergebracht sind. Ergänzend zum Neubau für Archiv und Kunst- und Museumsbibliothek soll am Eifelwall Wohnbebauung entstehen, die zusammen mit den städtischen Neubauten als städtebauliches Ensemble wirken soll.

Gründlich, aber zügig, sollen die nächsten Schritte erfolgen, so dass das Historische Archiv und die Kunst- und Museumsbibliothek im Jahr 2015 in ihrem neuen gemeinsamen Gebäude mit modernsten Möglichkeiten wieder für die Öffentlichkeit und Forschung zur Verfügung stehen, so Oberbürgermeister Jürgen Roters bei der Vorstellung der Preisträgerentwürfe.

„HW ROD" – LAGERSTÄTTE FÜR HOCHWASSERSCHUTZELEMENTE, KÖLN

Für weite Teile des Kölner Stadtgebietes wird der Hochwasserschutz derzeit auf 11.30 m bzw. 11.90 m Höhe Kölner Pegel erhöht; Teilbereiche des linksrheinischen Ufers im Kölner

„hw rod" – Lagerstätte für Hochwasserschutzelemente, Köln: Die Nutzung als Lagerstätte für Hochwasserschutzelemente darf man sich bildhaft als ein Versinken in dornröschenhaftem Schlaf vorstellen, da die gesamte Lagerstätte erst dann zu Leben erwachen wird, wenn ein Hochwasserfall eintritt
Abb.: Christian Richters

„hw rod" – Lagerstätte für Hochwasserschutzelemente, Köln: Das Innere der Halle wurde in eine stille Feierlichkeit getaucht. Fast ist es so, als würden die Schutzelemente auf ihren großen Auftritt eingestimmt. Keine stützende Statik ist sichtbar – sie ist in den vier zylindrischen Höfen versteckt, die mit ihrer Gussglashaut die Halle wie riesige Laternen in ein mildes Licht tauchen. Die senkrechten Neonstreifen an Wänden und Höfen vervollständigen das Gefühl, die Zeit stillstehen zu sehen Abb.: Christian Richters

Einzugsgebiet sollen durch bis zu 4 m hohe mobile Hochwasserschutzwände und -tore gesichert werden. Diese Elemente werden an insgesamt acht Standorten in der Nähe des Rheins gelagert.

Nahezu unsichtbar zwischen BAB, Straßenbahntrasse und Friedhof auf einer von Bäumen wild besiedelten Brache hatte man ein Grundstück gefunden, das dem sensiblen lokalen Bürgerwillen zumutbar erschien. Das Manko des Grundstücks am Heinrich Lübke Ufer neben der Rodenkirchener Brücke, dass es für Halle plus Lkw-Wendeplatz eigentlich etwas zu klein war, wurde in die bestimmende Entwurfsidee umgemünzt: Statt vor der Halle zu wenden, ließen die Architekten Trint + Kreuder d.n.a, Köln, die Lkw die Halle umrunden und mit ihrer Schleppkurve die amorphe Form bestimmen. Es war erklärtes Ziel, alle größeren Bäume unversehrt zu erhalten. Drei von ihnen wurden deshalb in Höfen ins Gebäude integriert, so dass nun ihre Baumkronen, die die Halle deutlich überragen, die Illusion eines Waldes hinter der Hallenfassade erzeugen und die Halle selbst wie eine Palisade wirken lassen.

Die Nutzung als Lagerstätte für Hochwasserschutzelemente darf man sich bildhaft als ein Versinken in dornröschenhaftem Schlaf vorstellen, da die gesamte Lagerstätte erst dann zu Leben erwachen wird, wenn ein Hochwasserfall eintritt. Sowohl dieses Erstarren als auch die Ahnung von Ewigkeit, die damit einher geht, konnten sich die Architekten am besten übersetzt vorstellen in einem Monolith, gänzlich in Beton gegossen. Eine solche Massivität kommt auch dem Schutzbedürfnis der lagernden Elemente entgegen, die nicht selten ein beliebtes Ziel organisierten Diebstahls sind. Da der Monolith wie versunken im Wäldchen verharrt, ist auch seine Oberfläche von einem bestimmenden Motiv des Waldes geprägt, dem ständigen Wechsel von Licht und Schatten, erzeugt durch eine Stahlschalung mit Sinuswelle. Da diese Welle auch für die Verkleidung der Tore verwendet wurde, läuft sie ohne Unterbrechung rund um die Halle herum, als würde sie weder Anfang noch Ende kennen.

Das Innere der Halle wurde in eine stille Feierlichkeit getaucht. Fast ist es so, als würden die Schutzelemente auf ihren großen Auftritt eingestimmt. Keine stützende Statik ist sichtbar – sie ist in den vier zylindrischen Höfen versteckt, die mit ihrer Gussglashaut die Halle wie riesige Laternen in ein mildes Licht tauchen. Die senkrechten Neonstreifen an Wänden und Höfen vervollständigen das Gefühl, die Zeit stillstehen zu sehen.

Das Bauprojekt ist mit dem Architekturpreis NRW 2011 und dem Kap Kölner Architekturpreis 2010 ausgezeichnet worden. Bauherr waren die STEB Stadtentwässerungsbetriebe Köln, AöR.

UMBAU BÜROGEBÄUDE ZU WOHNHAUS, NIEBUHRSTRASSE, BONN

Die Aufgabenstellung war durch den Auftraggeber der Domos GmbH, Stefan Gebauer, aus Köln klar formuliert: Umnutzung und Erweiterung eines über 40 m langen, unmaßstäblichen Bürogebäudes aus den 1960er Jahren unter größtmöglicher Beibehaltung der vorhandenen Bausubstanz in ein anspruchsvolles und zeitgemäßes Wohngebäude.

Die maßstäbliche Eingliederung in das gründerzeitlich geprägte Umfeld der Bonner Südstadt und die Transformation in ein Wohngebäude mit anspruchsvollen und vielschichtigen Nutzungseinheiten ist nach einem

Umbau Bürogebäude zu Wohnhaus, Niebuhrstrasse, Bonn: Die Aufgabenstellung war klar formuliert: Umnutzung und Erweiterung eines über 40 m langen, unmaßstäblichen Bürogebäudes aus den 1960er Jahren unter größtmöglicher Beibehaltung der vorhandenen Bausubstanz in ein anspruchsvolles und zeitgemäßes Wohngebäude Abb.: Jan Kraege, Köln

Entwurf der LK Architekten Regina Leipertz und Martin Kostulski Partnerschaftsgesellschaft, Köln, im Einzelnen mit folgenden Bausteinen erfolgt:

Baustein 1: Erstellung eines zweiten zentralen Treppenhauses zur sinnvollen Erschließung für die geplante Wohnnutzung und das Anlegen von weiteren Zugängen zur direkten Erschließung der vier neuen Stadthäuser im Erdgeschoss.

Baustein 2: Gliederung der unmaßstäblichen Straßenfassade durch neue vorgesetzte Erker, die der kleinteiligen Bebauung nicht nur formal Rechnung tragen, sondern sowohl die Zugänge der zwei zentralen Treppenhäuser als auch die angelegten Zugänge der neuen Stadthäuser markieren.

Baustein 3: Die durchgängige Herstellung von bodentiefen Fenstern unter Beibehaltung der statischen Bausubstanz, der Ausbau des 3. Obergeschosses zum Vollgeschoss und der Neubau eines Staffelgeschosses mit großzügigen Terrassenbereichen.

Baustein 4: Aufwertung des desolaten und ungestalteten Innenhofes durch das Anlegen von Freibereichen in Form von Balkonen, kleinen Hausgärten und introvertierten Lichthöfen.

Im Resultat ist im Jahr 2010 ein Wohnhaus entstanden mit 15 sehr individuellen Wohneinheiten von 55 m² bis 220 m² Wohnfläche in Form von dreigeschossigen Stadthäusern mit kleinen Hausgärten als „Haus im Haus", Penthaus-Maisonettewohnungen mit großzügigen vorgelagerten Dachterrassen und konventionellen Geschosswohnungen mit gut nutzbaren Balkonen.

Der Innenausbau erfolgte hochwertig mit Parkettfußböden und Natursteinbädern individuell nach Wünschen der neuen Eigentümer. Die Grundrissgestaltung der Wohnungen schuf großzügige, offene und zeitgemäße neue Wohnräume.

Die zentralen Eingangsbereiche sind großzügig und attraktiv, im Sinne und entsprechend der Haltung der gründerzeitlichen Nachbarbebauung, gestaltet.

EINFAMILIENHAUS LEINSAMENWEG, KÖLN-MÜNGERSDORF

Auf einem der letzten Baugrundstücke des Baugebietes „Am Egelspfad" in Köln-Müngersdorf ist im Jahr 2010 ein Wohnhaus fertiggestellt worden, das am diesjährigen Tag der Architektur der Architektenkammer NRW

Umbau Bürogebäude zu Wohnhaus, Niebuhrstrasse, Bonn: Im Resultat ist im Jahr 2010 ein Wohnhaus entstanden mit 15 sehr individuellen Wohneinheiten von 55 m² bis 220 m² Wohnfläche   Abb.: Jan Kraege, Köln

Einfamilienhaus Leinsamenweg, Köln-Müngersdorf: ein modernes, formal reduziertes Haus mit mediterraner Atmosphäre – dies jedoch nicht durch das banale zitieren mediterraner Stilelemente, sondern durch gezielten Material- und Lichteinsatz: Eine große Bedeutung kommt hierbei den Natursteinwänden zu. Diese wurden an drei Stellen des Hauses eingesetzt
Abb.: Constantin Meyer

über 1.000 Besucher anlockte.

Zu Anfang der Planungsphase waren sich die Bauherren nicht sicher, ob man eher im „modernen" oder im „südländischen" Stil bauen sollte. Zusammen mit Skandella Architektur Innenarchitektur, Rösrath, fand man zu einem Stil, der beides vereint: ein modernes, formal reduziertes Haus mit mediterraner Atmosphäre – dies jedoch nicht durch das banale zitieren mediterraner Stilelemente, sondern durch gezielten Material- und Lichteinsatz: Eine große Bedeutung kommt hierbei den Natursteinwänden zu. Diese wurden an drei Stellen des Hauses eingesetzt: als wegführendes Element zum Eingang, als zweigeschossiges Element, das sowohl Erd- und Obergeschoss, als auch den Innen- mit dem Außenraum verbindet und schließlich als in die Glasfassade eingestelltes Element im Wohnbereich. Die großen Glasflächen sorgen für eine lichtdurchflutete Atmosphäre und lassen die Bewohner mit dem Garten und dem Pool leben. Weiterhin unterstreichen der Pool und die mediterrane Bepflanzung des Gartens die Urlaubsatmosphäre.

Da das Grundstück von Süden erschlossen

Einfamilienhaus Piccolominstrasse, Köln: Das Wohnhaus füllt eine langjährige Baulücke in der Piccolominstraße in Köln-Holweide. Aufgrund einer Anbauverpflichtung gemäß Bebauungsplan wurde der Neubau direkt an die Giebelwand des Nachbarn gebaut. Das Gebäude nimmt mit seiner klaren Form die Linien und Proportionen der umgebenden Bebauung auf und fügt sich somit sauber in den Bestand Abb.: Stefan Schilling, Köln

wird, wurde das Haus zugunsten eines südausgerichteten Gartens im Norden des Grundstückes platziert und die Einfahrt mit einer Zypressenreihe vom Garten abgegrenzt. Durch die rückwärtige Erschließung und die hier platzierte Garage ergibt sich eine intime Hofsituation hinter dem Haus.

Aufgrund des stark befahrenen Gregor-Mendel-Rings im Norden des Grundstückes wurde das Haus zweigeteilt: nach Norden zur Straße hin wurden die Erschließung und die Nebenräume gelegt und nach Süden zum Garten und Pool hin die Aufenthaltsräume. Die einzige tragende Innenwand des Hauses trennt diese Erschließungsspange von den Aufenthaltsräumen und nimmt von beiden Seiten Einbauschränke auf, die eine Vielzahl von Funktionen innehaben – Küche, Kühlzelle, Bar, Entertainment, Garderobe, Wäscheabwurf etc. – und das minimalistische Entwurfskonzept unterstreichen, da kaum Einzelmöbel nötig sind und alles seinen Platz findet.

Das Haus mit einer Wohnfläche von 330 m² ist technisch state of the art: Über ein Bussystem werden alle Funktionen des Hauses gesteuert, wie Beleuchtung, Heizung und Klimatisierung, Sonnenschutz, Pooltechnik, Alarmanlage und Multiroom-Entertainment. Dies kann über in die Möbel integrierte Touchpanels oder wahlweise das iPad erfolgen. Es wird beheizt mit einer Luft-Wasser-Wärmepumpe; eine weitere Wärmepumpe dient zur Beheizung des Pools. Die gesamte Technik wurde in eigens für dieses Objekt entworfene Möbel integriert und bleibt optisch im Hintergrund. Das Dach nimmt eine Photovoltaik-Anlage auf, und Wärmepumpen beheizen Haus und Pool.

EINFAMILIENHAUS PICCOLOMINISTRASSE, KÖLN

Das mit Baukosten in Höhe von ca. 600.000 Euro brutto erstellte Wohnhaus füllt eine langjährige Baulücke in der Piccolominstraße in Köln-Holweide. Aufgrund einer Anbauverpflichtung gemäß Bebauungsplan wurde der im November 2009 fertiggestellte Neubau direkt an die Giebelwand des Nachbarn gebaut. Das Gebäude nimmt mit seiner klaren Form die Linien und Proportionen der umgebenden Bebauung auf und fügt sich somit sauber in den Bestand. Die Wohnung im Staffelgeschoss wird über eine außenliegende lineare Treppe erschlossen. Sie verfügt über zwei großzügige Dachterrassen nach Norden und Süden.

Architekt Thomas Sanders aus Köln hatte im Jahr 2004 den Planungsauftrag mit der Vorgabe zur Planung eines Wohnhauses mit einer barrierefreien Hauptwohnung und einer Einliegerwohnung erhalten. Sein Entwurfskonzept sah das Schließen der kompletten Baulücke durch einen vermittelnden Neubau zwischen dem massiven rechten Nachbargebäude (16 m lange Giebelwand) und dem „kleinen" Nachkriegswohnhaus auf der linken Seite (8 m Giebelwand) vor. Die Auflockerung der großflächigen Giebelwand gelang durch versetzte Gebäudekuben und die seitlich am Haus vorbei führende Außentreppe. Der Grundriss basiert auf dem Prinzip der fließenden Räume; flexible Raumtrennungen im Erdgeschoss sind durch raumhohe, großflächige Schiebetüren möglich, die komplett in der Wand versenkt werden können. Zur ausreichenden Belichtung des 16 m tiefen Gebäudes tragen große, meist bodentiefe Fensterflächen bei, die auch Rollstuhlfahrern den Blick ins Freie ermöglichen.

Die Planung der Hauptwohnung, die sich über das Erdgeschoss und das 1. Obergeschoss erstreckt, erfolgte unter Berücksichtigung der DIN 18040 Teil 2 „Barrierefreies Bauen". Eine lineare Treppe aus Hohlblockstufen und ein behindertengerechter Aufzug verbinden die beiden Etagen. In sämtlichen Räumen und Fluren wurde die Bewegungsfläche eines Rollstuhlfahrers berücksichtigt. Der Zugang zum Haus sowie der Austritt auf die fast 100 m² große Terrasse sind schwellenlos. Alle Türen haben ein lichtes Durchgangsmaß von 90 cm, ausreichend breit für den Rollstuhlfahrer. Zur Erschließung des Obergeschosses wurde zusätzlich ein behindertengerechter Aufzug eingebaut. Das Badezimmer im Obergeschoss ist mit einer bodentiefen, schwellenlosen Dusche ausgestattet. Das Waschbecken ist höhenverstellbar und aufgrund eines speziellen Siphons mit dem Rollstuhl unterfahrbar. Gleiches gilt für die Küche im Erdgeschoss, in der es ein Spülbecken für den „Fußgänger" und eines für den Rollstuhlfahrer gibt.

Der Bauherr ist mit seinem neuen Haus sehr zufrieden. Besonders für den Rollstuhlfahrer ist die Lebensqualität deutlich gestiegen.

Besten Dank für die freundliche Unterstützung:

Bau- und Liegenschaftsbetrieb NRW, Niederlassung Köln

Trint + Kreuder d.n.a, Köln

LK Architekten Regina Leipertz und Martin Kostulski Partnerschaftsgesellschaft, Köln

Skandella Architektur Innenarchitektur, Rösrath

Dipl.-Ing. Thomas Sanders Architekt, Köln

Anzeige

HEISTER + RONKARTZ
Brandschutzsachverständige

Brandschutz nach Maß

Das Sachverständigenbüro HEISTER + RONKARTZ steht für den kompletten Brandschutz aus einer Hand.

Unser Aufgabengebiet umfasst die Risikoanalyse und Bewertung von Gebäuden und Bauvorhaben, die Erstellung von wirtschaftlich optimierten Brandschutzkonzepten, die Darstellung von wirksamen Entrauchungskonzepten und Simulationsberechnungen, die Anwendung innovativer Ingenieurmethoden, als auch die Durchführung der brandschutztechnischen Baubegleitung im Rahmen der Fachbauleitung Brandschutz zur Sicherstellung der zielorientierten Umsetzung auf der Baustelle und der damit einhergehenden abschliessenden Bauabnahme.

Denn wesentlich für jedes Bauprojekt ist:

Brandschutz muss dem notwendigen Schutzziel entsprechen, wirtschaftlich effizient und realisierbar sein.

Hierzu entwickeln wir maßgeschneiderte Konzepte und betreuen deren Umsetzung bis zur Schlussabnahme eines Bauvorhabens. Dabei wandeln wir die Gestaltungswünsche von Bauherren und Architekten in sichere Brandschutzkonzepte um und stellen die schnelle und unkomplizierte Genehmigung durch die Behörden sicher.

Für Sie sind wir auch international an den Orten tätig, wo Sie uns brauchen.

Hierzu umfasst unser Aufgabenspektrum :

- Brandschutzkonzepte und Brandschutzgutachten
- Brandlastermittlungen
- Entrauchungskonzepte
- Bescheinigungen nach § 72 Absatz 6 BauO NRW
- Brandschutztechnische Bestandsanalysen und Sicherheitskonzepte
- Fachbauleitung Brandschutz
- Sicherheitskonzepte für große Veranstaltungen im Freien
- Brandschutzordnungen nach DIN 14096
- Brandschutzpläne (Feuerwehrpläne, Flucht- und Rettungspläne, etc.)

Hauptniederlassung
Weserstr. 3
41836 Hückelhoven

Telefon 02433 / 95171 - 0
Telefax 02433 / 95171 - 49

Internet:
www.heister-ronkartz.de

e-Mail:
info@heister-ronkartz.de

Main-Plaza, Frankfurt

Weltgrößte Kletterhalle, München

Möbelhäuser Mann-Mobilia / XXXLutz

sera Werke Heinsberg

Dortmund Airport 21

Westfälisches Museum, Herne

Kreissparkasse Heinsberg

Autohäuser aller Marken

KM Europa Metal AG

Gesamt-Sicherheitskonzept der BVB 09-Meisterschaftsfeier 2011

DITIB Moschee, Köln

Mariendom Hildesheim

Seminargebäude Universität zu Köln

Airport City Düsseldorf, Le Ciel

Seniorenresidenz Burg Trips, Geilenkirchen

Peek & Cloppenburg-Kaufhaus Köln

Alle Standorte der Bundeswehr in Afghanistan

Verschiedene Schulbaumaßnahmen der Stadt Köln

ÖPP-Projekt „Neubau und Betrieb der Integrierten Gesamtschule Rodenkirchen" / Teilneubau Gymnasium Schaurtestraße in Köln-Deutz / Neubau Städtische Schule für Sprachbehinderte mit Sporthalle Judenkirchhofsweg, Köln-Deutz / Erweiterung der Florianschule, Köln-Weidenpesch

Integrierte Gesamtschule Rodenkirchen: die erstmalige Realisierung eines kompletten Schulneubaus mit vorausgegangenem Architektenwettbewerb nach dem Modell Öffentlich-Privater-Partnerschaften in Köln
Abb.: Quelle HOCHTIEF Concessions AG

Seit 1999 stellt die Stadt Köln jährlich über 80 Mio. Euro für Schulbaumaßnahmen zur Verfügung. Mit der Abwicklung dieser Schulbaumaßnahmen sind die personellen Ressourcen der städtischen Gebäudewirtschaft erschöpft. Da es aber erklärtes Ziel von Rat und Oberbürgermeister ist, alle Schulbauten schnellstmöglich auf einen adäquaten Stand zu bringen, hat der Rat der Stadt Köln im Jahr 2003 die Verwaltung beauftragt, sich zur Beschleunigung des Abbaus des Sanierungsstaus auch Dritter im Rahmen einer Öffentlich-Privaten-Partnerschaft (ÖPP) zu bedienen und insgesamt 40 Kölner Schulen von privaten Investoren sanieren und betreiben zu lassen. Der private Investor übernimmt sowohl die bauliche Sanierung bzw. die Errichtung eines neuen Schulgebäudes und gegebenenfalls den Abriss des alten Bestandsgebäudes, die Unterhaltung als auch den Betrieb der Schulgebäude. Im Gegenzug hierfür zahlt die Stadt Köln, die nach wie vor Eigentümerin der Immobilien bleibt, für einen Zeitraum von 25 Jahren eine adäquate Miete. Dem Investor obliegt neben der Instandhaltungs- und Instandsetzungspflicht auch die Wartung des Gebäudes und der Gebäudetechnik. Ebenso sind die für den Betrieb der Gebäude erforderlichen Leistungen wie Reinigung, Hausmeistertätigkeiten usw. zu erbringen.

ÖPP-PROJEKT „NEUBAU UND BETRIEB DER INTEGRIERTEN GESAMTSCHULE RODENKIRCHEN"

Die Gebäudewirtschaft der Stadt Köln hat 2006 das europaweite Vergabeverfahren für das ÖPP-Projekt „Neubau und Betrieb der Gesamtschule Rodenkirchen" gestartet. Aus dem europaweiten Ausschreibungsverfahren ging als Sieger die Projektgesellschaft der HOCHTIEF PPP Solutions GmbH, die HOCHTIEF PPP Schulpartner Köln-Rodenkirchen GmbH &. Co. KG, hervor. 2007 hat der Rat der Stadt Köln der HOCHTIEF PPP Solutions GmbH den Zuschlag erteilt, im Rahmen von ÖPP die Gesamtschule Rodenkirchen neu zu errichten, das Bestandsgebäude abzureißen und den Neubau in der Sürther Straße 191 für 25 Jahre zu betreiben. Dies bedeutete die erstmalige Realisierung eines kompletten Schulneubaus mit vorausgegangenem Architektenwettbewerb nach dem Modell Öffentlich-Privater-Partnerschaften in Köln.
Als Vorbereitung für den Wettbewerb hatte die Gebäudewirtschaft der Stadt Köln ein innovatives Workshopverfahren angestoßen, in dessen Rahmen die späteren Nutzer (Schulverwaltung, Lehrer, Schüler etc.) ihre Vorstellungen für einen Neubau formulieren konnten. In mehreren Workshops zu den Themenbereichen Architektur und Funktion war ein nutzerorientiertes Anforderungsprofil für den neu zu errichtenden Schulbau in Roden-

Integrierte Gesamtschule Rodenkirchen: Treppenhaus
Abb.: Quelle HOCHTIEF Concessions AG

kirchen erarbeitet worden. Der Architektenwettbewerb wurde als einstufiger, beschränkter Realisierungswettbewerb mit 36 Teilnehmern durchgeführt. Das Preisgericht stimmte einstimmig für den Entwurf des Büros Gramlich Architekten aus Stuttgart. Dieser beinhaltete den Neubau der Gesamtschule als komplexe mäanderförmige Großform, die die unterschiedlichen Funktionsbereiche innerhalb einer Gebäudestruktur beherbergt.

Der Bau erstreckt sich weit nach Osten in das Grundstück und bildet den „Rücken" für die Außensportanlage im Süden. Entsprechende Umkleiden, Garagen und Werkstatträume für diese Sportanlage waren schon im Planungskonzept berücksichtigt worden und wurden zusammen mit dem Schulneubau errichtet. Das Schulgebäude gliedert sich funktional in sechs Teile, die sich im Gesamtbild zu einem Gebäudekörper vereinen: Zentrales Element des Schulbaus ist ein Glaskörper im südlichen Gebäudebereich, der sich über alle drei Geschosse erstreckt. Er ist Eingang, Verbindung und Kommunikationszone zugleich. Die eigentliche Glasfläche öffnet sich nach Norden und ermöglicht einen weiten Blick über das Schulgelände. An den Glaskörper lehnt sich im Osten das Pädagogische Zentrum an. Den Anforderungen entsprechend kann die Aula auch extern genutzt werden, ohne den Schulbetrieb zu tangieren; gleichzeitig passt sie sich jedoch selbstverständlich in die Gebäudestruktur ein und schließt das Gebäude nach Süden ab. Die Aula ist sowohl zur Promenade als auch zum grünen Innenhof geöffnet, um auch hier einen Bezug von Innen- und Außenraum zu schaffen. Die Mensa kann über den Hof der Aula zugeordnet werden. Der südwestliche Gebäudeflügel beherbergt im ersten und zweiten Obergeschoss den gesamten allgemeinen Unterrichtsbereich. Im nordöstlichen Gebäudeteil sind die Fachbereiche, die Verwaltung und die Ganztagsbereiche der Schule untergebracht. Ein besonderes Element ist dabei das zweigeschossige Lehrerzimmer, das durch einen Luftraum das erste und zweite Obergeschoss verbindet und direkten Blick auf den zentralen Pausenhof und die Freitreppe hat. Im Norden schiebt sich die Bibliothek als Verbindungselement zwischen die beiden Gebäudeteile und orientiert sich mit einem Schaufenster zum Hof. Sie schließt den Körper im Norden ab, lässt den Schulhof aber darüber fließen. Durch seine Zweigeschossigkeit schafft der Bibliotheksbereich ein besonderes Raumerlebnis.

Um den Sporthallen den Charakter eines Anhängsels zu nehmen, wurden diese in den Gebäudekörper integriert. Sie sind im Westen zweigeschossig überbaut und bilden die räumliche Kante zur Sürther Straße. Im Norden schieben sich die Sporthallen aus der Gebäudekubatur heraus. Die Dreifach-Sporthalle mit Wettkampftauglichkeit steht auch den Sportvereinen in Rodenkirchen zur Verfügung. Eine große Freitreppe führt vom Schulhof auf das Dach der Sporthalle und erweitert die Schulhofzone um diese Dachfläche. Als Bühne des schulischen Lebens lädt sie zum Verweilen ein, funktioniert aber auch als Zuschauertribüne für kleine Aufführungen im Hof. Das Gebäude präsentiert sich aufgrund seiner Funktion als Solitär. Die Gestaltung reduziert sich auf einige wenige Materialien und Farben, um die Räume nicht zu überfrachten.

Nach anderthalb Jahren Bauzeit war der Neubau der Integrierten Gesamtschule Rodenkirchen im Dezember 2009 für die rund 1.200 Schüler und mehr als 100 Lehrer bezugsfer-

Integrierte Gesamtschule Rodenkirchen: Nach anderthalb Jahren Bauzeit war der Neubau für die rund 1.200 Schüler und mehr als 100 Lehrer bezugsfertig
Abb.: Quelle HOCHTIEF Concessions AG

Gymnasium Schaurtestraße: Das Konzept der hintereinander geschalteten, halb unter Erdgleiche versenkten Turnhallen macht erst möglich, die erforderlichen Nebenräume unter dem Schulhof anzuordnen und so ausreichend Freifläche beizubehalten Abb.: Baufrösche, Architekten und Stadtplaner GmbH

tig. 30.000 m² Bruttogeschossfläche, hell und freundlich gestaltet, funktional wie ökologisch geplant, sind für das große moderne Schulgebäude gebaut worden.

TEILNEUBAU GYMNASIUM SCHAURTESTRASSE IN KÖLN-DEUTZ

Eine schulentwicklungsplanerische Prognose für das Gymnasium Schaurtestraße in Köln-Deutz hatte schon lange besagt, dass das Gymnasium langfristig mit zwei Zügen der Sekundarstufe I und drei Zügen der Sekundarstufe II Bestand haben wird. Bereits 1976 gab es Pläne für eine Erweiterung des Gymnasiums und den Bau einer zweiten Turnhalle, da das 1908 als zweizügiges, neusprachliches Gymnasium für Jungen entstandene Schulgebäude in vielen Bereichen nicht mehr den aktuellen Anforderungen an ein modernes Gymnasium entsprochen hatte. Der Erweiterungsplan von 1976 wurde jedoch nicht ausgeführt. Im Jahr 2002 schließlich entschloss der Rat der Stadt Köln die Aufstockung und einen Erweiterungsbau. Um die Anforderungen an die Raumgrößen und das heute gültige Raumprogramm für Unterrichtsräume anpassen zu können, waren umfangreiche Umbauten des Schulgebäudes erforderlich. Die frühere Turnhalle war in einem solch schlechten Zustand gewesen, dass nach Einschätzung der Gebäudewirtschaft der Stadt Köln eine Generalinstandsetzung gegenüber einem Abriss mit anschließendem Neubau unwirtschaftlich gewesen wäre.

Um den im Herbst 2010 in Betrieb genommenen Erweiterungsbau mit WC-Anlagen und zwei übereinanderliegenden Turnhallen auf dem beengten Schulgrundstück errichten zu können, mussten die überdachten Pausengänge und die Pausen-WC-Anlagen abgerissen werden. Das geforderte Raumprogramm für die Erweiterung der Schule ist komplett in dem Neubau am Gotenring auf den neuen Turnhallen untergebracht. Die hintereinander geschalteten, halb unter Erdgleiche versenkten Turnhallen machten es möglich, die erforderlichen Nebenräume für Geräte, Umkleiden, Duschen etc. unter dem Schulhof anzuordnen und so ausreichend Freifläche beizubehalten. Gegenüber dem alten Bestand ist die Freifläche unter Einbeziehung der Freitreppe über den Musikräumen nur unwesentlich kleiner geworden. Das schulhofprägende Baumkarree blieb erhalten. Der Baukörper über der Turnhalle mit Verbindungsbrücke zum Altbau ist klar zoniert. Alle Haupträume sind ideal nach Nordwest zum ruhigen Schulhof orientiert, und die vorgelagerte Erschließungszone mit Nebenräumen ist gleichzeitig Schallpuffer zum Gotenring. Der Schulhof erweitert sich mit einer großen Freitreppe über den eingeschossigen Zwischenbau zwischen Alt- und Neubau an der Arnoldstraße, in dem die Musikräume untergebracht sind. Eine großflächige, teilüberdachte Pergola auf dem Dach ermöglicht einen trockenen Übergang zum Altbau und ist gleichzeitig Ersatz für das abgerissene Pausendach. Sämtliche Fachräume wurden im Neubau organisiert, da sie im damaligen Zu-

Gymnasium Schaurtestraße: Die frühere Turnhalle war in einem solch schlechten Zustand gewesen, dass eine Generalinstandsetzung gegenüber einem Abriss mit anschließendem Neubau unwirtschaftlich gewesen wäre
Abb.: Baufrösche, Architekten und Stadtplaner GmbH

Gymnasium Schaurtestraße: Um die Anforderungen an die Raumgrößen und das heute gültige Raumprogramm für Unterrichtsräume anpassen zu können, waren umfangreiche Umbauten des Schulgebäudes erforderlich
Abb.: Baufrösche, Architekten und Stadtplaner GmbH

stand im Altbau sowieso erneuerungsbedürftig gewesen sind. Daneben wurden alle Lehrer- und Verwaltungsräume im Neubau konzentriert. Im Altbau sind die früheren Fachräume und Verwaltungsräume überwiegend zu Klassenräumen umgebaut worden, die dann auch im Wesentlichen den heutigen Anforderungen an Größe und Ausstattung entsprechen.

Zur Realisierung des Ganztagsschulbetriebes ist es notwendig, entsprechende Räume für Nachmittags- und Hausaufgabenbetreuung anzubieten sowie die Mittagsverpflegung der Schüler und Lehrer zu gewährleisten. Diese Anforderungen werden in einem fünfgeschossigen Neubau anstelle des früheren Kopfbaus realisiert. Der 2004 geplante und genehmigte Umbau des Bestands-Kopfbaus hatte die zwischenzeitlich umfangreicheren Anforderungen nicht aufnehmen können. Derzeit wird das Bestandsgebäude in zwei Bauabschnitten saniert. Im dritten und letzten Bauabschnitt wird ein zweigeschossiger Gebäudeteil abgerissen und durch einen Neubau, den sogenannten Kopfbau, ersetzt. Da Schule in der heutigen Zeit nicht mehr nur Ort des Lernens sein soll, sondern vielmehr auch Möglichkeiten für soziale Aktivitäten bieten muss, wird mit dem neuen Kopfbau Platz für eine Mensa, verschiedene Betreuungsräume und eine Bücherei mit Lesegalerie geschaffen. Die Aufwärmküche wird im Erdgeschoss im angrenzenden Altbau realisiert. Die Kubatur des neuen Gebäudes am Gotenring/Ecke Schaurtestraße leitet sich nicht nur aus dem Bedarf an Flächen für die Nachmittagsbetreuung ab – es wird gezielt, wie in diversen Studien in der Vorentwurfsphase dargestellt, auf die Proportionen der Nachbarbebauung reagiert. Mit der selbstbewussten Form des Kopfbaus wird sowohl auf den Neubau des Gymnasiums am Gotenring als auch auf die hohen Gebäude eingegangen, die die anderen Straßenecken markieren. Die Natursteinfassade nimmt Bezug auf die äußere Erscheinung des bestehenden altehrwürdigen Gymnasiums.

NEUBAU STÄDTISCHE SCHULE FÜR SPRACHBEHINDERTE MIT SPORTHALLE JUDENKIRCHHOFSWEG, KÖLN-DEUTZ

Auf dem Gelände des Köln-Kollegs am Judenkirchhofsweg in Deutz hat die Stadt Köln rund 10 Mio. Euro für Schulneubauten investiert. Die städtische Gebäudewirtschaft realisierte dort zwischen Oktober 2007 und 2009 einen Neubau für die Förderschule Sprache, die zuvor in Buchheim in der Kopernikusstraße und in einigen Außenstellen im Stadtgebiet untergebracht war, sowie den Neubau einer Mehrzweckhalle für das dortige Köln-Kolleg.

Und der Schulneubau im Alten Mühlenweg kann sich sehen lassen. Die helle Eingangshalle mit Blick auf den Kölner Himmel und einer frei schwebenden, bunten Treppe kann zugleich als Aula genutzt werden. Neben 16 Klassenräumen für rund 200 Schüler sind außerdem zahlreiche Fachräume in dem neuen Schulgebäude untergebracht worden. So eine Werkstatt, ein Musikraum, ein Arzt- und Elternsprechzimmer, ein Forum mit Bühnenbereich und eine Sporthalle. Dabei sind alle Räume barrierefrei erreichbar. Für die integrierte Offene Ganztagsschule wurden auch drei Betreuungsräume und ein Küchenbereich eingerichtet. Ein Schulgarten und ein Spielplatz bieten den Schüler ein „Lernen mit allen Sinnen".

Der kompakte dreigeschossige Baukörper erzielt einen möglichst geringen Anteil an über-

Florianschule: Zwischen April 2007 und Juni 2009 wurden zwei umfassende Erweiterungsbauten errichtet und zugleich eine grundlegende Umgestaltung der Freiflächen vorgenommen
Abb.: dorn architekten, Köln

Gleichzeitig mit der Einweihung des neuen Schulgebäudes der Förderschule Sprachen konnte auch der Abschluss der Arbeiten für eine neue Mehrzweckhalle des Köln-Kolleg gefeiert werden.
Die Errichtung erfolgte auf städtischem Grundstück neben dem Köln-Kolleg mit direkter Anbindung an das Kolleg über das Untergeschoss. Das Köln-Kolleg hatte zuvor weder über eine eigene Sporthalle noch über einen geeigneten Versammlungsraum für die Studierenden verfügt. In der neuen Mehrzweckhalle können bei Veranstaltungen bis zu 500 Personen Platz finden.

ERWEITERUNG DER FLORIANSCHULE, KÖLN-WEIDENPESCH

Die Florianschule in der Neusser Straße 605 ist die einzige öffentliche Schule im dicht bewohnten Kölner Stadtteil Weidenpesch. In den knapp 140 Jahren ihres Bestehens ist sie zu einem unverrückbaren Ort des Zusammenlebens der Weidenpescher Bevölkerung geworden und stellt seit Generationen ein wesentliches soziales Identifikationszentrum im Viertel dar. Hierzu hat in jüngerer Zeit u.a. auch die seit 2002 eingeführte Übermittagsbetreuung von Schülerinnen und Schülern wesentlich beigetragen, die seit 2007 im Betrieb der offenen Ganztagsschule fortgesetzt wird.
1874 wurde ein zweigeschossiges Schulhaus mit vier Klassenräumen errichtet. Als sogenanntes „Kükenhaus" gehört es zu den ältesten Gebäuden des Ortsteils und wird bis heute unverändert zu Schulzwecken genutzt. In den Jahren 1890 – 1892 wurde wegen des beträchtlichen Anstiegs der Schülerzahlen ein zusätzlicher dreigeschossiger Erweiterungsbau an der Floriansgasse mit zwölf Klassen erstellt.
Ursprünglich im ländlichen Vorort Weidenpesch angelegt, befindet sich die Schule heute mit der stark befahrenen Neusser Straße und angrenzenden 16-geschossigen Wohnhochhäusern in einer von städtebaulichen und sozialen Brüchen geprägten Großstadtumgebung. Gleichwohl hat sich auf dem Schulgrundstück mit den beiden historischen Schulgebäuden und dem wertvollen Baum-

bauter Fläche. Die offene Gebäudeform integriert den Außenraum in das Gebäudekonzept und vergrößert damit den erlebbaren Raum. Die Gebäudeform lässt eine gemeinsame Mitte entstehen und stärkt das Gefühl der Zusammengehörigkeit. Die körperliche Bewegung im Unterricht, die Teil des pädagogischen Konzeptes ist, benötigt veränderbare räumliche Angebote. In den Obergeschossen dienen die Flure auch als Bewegungsflächen für den Unterricht

Das Köln-Kolleg ist die städtische Weiterbildungseinrichtung, an der junge Erwachsene das Abitur oder die Fachhochschulreife erwerben können. Die Förderschule Sprache hatte dringend mehr Platz gebraucht. Wegen gestiegener Schülerzahlen musste sie bereits seit vielen Jahren auf zusätzliche Standorte ausweichen. In Deutz wurde die Förderschule als integrierte Offene Ganztagsschule konzipiert.

Florianschule: Die dreigeschossige OGTS-Erweiterung an der Neusser Straße wird über einen markanten Eingang und ein großzügiges Foyer erschlossen
Abb.: dorn architekten, Köln

Florianschule: Innenraum Lehreratelier
Abb.: dorn architekten, Köln

bestand das ehemalige Bild ruhiger, beschaulicher Atmosphäre erhalten.

Zwischen April 2007 und Juni 2009 wurden zwei umfassende Erweiterungsbauten errichtet und zugleich eine grundlegende Umgestaltung der Freiflächen vorgenommen. Das Gebäude an der Neusser Straße dient dem Ausbau zum offenen Ganztagesbetrieb. Der Erweiterungsbau an der Südseite des Kükenhauses beherbergt neue Räume der Schulverwaltung und einen zusätzlichen Mehrzweckraum.

Das Neubauprogramm umfasste neben der Erweiterung für die Offene Ganztagsschule (OGTS) mit vier Betreuungsräumen, Mehrzweckraum und Küche zusätzliche Räume für die Schule wie Mehrzweckraum, Medienraum, Werkraum, Neuordnung der Schulverwaltung, Schülertoiletten und Lagerflächen. Durch die Schließung der Baulücke an der Neusser Straße mit einem dreigeschossigen Erweiterungsbau (OGTS) und einem Anbau an das Kükenhaus (Mehrzweckraum, Schulverwaltung) wird im Innenbereich die ruhige historische Grundatmosphäre städtebaulich stabilisiert. Die Schulbauten des 19. Jh. werden mit den Neubauten zu einer räumlichen Gesamtanlage verknüpft und an zukünftigen pädagogischen Anforderungen ausgerichtet. Durch den Abbruch überkommener Nebengebäude aus den 1960er Jahren wurde zusätzlicher Freiraum geschaffen und der beträchtliche historische Baumbestand hervorgehoben. Innen- und Außenräume stehen in direkter Wechselbeziehung. Übergangszonen sind großzügig überdacht und erleichtern die nahtlose Verlagerung des Schulunterrichtes in die Außenbereiche. Unter Ausnutzung der leichten topografischen Höhenunterschiede entstanden neben einer neuen Spielfläche ein Freilichtforum, ein „grünes Klassenzimmer" und ein Schulgarten.

Die dreigeschossige OGTS-Erweiterung an der Neusser Straße wird über einen markanten Eingang und ein großzügiges Foyer erschlossen. An der Rückseite erhält sie ein eingeschossiges, in den Schulhof geschobenes Forum, das für OGTS-Zwecke, Theater und Musik, Schulfeste und Versammlungsort genutzt wird. Hinzu kommen Küchen und Stuhllager. Zwei Obergeschosse beherbergen vier Betreuungsräume für den offenen Ganztagesbetrieb. Sie werden durch kurze, helle Flure vom Verkehr der Neusser Straße ferngehalten und sind ausnahmslos zum innenliegenden Schulhof orientiert.

Der „Zwillingsanbau" an das „Kükenhaus" greift dessen einfache Grundform auf und ergänzt sie in morphologischer Fortsetzung zu einem neuen Schulhausensemble. Über eine gemeinsame Eingangshalle werden Alt- und Neubau „Hand in Hand" gemeinsam erschlossen. In direkter Verbindung zum äußeren Spielbereich liegt ein ebenerdiger Mehrzweckraum, der für jede erdenkliche Nutzung herangezogen werden kann. In den beiden darüber liegenden Geschossen befinden sich die Büros der Schulverwaltung und das als Einraumatelier angelegte „Lehrerzimmer".

Alle Räume erhalten über ihre gesamte Breite individuell regulierbares Tageslicht. Die Proportionierung und Aufteilung der schalldämmenden Fenster ermöglicht auf kompletter Raumbreite platzsparendes Öffnen zur natürlichen Belüftung. In allen Klassenräumen wurden überdurchschnittliche Anforderungen an die akustische Dämpfung der raumumschließenden Oberflächen gestellt, um konzentriertes Unterrichten und ruhiges Spielen nicht durch störende Nebengeräusche zu belasten.

Als bautechnische Besonderheit wurde der Neubau zusätzlich zur Schulnutzung zu einem Medienzentrum für Katastrophenfälle wie z.B. Rheinhochwasser ausgebaut. Die besonderen bautechnischen Konstruktionen und haustechnischen Anlagen hierfür wurden unterirdisch angeordnet.

Bauherr:
Gebäudewirtschaft der Stadt Köln

-Proj. „Integrierte Gesamtschule Rodenkirchen"
Entwurfsplanung:
gramlich architekten bda, Stuttgart
Ausführungsplanung:
KSP Engel und Zimmermann GmbH, Köln
Vertragspartner:
HOCHTIEF PPP Schulpartner Köln-Rodenkirchen GmbH & Co. KG, Essen
Generalunternehmer:
HOCHTIEF Construction AG Niederlassungen PPP (Erfurt) und Nordrhein-Westfalen (Düsseldorf), Köln

-Proj. „Gymnasium Schaurtestraße"
Planender Architekt:
Baufrösche, Architekten und Stadtplaner GmbH, Kassel

-Proj. „Städt. Schule für Sprachbehinderte mit Sporthalle Judenkirchhofsweg":
Planender Architekt:
Dipl.-Ing. Architekten Scheuring und Partner, Köln

-Proj. „Florianschule"
Objektplanung und Bauleitung:
dorn architekten, Köln

Partner am Bau:
- ZA-Bürodesign GmbH
- Fliesen Gschwendtner GmbH & Co. KG
- M-TEQ Technische Gebäudeausrüstung
- Fritz Dietz GmbH & Co. KG
- Dr. Tillmanns & Partner GmbH Ingenieurbüro
- Vermessungsbüro Austerschmidt & Dieper
- Ingenieurbüro Finette + Schönborn
- Karlheinz Döhler GmbH & Co. KG

Individualität und funktionelles Bürodesign

ANALYSE & BERATUNG

Jedes Unternehmen hat seine eigene Identität. Umso wichtiger, dass auch Ihre Büroräume Gesicht zeigen. Wir liefern individuelle Einrichtungslösungen, in denen sich die Philosophie Ihres Unternehmens widerspiegelt. Doch bevor wir mit der Planung beginnen, erfolgt eine sorgfältige Analyse. Denn ebenso wichtig wie das Design, ist eine Raumgestaltung die Ihre Arbeitsprozesse effektiv unterstützt. Deshalb lernen wir Sie kennen, erfragen Abläufe, durchleuchten Organisationsstrukturen und berücksichtigen Bedürfnisse und Wünsche.

KONZEPTION & PLANUNG

Unterschiedliche Räume erfordern unterschiedliche Lösungen. Deshalb wird jedes Projekt bei uns einzigartig behandelt. Wir liefern keine Büro-Einrichtungen von der Stange, sondern maßgeschneiderte Gestaltungskonzepte immer unter Berücksichtigung Ihrer Ansprüche. Wenn wir die optimale Raum-Idee für Ihr Unternehmen gefunden haben, erfolgt die Präsentation eines detaillierten Layoutplanes oder einer photorealistischen Animation. So erhalten Sie schon jetzt einen realitätsnahen Eindruck Ihres zukünftigen Büros.

REALISATION & EINRICHTUNG

Wenn wir gemeinsam mit Ihnen anhand unserer Planungen ein durchdachtes, ideenreiches Gesamtkonzept erarbeitet haben, ist es an der Zeit, den Plan in die Tat umzusetzen. Auf Wunsch bemustern wir Ihr Büro mit einer Auswahl an Möbeln, damit Sie sich ein besseres Bild machen können. Nach endgültiger Entscheidung werden Termine, Lieferung und Montage sorgfältig geplant – so ist eine reibungslose Umsetzung garantiert. Die Lieferung und Montage Ihrer Möbel übernehmen unsere qualifizierten Mitarbeiter – selbstverständlich fachgerecht und schnell.

ZA-Bürodesign GmbH
Kölner Straße 30
50859 Köln
Tel. 02234/92808-0
Fax 02234/92808-29
e-mail: info@
za-buerodesign.de

Anzeige Ausführende Firmen

Fliesen + Parkett Gschwendtner

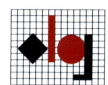

Beratung • Verkauf • Verlegung

Vom Feinsten aus dem Vorgebirge.
Heinrich-von-Berge-Weg 36
53332 Bornheim (Walberberg)
Telefon 0 22 27 / 20 24, Telefax 0 22 27 / 59 25
info@fliesen-gschwendtner.de, www.fliesen-gschwendtner.de

Meisterfachbetrieb
Exklusivausstellung

M-TEQ
Energieeffizient Planen

Schanzenstr. 7A
D-51063 Köln

Tel.: 0221-964906-0
Fax: 0221-964906-109
Internet: www.M-TEQ.de

Fritz Dietz GmbH & Co. KG
Versorgungstechnik – Metallbau

Frohnhofstraße 23, 50827 Köln
Tel. 02 21/956511-60, Fax 02 21/956511-90, info@fritzdietz.de, www.fritzdietz.de

Produktinfo ◀

Flexibler Baustoff Beton erfüllt Wohnwünsche

(epr) Beton ermöglicht dank seiner Vielseitigkeit und Flexibilität höchst individuelles Wohnen – ohne Kompromisse. Denn das traditionsreiche Material besitzt von Natur aus eine ganz eigene, markante Struktur. Durch Farbstoffe, die nach Wunsch beigemischt werden können, erhält der Baustoff einen unverwechselbaren Farbton. So wird er schon lange nicht mehr nur beim Kellerbau verwendet: Beton spielt eine zunehmend wichtige Rolle, wenn es um die Ausgestaltung von Wänden, Decken und gar Dächern geht. Baulich gesehen punktet er, weil die Wände eines Hauses dank seiner hohen Tragfähigkeit sehr schlank gehalten werden können. Aufgrund der großen Spannweite von Betondecken kann man sogar auf tragende Zwischenwände verzichten, sodass Wohnungen offen und weitläufig bleiben. Der flexible Baustoff schützt des Weiteren vor Schall, Bränden und Feuchte. Beim Dach glänzt Beton zudem als Garant für gutes Klima: Im Sommer hält er die Hitze ab, und im Winter speichert er die Wärme. Weitere Informationen unter www.beton.org.

Rundum wohlfühlen, weil die Atmosphäre stimmt: Betonwände schaffen ein gesundes, schönes Klima (Foto: epr/BetonBild)

Nord-Süd Stadtbahn Köln

Eines der größten Infrastrukturprojekte im Öffentlichen Personennahverkehr in Deutschland – 3D-Ansichten erlauben schon jetzt einen Blick in die neuen Haltestellen

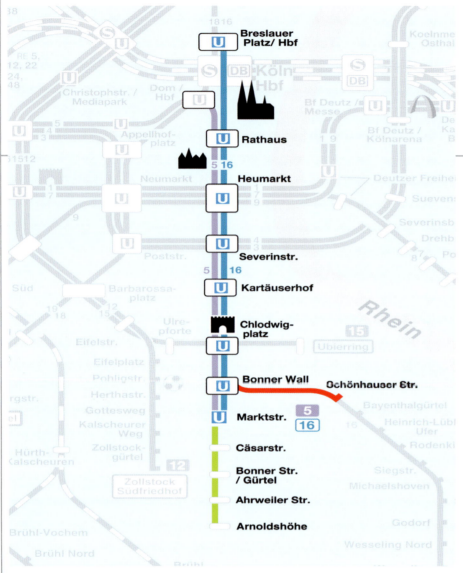

Die Nord-Süd Stadtbahn Köln ist rund 4 km lang, führt durch die dicht bebaute Alt- und Innenstadt und schließt eine Lücke im Netz des Öffentlichen Personennahverkehrs (ÖPNV) in Köln
Alle Abb.: Kölner Verkehrs-Betriebe AG/HH vision

Seit Januar 2004 wird in Köln eines der größten Infrastrukturprojekte im Öffentlichen Personennahverkehr in Deutschland realisiert: Die Nord-Süd Stadtbahn Köln.
Es handelt sich um eine unterirdische Stadtbahnverbindung, die vom Breslauer Platz im Norden bis zum Bonner Wall im Süden und weiter zur oberirdisch gelegenen Station Marktstraße führt. Sie ist rund 4 km lang, führt durch die dicht bebaute Alt- und Innenstadt und schließt eine Lücke im Netz des Öffentlichen Personennahverkehrs (ÖPNV) in Köln. Sie verbindet die südlichen Stadtteile, die bislang lediglich durch die Ring- und zwei Buslinien erschlossen sind, mit dem Hauptbahnhof, der S-Bahn und dem Fernverkehr.

EIN GEWINN FÜR DEN ÖPNV

Der Innenstadttunnel, der mit Taktfolgen von teilweise nur 120 Sekunden stark frequentiert ist, wird entlastet. Dies wirkt sich positiv auf das gesamte Stadtbahnnetz und die Zuverlässigkeit des Fahrplans aus. Zudem kreuzt die Nord-Süd Bahn mehrere bestehende Ost-West-Verbindungen, so dass neue Umsteigebeziehungen entstehen, die den Stadtbahnverkehr für die Nutzer des ÖPNV deutlich flexibler und attraktiver machen als bisher.
Inzwischen ist das Bauprojekt so weit fortgeschritten, dass im Juli 2011 mit dem Ausbau der Haltestellen begonnen werden konnte. Nun kommt in die im Rohbau fertiggestellten Stationen hinein, was notwendig ist, um den Fahrbetrieb zu gewährleisten und den Fahrgästen einen angenehmen Aufenthalt zu bieten: Rolltreppen, Fahrstühle, Treppenstufen und Treppengeländer, Belüftung und Stromversorgung, Lautsprecheranlagen, Beleuchtung, Ticketautomaten, Bänke,

Ein Highlight: Die Haltestelle Breslauer Platz/Hbf zeichnet sich durch Transparenz und Überschaubarkeit aus. Von den als Galerien angelegten Verteilerebenen an den Kopfseiten der Station kann man die komplette Bahnsteighalle überblicken und vom Bahnsteig aus immer noch ein Stückchen vom Himmel erspähen

Vitrinen und an einigen Haltestellen auch Kunst.

Bis die Haltestellen fertig sind und die späteren Nutzer der unterirdischen Stadtbahn sich ansehen können, was dort in den Jahren seit Baubeginn unter der Erde realisiert wurde, vergeht noch etwas Zeit. Auf 3D-Ansichten, die nach technischen Bauplänen entstanden sind, kann die Bauherrin, die Kölner Verkehrs-Betriebe AG, aber heute schon zeigen, wie es dort später aussehen wird.

DIE ARCHITEKTUR DER HALTESTELLEN

Jede Haltestelle erhält ein ganz eigenes Gesicht. Trotzdem finden sich bestimmte Gestaltungsmerkmale in allen Stationen der Nord-Süd Stadtbahn wieder: nirgendwo gibt es Kacheln, überall geschliffenen Sichtbeton – mal naturbelassen, mal farbig, zum Teil metallverkleidet. Überall gibt es Fußböden aus Terrazzo oder Hartstoffestrich. Überall die gleichen Rolltreppen und gläsernen Aufzüge. An allen Haltestellen wurde Wert auf größtmögliche Offenheit und Transparenz zur Erhöhung der Aufenthaltsqualität und der sozialen Sicherheit gelegt. An den Stationen Breslauer Platz, Heumarkt und Bonner Wall ließ sich dieser Anspruch aufgrund der gegebenen Platzsituation in idealer Weise umsetzen: Galerien ermöglichen einen freien Blick von den Verteilerebenen zu den Bahnsteigebenen. Die Architektur ist großzügig und die Andersartigkeit der verschiedenen Baukonstruktionen beeindruckend.

In der Haltestelle Breslauer Platz gehören V-

Haltestelle Rathaus – sie bildet einen starken Kontrast zu den altehrwürdigen Beständen, die sich an der Oberfläche auf und um den Alter Markt befinden. Sie ist hoch modern, farbig gestaltet und mit runden Formen und interessanten Lichtinstallationen auf der Verteilerebene tatsächlich auch ein Lichtblick

förmige Stützen zum charakteristischen Merkmal. Am Chlodwigplatz ist es eine imposante Verteilerebene unter dem Kreisverkehr, an der Severinstraße eine Bahnsteighalle mit Schrägstützen unter dem Perlengraben und am Rathaus eine silbrig glänzende Deckenverkleidung in der Verteilerebene.

NEU GESTALTETE STRASSENRÄUME

Doch nicht nur im Untergrund, auch an der Oberfläche erhält die Stadt in vielen Bereichen ein neues Gesicht: Einige Streckenabschnitte wie die Bonner Straße, die Severin-

Haltestelle Heumarkt: An allen Haltestellen wurde Wert auf größtmögliche Offenheit und Transparenz zur Erhöhung der Aufenthaltsqualität und der sozialen Sicherheit gelegt. An den Stationen Breslauer Platz, Heumarkt und Bonner Wall ließ sich dieser Anspruch aufgrund der gegebenen Platzsituation in idealer Weise umsetzen: Galerien ermöglichen einen freien Blick von den Verteilerebenen zu den Bahnsteigebenen. Die Architektur ist großzügig und die Andersartigkeit der verschiedenen Baukonstruktionen beeindruckend

straße oder die Bechergasse sind bereits neu gestaltet und fertig. Andere Bereiche werden sukzessive folgen – zunächst der Breslauer Platz, denn dort wird die Haltestelle bereits zum Fahrplanwechsel am 11. Dezember 2011 in Betrieb genommen. Ab Dezember 2012 wird auch die Haltestelle Rathaus angefahren und ab Dezember 2013 der Heumarkt.

Die architektonische Gestaltung der Haltestellen der Nord-Süd Stadtbahn Köln ist modern und großzügig. Ein Highlight – das steht schon heute fest – ist neben dem Heumarkt sicherlich die Haltestelle Breslauer Platz. Sie zeichnet sich durch Transparenz und Überschaubarkeit aus. Von den als Galerien angelegten Verteilerebenen an den Kopfseiten der Station kann man die komplette Bahn-

Haltestelle Severinstraße: Jede Haltestelle der Nord-Süd Stadtbahn wurde von einem anderen Architekten gestaltet und hat eine ganz eigene Anmutung. Trotzdem finden sich bestimmte Gestaltungsmerkmale in allen Stationen der Nord-Süd Stadtbahn wieder: nirgendwo gibt es Kacheln, überall geschliffenen Sichtbeton. Überall die gleichen Rolltreppen und gläsernen Aufzüge

steighalle überblicken und vom Bahnsteig aus immer noch ein Stückchen vom Himmel erspähen.

Durch die hohen und breiten Eingangsbereiche fällt viel Licht in das Bauwerk, ebenso durch die beiden verglasten Aufzüge. Die Geländer sind aus leicht gefärbtem Glas. Sie lassen ebenfalls Licht durch und Sichtbeziehungen zu. Soziale Sicherheit ist hier in hohem Maße gegeben, die Architektur ist offen und weitläufig. Die Größe der Haltestelle wird den Anforderungen und der zu erwartenden hohen Frequentierung gerecht.

KEINE STATION GLEICHT DER ANDEREN

Jede Haltestelle der Nord-Süd Stadtbahn wurde von einem anderen Architekten gestaltet und hat eine ganz eigene Anmutung. Wo nicht viel Platz vorhanden war, wurden die Stationen entsprechend konzipiert – zum Beispiel am Rathaus und am Kartäuserhof. Der Querschnitt der Tunnelröhren wurde hier optimal genutzt, indem die Bahnsteige bis in die Röhren hineingezogen wurden.

Haltestelle Kartäuserhof. Am Kartäuserhof befindet sich die schmalste Stelle im gesamten Baubereich. Dies macht sich selbstverständlich auch in der Station bemerkbar. Davon unabhängig wurden aber auch an dieser Stelle praktikable Lösungen erdacht, um die Haltestelle so großzügig zu gestalten, wie irgend möglich

Öffentliche Bauten

Haltestelle Chlodwigplatz: Am Chlodwigplatz wurde unter dem Kreisverkehr eine große Verteilerebene angelegt. Von hier aus führen fünf Ausgänge an die Oberfläche

Die architektonischen Lösungen sind anspruchsvoll und ansprechend zugleich: Die Haltestelle Rathaus bildet einen starken Kontrast zu den altehrwürdigen Beständen, die sich an der Oberfläche auf und um den Alter Markt befinden. Sie ist hoch modern, farbig gestaltet und mit runden Formen und interessanten Lichtinstallationen auf der Verteilerebene tatsächlich auch ein Lichtblick, wenngleich hier das Tageslicht nicht bis auf die Bahnsteigebene vordringen kann.

EINE UNTERIRDISCHE „KATHEDRALE"

Kaum war in der riesigen Halle der Haltestelle Heumarkt der erste Abschnitt der Gewölbedecke fertig, bekam sie schon einen Spitznamen: die Kathedrale. Die Ebenen der Nord-Süd Stadtbahn und der zu einem späteren Zeitpunkt gegebenenfalls auch einmal im Untergrund verkehrenden Ost-West-Linien liegen verkreuzt übereinander. Von oben kann nach unten geschaut werden und umgekehrt. Der Bau ist eine beeindruckende Hallenkonstruktion, in der man – solange die Ost-West-Achse nicht tiefer gelegt wird – eine Ladenzeile unterbringen wird.

An der Severinstraße wurde unter laufendem Verkehr eine Bahnsteigebene unter dem Perlengraben realisiert. Die Decke der Bahnsteigebene wird durch schräg stehende Pfeiler gestützt, die der Haltestelle neben einem interessanten Wabenmuster an den Wänden eine unverwechselbare charakteristische Note geben. Hier befindet sich mit fast 40 m auch die längste Treppe in einem Bauwerk der Nord-Süd Stadtbahn. Die Haltestelle ist ein Knotenpunkt für die neuen Nord-Süd- und die bestehenden Ost-West Verbindungen. Am Kartäuserhof befindet sich die schmalste Stelle im gesamten Baubereich. Dies macht sich selbstverständlich auch in der Haltestelle bemerkbar. Davon unabhängig wurden aber auch an dieser Stelle praktikable Lösungen erdacht, um die Haltestelle so großzügig zu gestalten, wie irgend möglich. Neben dem Aufzug an der Westseite der Station wurden Glasflächen eingeplant, durch die Tageslicht direkt auf den Bahnsteig fällt.

FREIER BLICK AUF DIE BAHNSTEIGE

Am Chlodwigplatz wurde unter dem Kreisverkehr eine große Verteilerebene angelegt. Von hier aus führen fünf Ausgänge an die Oberfläche: einer zur Bonner Straße, einer zur Merowingerstraße, einer zum Karolingerring und zwei zum Ubierring. Durch letztere wird die neue oberirdische Haltestelle direkt erreicht, ohne die Straße überqueren zu müssen. Ein weiterer Ausgang liegt vor der Severinstorburg. Von den Verteilerebenen schaut man auch hier in eine weitläufige Halle mit einem fast 19 Meter breiten Bahnsteig. Die Haltestelle Bonner Wall wird mittig von den Bahnen durchquert und erhält zwei Seitenbahnsteige. Die Verteilerebenen im Norden und Süden sind Emporen, von denen aus die gesamte Haltestelle überblickt werden kann. Auch diese Station ist großzügig und gut überschaubar konzipiert und wird von einer Gewölbedecke in Metalloptik überspannt.

Die vorerst letzte Station der Nord-Süd Stadtbahn, die Haltestelle Marktstraße, liegt oberirdisch in der Mitte der Bonner Straße. Auch sie ist modern und stilvoll gestaltet und passt sich gut in das Straßenbild ein.

ART GOES UNDERGROUND

Zur Gestaltung der Haltestellen wurde ein Künstlerwettbewerb durchgeführt. Im Ergebnis wählte die Beurteilungsjury die Gestaltungsvorschläge von vier international renommierten Künstlerinnen und Künstlern aus, die sich in ihren konzeptionellen Ansätzen (Video/Liveübertragung, Sound, Malerei, Skulptur) sehr voneinander unterscheiden.

Der Künstler Tue Greenfort setzt unter dem Titel „Neobiota" ein Konzept um, bei dem mit Hilfe moderner Technik die Spezies der „Kölner Sittiche" beobachtet und die Lebensweise dieser Vögel, die sich in Köln angesiedelt haben, auf Monitore übertragen in der Haltestelle Breslauer Platz mitzuverfolgen ist.

Heimo Zobernig hat für die Haltestelle Rathaus ein Wandfries aus Aluminium kreierte, das als Positiv- und als Negativ-Variante abstrahiert den Schriftzug der Haltestelle wiedergeben wird.

Werner Reiterers Entwurf ist unsichtbar: Er schickt in regelmäßigen Abständen einen „Geisterzug" auf die Reise, der die Nord-Süd Stadtbahn-Strecke befährt. Er wird als Durchsage angekündigt, man hört ihn kommen. Nur sehen wird man ihn – auch an der Haltestelle Heumarkt, wo das Projekt umgesetzt wird – nie.

Katharina Grosse wird eine große, farbgewaltige Wandmalerei In der Haltestelle

Haltestelle Bonner Wall: Die Verteilerebenen im Norden und Süden sind Emporen, von denen aus die gesamte Haltestelle überblickt werden kann. Auch diese Station ist großzügig und gut überschaubar konzipiert und wird von einer Gewölbedecke in Metalloptik überspannt

Haltestelle Marktstraße: Die vorerst letzte Station der Nord-Süd Stadtbahn. Die Haltestelle Marktstraße, liegt oberirdisch in der Mitte der Bonner Straße. Auch sie ist modern und stilvoll gestaltet und passt sich gut in das Straßenbild ein

Chlodwigplatz realisieren. Ein abstraktes Wandgemälde, das in Sprühtechnik entsteht.

WEITERE INFORMATIONEN

Weitere Informationen zum Bauvorhaben Nord-Süd Stadtbahn sind im Internet unter www.nord-sued-stadtbahn.de zu finden. Interessenten können sich zudem an das Info-Center der Nord-Süd Stadtbahn Köln in der Bechergasse 2 am Alter Markt wenden, das telefonisch unter der Nummer 0221/547-4780 zu erreichen ist.

Autorin des vorliegenden Textes ist Gudrun Meyer, Mediensprecherin der Kölner Verkehrs-Betriebe AG und Leiterin der Öffentlichkeitsarbeit Nord-Süd Stadtbahn Köln.

Bauherr:
Kölner Verkehrs-Betriebe AG, Köln

Partner am Bau:
- Berndt Verkehrstechnik GmbH
- ThyssenKrupp Aufzüge GmbH
- NORDSEETAUCHER GmbH
- YIT Germany GmbH
- ARGE Los B2 Nord-Süd Stadtbahn Köln N. Vortmann Elektrische Anlagen – Industrieautomation GmbH und Emil Koch GmbH & Co. KG
- ZERNA Ingenieure Gesellschaft mbH
- GHK GmbH Ingenieurbüro für Planungs- und Baumanagement
- ARGE Nord-Süd-Stadtbahn Köln Los Nord HOCHTIEF Solutions AG, Bauer Spezialtiefbau GmbH, Keller Grundbau GmbH und Brückner Grundbau GmbH
- Getzner Werkstoffe GmbH
- MJH METALL- und STAHLBAU JANßEN & VON HEHL GmbH & Co. KG
- BÜCHTING + STREIT AG
- TransTec Bauplanungs- und Managementgesellschaft Hannover mbH
- GuD CONSULT GMBH
- Janson Bridging GmbH
- Martin Woggesin Bohren & Sägen
- engler brandschutz G.m.b.H.
- TBS TRANSPORTBETON SCHÜSSLER GmbH & Co. KG
- Ingenieurteam Dr. Hemling & Gräfe GmbH
- MARX INGENIEURGESELLSCHAFT MBH
- GRANER+PARTNER INGENIEURE
- GEFA Ingenieure GmbH
- ESTRICH BOSSERT GMBH
- Demat GmbH
- SK ArcheoConsult
- Jean Harzheim GmbH & Co. KG
- J. Wollferts GmbH
- Ingenieurbüro Finette + Schönborn
- Karlheinz Döhler GmbH & Co. KG

Ausführende Firmen   Anzeige

Optimale Verkehrssicherung für alle Gegebenheiten

Planung und Realisierung von Anlagen zur Verkehrslenkung und -sicherung für Baustellen und diverse Veranstaltungen

Die Berndt Verkehrstechnik GmbH hat mehr als 50 Jahre Erfahrung in ihrem Fachgebiet der Verkehrsleitplanung sowie in der Anbringung der dazu nötigen Markierungen und der Aufstellung der entsprechenden Schilder, Absperrungen und Lichtzeichenanlagen. Das Unternehmen fertigt, liefert und montiert alle Arten von Beschilderungen für jeden erdenklichen Zweck. Die Angebotspalette reicht dabei von Einzelschildern über komplexe Parkhausbeschilderungen bis hin zu ausgefeilten Verkehrsleitsystemen. So ergänzen sich in der Berndt Verkehrstechnik GmbH die Planungsbereiche mit der Herstellung und Montage der nötigen Mittel, um Verkehrsflüsse zu ermöglichen und zu lenken.

Diese langjährige fachliche Kompetenz eines Teams von Spezialisten für Verkehrsleittechnik, Lichttechnik, Werbetechnik und Messetechnik ermöglicht es dem Unternehmen, alle Leistungen aus einer Hand anzubieten. Das geht von der komplexen Projektierung aller Maßnahmen über die zuverlässige Realisierung bis hin zur Überwachung und funktionsfähigen Übergabe. Der Service am Kunden

Zu den jährlichen Events, an denen die Berndt Verkehrstechnik GmbH beteiligt ist, gehört der „Köln-Marathon" (oben und unten), der immer ein Großereignis ist und mit viel Engagement bewältigt wird   Alle Abb.: Köln-Marathon; Fotograf: Norbert Wilhelmi

und die spezifische Zusammenarbeit ist der wichtigste Punkt der Unternehmensstrategie. Ergänzt wird die Firmenphilosophie durch detaillierte Angebote für jedes Projekt zum garantierten Festpreis. Auf diese Weise hat der Kunde nicht nur die Sicherheit einer Ausführung in höchster Qualität, sondern auch die Planungssicherheit bei den Kosten – was nicht nur für kommunale Auftraggeber sehr wichtig und für die Budgetierung unabdingbar ist.

Ein Geschäftsfeld der Berndt Verkehrstechnik GmbH ist die feste Einrichtung von verkehrstechnischen Anlagen wie das Aufstellen von Schildern und das Anbringen von Fahrbahnmarkierungen nach StVO. Ein weiteres und viel anspruchsvolleres Gebiet ist die Sicherung und Einrichtung von Baustellen, die vor allem im Straßenverkehr einen erheblichen Aufwand an Planung und Material erfordern. Ein wesentlicher Servicepunkt des Unternehmens ist, dass alle Artikel, die im Verkauf angeboten werden, wie Absperrgitter, Bauzäune, Baustellen- und Werbeschilder, Fahrbahnmarkierungen, Leitsysteme, Stahlwände und Signalanlagen, auch gemietet werden können. Dieses Angebot ist vor allem für den Eventbereich sehr wichtig, denn bei Veranstaltungen, die einer kurzfristigen Absperrung und Beschilderung bedürfen, ist die Leistungsfähigkeit der Berndt Verkehrstechnik GmbH enorm.

Der Betrieb ist seit 1977 in die Planung und Organisation des „Köln-Marathons" eingebunden, dem drittgrößten Städtemarathon in Deutschland. Hierbei handelt es sich um eine komplexe Projektierung, die mit einem hohen personellen Aufwand in der Durchführung verbunden ist. Seit vielen Jahren gehört das Unternehmen zu den Veranstaltungspartnern der „Kölner Lichter". Für das imposante Synchron-Feuerwerk auf dem Rhein liefert die Berndt Verkehrstechnik GmbH die nötigen Mietanlagen und sorgt mit einer perfekten Organisation für Sicherheitsvorkehrungen und Absperrungen. Seit einigen Jahren zählt auch der Sportpark Leverkusen zum Kundenkreis. Die jährlich stattfindenden Veranstaltungen werden mit einem hohen Maß an fachlicher Kompetenz und personeller Flexibilität begleitet.

Das Kerngeschäft der Berndt Verkehrstechnik GmbH ist die Baustellensicherung und die entsprechende Lenkung des Verkehrsflusses. Dazu gehört auch die Regelung durch mobile Lichtzeichenanlagen, die mit moderner Technik verkehrs-, zeitabhängig oder über einen Verkehrsrechner gesteuert werden können. Das Wichtigste ist, dass der Verkehr so zügig wie möglich fließt und die Sicherheit aller Verkehrsteilnehmer gewährleistet ist.

> Verkehrstechnik:
> Berndt Verkehrstechnik GmbH, Köln

Ausführende Firmen Anzeige

Machen Sie mit uns einen Schritt nach vorn

Willkommen im NEXT LEVEL bei ThyssenKrupp Aufzüge

Das Hauptaugenmerk der ThyssenKrupp Aufzüge GmbH, mit Sitz in Stuttgart, liegt in der Realisierung technologisch anspruchsvoller Aufzugsanlagen sowie von Fahrtreppenlösungen in den unterschiedlichsten Gebäuden in Deutschland.

Hinter diesem Unternehmen stehen über 125 Jahre Tradition und das Know-how jahrzehntelanger Ingenieurerfahrung, verbunden mit der Technologieexpertise eines internationalen Unternehmens.

Die Fähigkeit zur Innovation stellt ein anerkanntes Indiz für die Leistungsstärke eines Unternehmens dar. Viele Innovationen in der Aufzugsbranche wurden von ThyssenKrupp Aufzüge entwickelt, die in der heutigen Zeit nicht mehr wegzudenken sind. Das Produktportfolio beinhaltet neben Aufzügen, Fahrtreppen und Fahrsteigen auch Fluggastbrücken sowie Treppen- und Plattformlifte, bei denen in punkto Designwünschen keine Grenzen gesetzt sind.

Unabhängig welches Produkt die Geschäftspartner von ThyssenKrupp Aufzüge ordern: Sie erhalten immer unübertroffene Qualität. Der Anspruch ist dabei ganz klar: Produkte so zu konzipieren und zu produzieren, dass sie im Vergleich zum Wettbewerb stets das beste Preis-Leistungs-Verhältnis haben und ihre Lebensdauer überdurchschnittlich lang ist.

Dass sie darüber hinaus den höchsten Sicherheitsstandards genügen, versteht sich von selbst.

ThyssenKrupp Aufzüge stellt die mechanischen und elektrischen Sicherheits- und Hochleistungskomponenten im eigenen Haus her. Auch die Entwicklung der Software für Steuerungen und Informationsprogramme wird intern abgebildet. Komponenten werden nur dann auf dem Markt eingekauft, wenn deren Qualität den ThyssenKrupp Standards genügt. Zulieferer werden nach dem hauseigenen strengen Verfahren zertifiziert. Deshalb schenken viele namhafte Unternehmen der ThyssenKrupp Aufzüge ihr Vertrauen – so auch die Kölner Verkehrs-Betriebe AG. Für das Bauvorhaben erhielt ThyssenKrupp Aufzüge den Auftrag für insgesamt 63 Fahrtreppen und 13 Aufzüge. Die Erweiterung um rund 4 km Schienennetz und acht Haltestellen galt im Jahr 2010 als das größte städtebauliche Projekt in Deutschland. Nur ein kleiner Teil der Schienen wurden oberirdisch verbaut. Für acht unterirdische Stationen werden in Zukunft Produkte der ThyssenKrupp Aufzüge für einen reibungsfreien und schnellen Transport von Menschen sorgen. Diese Produkte ermöglichen einen sicheren Zugang u.a. für Rollstuhlfahrer, Eltern mit Kinderwagen oder Personen mit schwerem Gepäck. Zusätzlich wurden alle Fahrtreppen zum Schutz vor Glätte durch Schnee und Eis mit beheizbaren Ein- und Ausstiegsflächen versehen.

> Aufzugsanlagen und Fahrtreppenlösungen:
> ThyssenKrupp Aufzüge GmbH,
> Niederlassung Köln

Ausführende Firmen	Anzeige

NORDSEETAUCHER GmbH
(N-Sea-Divers)
Hyperbaric Tunnel Construction and Diving®

Arbeiten in Überdruck
Taucher- und Druckluftarbeiten im maschinellen Tunnelvortrieb

Ab einer Tiefe von 40 Metern (4,0bar Überdruck) kommt der Druckluftechniker in Bereiche, in denen es aus Zeitgründen nicht mehr interessant ist, Druckluftarbeiten auf herkömmliche Art auszuführen. Da aber die nächste Generation von Tunnelprojekten immer länger und immer tiefer gebaut wird, war es nur eine Frage der Zeit und Gelegenheit den Einsatz von Tauchern für die Arbeiten in Überdruck mit einzubeziehen.

Hohe Grundwasserdrücke (>4 bar) erschweren Tunnelvortriebe und erfordern Spezialkenntnisse während der Planung und bei der Ausführung.

TBM, Tunnel-Ausrüstung und Vortriebsprozeduren sollten das Aufbringen eines adäquaten Stützdruckes zu jeder Zeit während des Vortriebs und bei Interventionen ermöglichen, um dem Grundwasserdruck entgegenzuwirken.

Wenn entsprechende Komponenten nicht auf der TBM installiert sind, können erhebliche Vortriebsprobleme, Bauzeitverlängerung und Mehrkosten entstehen.

Tunnelvortrieb in festen, feinkörnigen, kohäsiven Böden bzw. im Fels unter hohem Grundwasserdruck ist im Allgemeinen für Slurry- und EPB-TBMs unproblematisch, da die Ortsbrust standfest ist und die Menge an zufließendem Wasser auf Grund der geringen Durchlässigkeit gering ist.

In grobkörnigem Boden oder in nicht standfestem Fels ist eine aktive Ortsbruststützung erforderlich, um während des Vortriebs und bei Interventionen die Stabilität der Ortsbrust zu gewährleisten und Mehrausbruch zu verhindern. Eine zuverlässige Ortsbruststützung ist mit Slurry-TBMs leichter zu erreichen.

In Abhängigkeit von der Höhe des Grundwasserdruckes, der Abrasivität und Standzeit des Baugrundes und der Länge der jeweiligen Tunnelabschnitte, sollten auf der TBM Installationen für Interventionen mit 'normaler' Druckluft, Mischgas oder Mischgas mit Saturation vorhanden sein.

Nur in sehr festen, gering durchlässigen Böden oder in standfestem Fels ist das Risiko von drucklosen Interventionen unter atmosphärischen Bedingungen vertretbar. Jedoch sollten auch dann Vorkehrungen vorbereitet sein, um bei Bedarf sofort einen adäquaten Stützdruck aufbringen zu können oder Baugrundverbesserungen auszuführen.

Die Erfahrungen die wir aus den Projekten gewonnen haben zeigen, dass die Sättigungsmethode ein sehr erfolgreicher Ansatz ist im hyperbaren Tunnelbau. Sie zeigt uns aber auch, dass Arbeiten in Druckluft bis zu 6,5 bar Überdruck möglich sind, dass dies Verfahren aber nicht sehr effizient ist.

Die bisherigen Erfahrungen haben gezeigt, dass die neuen Wege, die bei Arbeiten in Überdruck im Tunnelbau eingeschlagen wurden, sehr erfolgreich sind und Anlass genug sein sollten die konstruktive Zusammenarbeit mit den Tunnelbauunternehmen, dem Hersteller dieser Maschinen, der Herrenknecht AG, dem Mediziner für Überdruckarbeiten, Dr. Faesecke, dem Hyperbaric Training Center, Deutschland, der Klassifikationsgesellschaft Germanischer Lloyd, der Design und Herstellerfirma Composite Beat Engel und der Nordseetaucher GmbH auch in der Zukunft fortzusetzen. Die sehr gute Ausbildung der beteiligten Taucher und Druckluftechniker, das ständige Training sowie die Anpassung der Tunnelmaschinen an die neuen Gegebenheiten sind Grund genug optimistisch in die Tunnelbauzukunft zu schauen. Immer größer, länger und immer tiefer...

NORDSEETAUCHER GmbH

Hyperbaric Tunnel Construction and Diving®
International Diving Contractor
www.nordseetaucher.de

E-Mail: info@nordseetaucher.de; Tel.: +49 4102 23180; Fax: +49 4102 231820; Mobile: +49 172 4300598

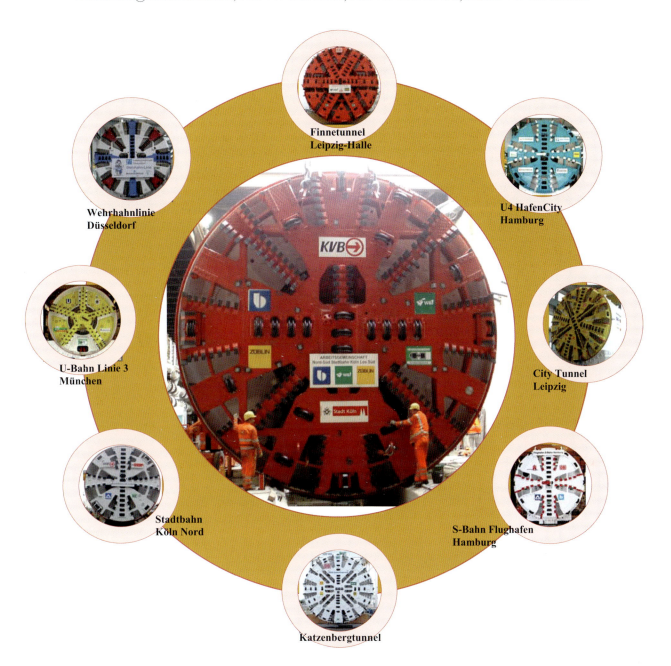

Die Haupteinsatzgebiete der NORDSEETAUCHER GmbH sind Taucherarbeiten auf Bohr- und Förderplattformen, Bergungsarbeiten im In- und Ausland, Taucher- und Druckluftarbeiten im maschinellen Tunnelvortrieb, Sanierung von Talsperren und Kraftwerksanlagen sowie das Tauchen in kerntechnischen Anlagen.

Das Leistungsprofil reicht vom Mischgas- und Sättigungstauchen (Tauchen in Tiefen über 50 Meter) über Bergungsarbeiten, Schweißen, Schneiden, Konservieren und Betonieren unter Wasser bis hin zur Video- und Fernsehdokumentation mit tauchergeführten und ferngesteuerten Kameras (ROV). Vermessungsarbeiten mit Sonar sowie Wanddickenmessungen mit Ultraschall und Schweißnahtrissprüfungen unter Wasser gehören ebenso zu unseren Aufgaben wie die Schiffsbodenuntersuchung, -reinigung und das polieren von Propellern.

Ausführende Firmen   Anzeige

Kommt immer gut an: Perfektes Know-how von YIT.

YIT ist einer der führenden Anbieter für technische Gebäudeausrüstung, den Betrieb von Immobilien sowie für Energiespar-Contracting. Mit über 2.800 Mitarbeitern an 25 Standorten in ganz Deutschland bieten wir den kompletten Service über den ganzen Lebenszyklus einer Immobilie aus einer Hand – von der eigenen Forschung & Entwicklung über die Installation und Wartung bis hin zur Modernisierung. Wir haben uns mit Schlüsseltechnologien am Markt etabliert und erstellen u. a. Bürogebäude, Rechenzentren, Reinräume, Laborgebäude, Messehallen, konventionelle Kraftwerke, Flughäfen, Industriegebäude.
Bei der Nord-Süd-Stadtbahn der KVB sorgt YIT für perfektes, geregeltes Klima.

YIT – Ihr kompetenter Partner für:
Heizung, Lüftung, Sanitär, Klima, Kälte, Sprinkler, Elektro, MSR, Solar, Photovoltaik, Wärmepumpen, Gebäudebetrieb, Energieeffizienz, Kundendienst.

Unsere Niederlassung in Köln berät Sie gerne individuell.

YIT Germany GmbH
Niederlassung Köln

Dürener Straße 401 B
50858 Köln

Tel.: +49 221 93310-0
Fax: +49 221 93310-111

info@yit.de
www.yit.de

Anzeige Ausführende Firmen

N. Vortmann
Elektrische Anlagen - Industrieautomation GmbH

intelligent solutions for professional partners

Seit über 80 Jahren realisieren wir leistungsfähige Installationen und Steuerungen für innovative Anwendungen im Bereich der Elektrotechnik.

Mit unseren qualifizierten Mitarbeitern haben wir uns bei unseren Kunden den Ruf eines zuverlässigen und leistungsfähigen Partners erworben.

Von der Planung bis zur Projektrealisierung bietet unser Leistungsportfolio eine ganzheitliche, kunden- und branchenspezifische Lösung.

Unsere Leistungen:

- Energieversorgung
- Automatisierung
- Schaltanlagenbau
- Gebäudeleittechnik
- Installation
- Datennetzwerke
- Service und Facilitymanagement

Bei der Projektrealisierung liegt unser Fokus auf Wirtschaftlichkeit und hoher Lebensdauer von Kundeninvestitionen.

Um den Anforderungen unserer Kunden gerecht zu werden, haben wir ein Qualitätsmanagement aufgebaut und sind nach ISO 9001:2008 zertifiziert.

Wir sichern auch Ihren Qualitätsstandard.

Mit der Fa. Emil Koch GmbH & Co. KG realisieren wir z. Zt. als ARGE das Projekt KVB Nord-Süd Stadtbahn in Köln.

Arbeitsgemeinschaft Los B2
Nord - Süd Stadtbahn Köln

N. Vortmann
Elektrische Anlagen - Industrieautomation GmbH

EMIL KOCH
GmbH & Co. KG

VDE
HOCH - UND
NIEDERSPANNUNGS
ANLAGEN

Hühnerkamp 19
41366 Schwalmtal
www.vortmann-gmbh.de

Tel.: 0 21 63 / 9 48 97 - 0
Fax: 0 21 63 / 38 48
E-Mail: info@vortmann-gmbh.de

Anzeige

Planungen und Beratungen in der Bautechnik

Objektplanung LP 1 – 9
- Industriegebäude
- Hotel- und Verwaltungsgebäude
- Verbrauchermärkte
- Tunnelbau

Fachbauleitung
- Rohbau/Ausbau
- Brandschutz

Baumanagement
- Baustellenlogistik
- Kosten- und Termincontrolling
- Nachtragsmanagement
- Objektbewertung
- Machbarkeitsstudien

Leistungen im Tunnelbau KVB und der Stadt Köln:
- Gestalterischer Ausbau der Tunnelstrecken, Sonderbauwerke, Oberflächengestaltung
- Planung für U-Bahn-Haltestellen Sanierung, Brandschutztechnische Ertüchtigung (auch der Tunnel) und Fluchtwegpläne sowie Verkehrsführungspläne

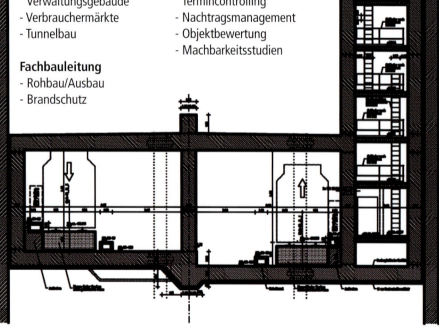

Ingenieubüro für
Planungs- und Baumanagement

Mülheimer Freiheit 88 – 92
51063 Köln
Tel.: 0221-7887663-0
Fax: 0221-7887663-9
info@ghk-ing.de
www.ghk-ing.de

Anzeige

Unterirdisch durch Köln. Wir bauen das für Sie.

Die Arbeitsgemeinschaft Nord-Süd-Stadtbahn Köln Los Nord baut ein Teilstück der neuen anspruchsvollen Verbindung. In der Kölner Innenstadt verringert sich damit der Verkehr. Und Sie erreichen schnell und sicher Ihr Ziel.

info@stadtbahn-nord.de, Tel.: 0221 2707980

Elastische Lösungen für den Eisenbahnoberbau

Die Produktpalette für den elastischen Oberbau der Getzner Werkstoffe umfasst folgende Komponenten:

- Zwischenlagen
- Zwischenplatten
- Einlegeplatten für Schwellenschuhe
- Schwellensohlen
- Unterschottermatten
- Lager für Masse-Feder-Systeme
- Eingebettete Schiene
- Kontinuierliche Schienenlagerung
- Spurrillenfüller

www.getzner.com

Einbau von Masse-Feder-Systemen bei der Nord-Süd Stadtbahn in Köln. Die Systeme von Getzner bieten Schutz vor Körperschall und Erschütterungen bei höchsten Anforderungen.

Getzner Werkstoffe GmbH
Nördliche Münchner Str. 27a
82031 Grünwald
Deutschland
T +49-89-693500-0
F +49-89-693500-11
info.munich@getzner.com

the good vibrations company

Ausführende Firmen   Anzeige

Individuelle Lösungen für spezifische Anforderungen

Wir fertigen und montieren seit über 70 Jahren detaillierte Edelstahlkonstruktionen, passgenaue Stahl- und Aluminium-Bauten (inklusive Wintergärten, Gartenmöbel und Metall-Fassaden), die exakt den individuellen Anforderungen und Wünschen unserer Kunden entsprechen. Wir verarbeiten allgemeine Baustähle wie zum Beispiel S 235 und S 355, Chrom-Nickel-Stähle und Kunststoffe. Professionell und leistungsstark. Neben dem Standardprogramm werden spezifische Konstruktionen in Einzelfertigung hergestellt, die besonderen Problemlösungen dienen. Als zuverlässiger Lieferant und kompetenter Partner der Autozubehör-, Chemie- und Lebensmittelindustrie widmen wir uns auch neuen Technologien. Unser Team aus insgesamt 24 ausgebildeten Fachkräften arbeitet auf dem neuesten Stand der Technik und dabei stets effizient. Von unserer langjährigen Erfahrung und unserer Flexibilität profitieren Kunden weltweit.

METALL- und STAHLBAU
JANßEN & VON HEHL GmbH & Co. KG
Schweißfachbetrieb DIN 18 800, Teil 7

Chemiestraße 8, 41751 Viersen
Telefon: 0 21 62 / 5799 + 5790
Telefax: 0 21 62 / 5 88 51
info@janssen-vonhehl.de
www.janssen-vonhehl.de

**SEIT 50 JAHREN KOMPETENZ
IM BRÜCKENBAU UND INGENIEURBAU**

Wir verstehen uns als qualitätsbewussten Dienstleister für technisch anspruchsvollste Aufgaben bei der Planung, bautechnischen Prüfung und Begutachtung von Bauwerken des konstruktiven Ingenieurbaus. Unsere Stärke sehen wir in der interdisziplinären Betrachtung bei materialgerechter Kombination von Baustoffen und Bauverfahren sowie konsequenter Verfolgung der Boden-Bauwerk-Interaktion. Unser Erfolg beruht auf technisch fundierten, innovativen Lösungsansätzen kombiniert mit jahrzehntelanger Erfahrung. Ganzheitliche Ansätze im Hinblick auf Ressourcen schonende Lösungen sind für uns als Ingenieure mit Verantwortung eine Selbstverständlichkeit, ebenso die individuelle Betreuung jeder einzelnen Aufgabe.

In Köln sind wir in der bautechnischen Prüfung für die Nord-Süd-Stadtbahn, 2. Baustufe tätig und gutachterlich beim Mehrzweckschacht Waidmarkt gefragt

UNSER LEISTUNGSSPEKTRUM:
› BERATUNG
› TRAGWERKSPLANUNG
› OBJEKTPLANUNG
› BAUTECHN. PRÜFUNG
› BAUÜBERWACHUNG
› BAUWERKSUNTERSUCHUNG
› SICHERHEITSANALYSEN
› GUTACHTEN
› INSTANDSETZUNG
› ERTÜCHTIGUNG
› BAULEITUNG
› AUSSCHREIBUNG
› ENTWICKLUNG
› SCHWERTRANSPORTE
› WETTBEWERBE

NACHHALTIGKEIT IST ÜBERLEBENSWICHTIG
WIR STELLEN UNS DER VERANTWORTUNG
B+S SPENDET MINDESTENS 1% SEINES UMSATZES FÜR DIE ERHALTUNG DER UMWELT

BÜCHTING + STREIT
B+S Beratende Ingenieure VBI

BÜCHTING + STREIT AG
GUNZENLEHSTRASSE 22
80689 MÜNCHEN
TELEFON 089 / 54 61 50 - 0
TELEFAX 089 / 54 61 50 - 10
info@Buechting-Streit.de
www.Buechting-Streit.de

VORSTÄNDE:
DR.-ING. WALTER STREIT (VORS.)
PRÜFINGENIEUR FÜR STANDSICHERHEIT
Ö.B.U.V. SACHVERSTÄNDIGER

DR.-ING. REINHARD MANG
PRÜFINGENIEUR FÜR STANDSICHERHEIT
MIT NIEDERLASSUNG FRIEDBERG

DIPL.-ING. STEPHAN SONNABEND
DR.-ING. ANDREAS JÄHRING

PROF. DR.-ING. MARTIN MENSINGER
PRÜFINGENIEUR FÜR STANDSICHERHEIT

PROF. DR.-ING. OLIVER FISCHER
PRÜFINGENIEUR FÜR STANDSICHERHEIT

VORSITZENDER DES AUFSICHTSRATS:
DIPL.-ING. FRANK BÜCHTING

Anzeige Ausführende Firmen

Ausführende Firmen — Anzeige

Kompetenz und Zuverlässigkeit
Wir wissen, was wir tun – seit mehr als zehn Jahren am Markt

Die Firma Martin Woggesin Bohren & Sägen bietet professionellen Betonabbau. Das Unternehmen arbeitet deutschlandweit und ist auf Anfrage auch in Nachbarländern tätig.

Die Leistungspalette umfasst:
- Betonbohrungen/Kernbohrungen
- Betonsägearbeiten
- Asphaltschneiden/Fugenschneiden
- Seilsägen/Zirkelsägen
- Abbrucharbeiten auf Anfrage
- Bewehrung statisch tragfähig (nachträglich) einkleben
- Einsatz bei der Erweiterung von Stahlbetonbauteilen
- Herstellung von Bewehrungsanschlüssen

Martin Woggesin Bohren & Sägen
Dammstraße 48
44145 Dortmund
Tel. 02 31/17 68 70 4
Fax 02 31/17 68 70 5
info@kernbohrungen-woggesin.de
www.kernbohrungen-woggesin.de

Auszug aus der Referenzliste:

- Köln Turm
  Sanierung von Brandschutzklappen

- Ev. Kliniken Bonn
  Sanierung

- WDR Köln
  Instandhaltung

- Ford Köln + Aachen

- Telekom Bonn
  Instandhaltung

- T-Mobile Bonn

Musterwand – Abschottungssysteme

engler brandschutz G.m.b.H

Fachbetrieb

für vorbeugenden baulichen Brandschutz und brandschutzklassifizierten Ausbau

- Beratung -
- Verkauf -
- Montage -
- Reparaturservice -

Lukasstraße 30
50823 Köln
Telefon: 0221 – 9541300
Telefax: 02 21 – 9541341
mail@engler-brandschutz.de
www.engler-brandschutz.de

Ihr Partner in Sachen Transportbeton
Kies/Sand/Körnung

Die TBS Transportbeton Schüssler als Bestandteil der Schüssler Gruppe ist ein mittelständiges Unternehmen im Bereich Transportbeton, welches auf eigene Rohstoffvorkommen in seinem Kieswerk Elsdorf zurückgreifen kann.

Wir bieten sowohl dem privaten Bauherren als auch der Industrie Transportbeton für jeden Bedarf.

Mit unserer 30-jährigen Erfahrung gewährleisten wir unseren Kunden hochwertige Qualität, die wir pünktlich und zuverlässig liefern.

Transportbeton – computergenau in den Werken produziert – lässt sich den verschiedensten Anforderungen an das Bauwerk oder die Verarbeitung anpassen. Ständig durch unsere Partner-Labore überwachte und optimierte Rezepturen und Rohstoffe sorgen für einen zuverlässigen Baustoff in konstanter Qualität.

TBS TRANSPORTBETON
SCHÜSSLER GmbH & Co. KG

An der Vogelstange 95
52428 Jülich
Tel. 0 24 61/99 67-0
info@schuessler-gruppe.de
www.transportbeton-schuessler.de

Anzeige

Beratende Gutachter und Planer in allen Fragen

- Boden und Grundwasser
- Altlasten und Altstandorte
- Entsorgung
- Umweltgerechter Rückbau von Wohn- und Industrieanlagen
- Arbeitsschutz in kontaminierten Baufeldbereichen
- Planung und Bauüberwachung von Altlastensanierungen
- Geothermie
- Bodenmechanik
- Hydrologie

Ingenieurteam Dr. Hemling & Gräfe GmbH
Mechternstraße 46 · 50823 Köln
Tel.: 0221-951565-0 · Fax: 0221-5101817
eMail: info@ihg-koeln.de

Durchführung der Vermessungsleistungen für die ARGE Nord-Süd Stadtbahn Köln, Los Süd:

- Geodätische und geotechnische Beweissicherungsmessungen
- Baubegleitende Ingenieurvermessung
- Automatische Monitoringsysteme zur permanenten Erfassung von Bewegungen

MARX INGENIEURGESELLSCHAFT MBH

VERMESSUNG | PLANUNG | PROJEKTSTEUERUNG
WWW.MARX-IG.DE · INFO@MARX-IG.DE

GRANER+PARTNER
INGENIEURE
BERATUNG PLANUNG PRÜFUNG FORSCHUNG

LICHTENWEG 15–17	WALDSTRASSE 86	ROBERT-KOCH-STRASSE 34	ul. Stycznia 45 B
51465 Berg. Gladbach	04105 Leipzig	06886 WITTENBERG	02-146 Warschau/Polen
T 02202 - 93630-0	T 0341 - 9 62 84 22	T 03491 - 66164-7	
F 02202 - 93630-30	F 0341 - 2 25 10 34	F 03491 - 670061	T +48 (0) 223203780
info@graner-ingenieure.de	buero@graner-leipzig.de	info@graner-ingenieure.de	buero@graner-consulting.com
www.graner-ingenieure.de	www.graner-leipzig.de	www.graner-ingenieure.de	www.graner-ingenieure.com

RAUMAKUSTIK SCHALLSCHUTZ
MEDIENTECHNIK MESSTECHNIK
BAUPHYSIK WÄRMESCHUTZ

GEFA Ingenieure GmbH
Technische Gesamtplanungen

Hauptbüro Köln
Gürzenichstr. 25
50667 Köln
Telefon +49 221 / 2 58 11 01
Telefax +49 221 / 2 58 12 59
E-Mail: gefa.koeln@gefa-ing.de

Büro Berlin
Tegeler Str. 6
13353 Berlin
Telefon +49 30 / 46 90 51 330
Telefax +49 30 / 46 90 51 359
E-Mail: gefa.berlin@gefa-ing.de

Bestandsaufnahmen, Soll-Ist-Analysen, Masterplanungen, Entscheidungshilfen, Planungen nach dem Leistungsbild der HOAI, Bauüberwachungen und Kostenabrechnungen sowie Objektbetreuung für alle Gewerke der technischen Gebäudeausrüstung und -versorgung.

- Heizungstechnik
- Raumlufttechnik
- Sanitärtechnik
- Labortechnik
- Medizintechnik
- Küchentechnik
- Fördertechnik
- Elektrotechnik
- Nachrichtentechnik
- Gebäudetechnik
- Brandschutz

Kulturquartier am Neumarkt, Köln

Ausführende Firmen / Anzeige

Ihr zuverlässiger Partner für Industrieestriche Hartstoff - Terrazzo

Hartstoff-Terrazzo

INDUSTRIEESTRICHE HARTSTOFF-TERRAZZO

ESTRICH BOSSERT GMBH
Mercedesstraße 10 · 71394 Kernen
Tel.: 0 71 51 / 27 20 00 · Fax: 0 71 51 / 2 72 00 20
info@estrichbossert.de · www.estrichbossert.de

DEMAT baut Bäder *komplett*

DEMAT baut Heizungen *perfekt*

- Badmodernisierung
- Badrenovierung
- Badezimmerplanung
- Öl- und Gas-Zentralheizung
- Solartechnik und Photovoltaik
- Wartung und Kundienst
- Feuerlöschleitungen

Demat GmbH, Hauptstr. 4, 50859 Köln, Tel. 02 21/50 81 75, Fax 02 21/50 22 70, demat-koeln@t-online.de

---

sk ArcheoConsult — Büro für archäologische Planung

Kapuzinergraben 38
52062 Aachen

Telefon 0241 / 4 01 57 52
Telefax 0241 / 4 01 57 53
skarchcon@aol.com

Unsere 120-jährige Firmengeschichte kennt viele zufriedene Auftraggeber und Bauherren.

Ein weiterer Beleg für unsere Kundenorientierung:

Abbruch und Erdarbeiten Nord-Süd Stadtbahn, Köln

Jean Harzheim GmbH & Co. KG

Ingenieur-Abbruch
Industrie-Rückbau und -Demontage
Abbruch- und Erdarbeiten
Schadstoffsanierung
Entsorgung und Verwertung
Container-Dienst

www.harzheim.de

Per Mausklick Überblick über Baubranche

Ausgaben der Architekturtitel des WV-Verlages unter **www.bauenundwirtschaft.com** als Vollversion im Internet. Wir stellen auch Ihr Angebot mit vielen Serviceleistungen ins Netz

Energien der Zukunft

Produktführer

Dokumentation

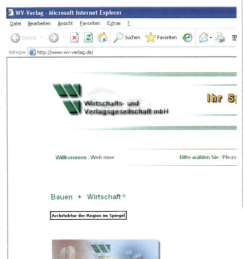

Heute ist das Internet längst dabei, zum Massenmedium zu werden. Mit der Zahl der Zugriffe steigt auch die Bedeutung des Internet – egal ob es sich um die Informationsbeschaffung und Präsentation, elektronische Post (E-Mail), Videokonferenzen oder virtuelles Einkaufen (E-Commerce) handelt. Dieses neueste Medium der Kommunikation verändert die Welt wie einst Telefon oder Fax.

ARCHITEKTURTITEL IM INTERNET

Eine Internet-Version aktueller Publikationen bieten inzwischen viele Verlage an – doch Internet-Präsentation ist nicht gleich Internet-Präsentation.

Der WV-Verlag, u.a. Herausgeber von Architekturfachbüchern, wartet im Internet unter www.bauenundwirtschaft.com mit einigen Details auf, die bisher nur wenige Internet-Auftritte in diesem Umfang bieten.

Sie wollen sich schnell über neue Architekturprojekte und/oder Handwerksfirmen informieren? Hier finden Sie Projekte, Architekten, Baugesellschaften, öffentliche Einrichtungen, ausführende Firmen und vieles mehr. Den Gesamtüberblick bieten Ihnen die Branchenverzeichnisse „Die Bauspezialisten" unserer Ausgaben, von dort erhalten Sie nach einem Mausklick auf die Adresse den entsprechenden Beitrag oder das gewünschte Firmenprofil angezeigt. Wurde in der Papierversion eine Homepage- oder E-Mail-Adresse gedruckt, so sind Sie durch die von uns als Service gesetzte Verlinkung wiederum nur einen Mausklick von der gewünschten Firmenhomepage bzw. der Kontaktaufnahme per E-Mail entfernt.

Auch ein Überblick über ausländische Bauprojekte und Architekturszene ist auf der Seite www.bauenundwirtschaft.com möglich: Die Ausgaben des WV-Verlages erscheinen mit regionalem Bezug in Deutschland, Österreich, der Schweiz und Liechtenstein. Und wenn Sie uns mal in Deutschland besuchen möchten – unsere Wegbeschreibung via Kartenausschnitt hilft Ihnen, den Weg nach Worms zu finden.

Dass sich auch die elektronische Version unserer Architektur-Publikationen großer Beliebtheit erfreut, zeigt auch die hohe Listung in externen Suchmaschinen.

WIR GESTALTEN AUCH IHREN PROFESSIONELLEN INTERNET-AUFTRITT

Große Firmen haben längst die neue Internet-Plattform für sich entdeckt.

Die Unternehmen werben für sich (Imageaufbau), ihre Produkte und Dienstleistungen. Gleichzeitig haben sie per E-Mail den schnellen und direkten Kontakt zu ihren Kunden.

Auch für kleinere Unternehmen ist der Internetauftritt interessant. Die Seite im Netz schafft Raum, die Firmenphilosophie, Angebote, Leistungen und Referenzen vorzustellen.

Die eigene Homepage kann alle Produkte mit Bild und Beschreibung präsentieren, eine gelungene, stets aktuelle Werbung mit geringem Aufwand – auch finanziell. Die eigene Firmen-Homepage ohne spezielles Fachwissen über Kommunikation und Programmierung zu erstellen, führt durch die unprofessionelle Außendarstellung unweigerlich zu Negativ-Werbung.

Wir beraten Sie gerne und gestalten Ihren Internet-Auftritt auf Ihr Unternehmen zugeschnitten mit vielen Serviceleistungen wie Anmeldung in Suchmaschinen oder regelmäßiger Aktualisierungen – zu günstigem Preis. Angebote erhalten Sie unter www.bauenundwirtschaft.com oder telefonisch unter Tel. 0 62 47/9 08 90-0, Fax 9 08 90-10. Testen Sie uns!

> Weitere Infos unter:
> www.wv-verlag.de
> www.bauenundwirtschaft.com

Moderne Bäder für die Bürger von Köln

Sportgerechte Freizeitanlage Lentpark / Neubau Stadionbad / Generalsanierung des Zollstockbads

Futuristisch und einmalig ist die Gestaltung der Eis- und Schwimmhalle an der Lentstraße mit der umlaufenden Eisbahn über der Schwimmhalle und dem Eishockeyfeld (links) sowie der mit Lamellen versehenen gläsernen Außenhaut (unten)

LENTPARK

Knapp zwei Jahre nach der Grundsteinlegung öffnete am 1. Oktober 2011 die neue Eislauf- und Schwimmhalle Lentpark nach Entwürfen von Schulitz Architektur + Technologie. Das Architekturbüro hatte sich bei der Ausschreibung der KölnBäder GmbH gegen renommierte Mitbewerber durchgesetzt. Die Jury stellte in ihrer Urteilsbegründung heraus, dass Schulitz Architektur + Technologie das Thema Solitär auf eine „souveräne, subtile Art" bewältigt habe und lobte zudem die „einfachen Konstruktionsmittel" sowie die „klare Gestaltung" des Wettbewerbentwurfs. Der komplett verglaste Gebäudekomplex beherbergt eine Eishalle, ein Schwimmbad mit Lehrbecken, eine Saunalandschaft und Gastronomie. Einzigartig in Europa ist die Eishochbahn, die als Rundkurs durch alle Gebäudeteile führt und so für spannende Ein- und Ausblicke sorgt. Eine intelligente Vernetzung der technischen Anlagen erlaubt es, die vermeintlich widersprüchlichen klimatischen Anforderungen der Eis- und Schwimmhalle synergetisch zu nutzen und besonders energieeffizient zu betreiben.

Zentrale Entwurfsidee des Neubaus ist ein komplett verglaster Solitär mit dreieckförmigem Grundriss, der die unterschiedlichen Gebäudebereiche sowohl funktionell als auch gestalterisch vereint. Auf der Nordwestseite liegt die 1.800 m² große Eisfläche, auf der Südostseite der Schwimmbereich mit 25-m-Becken nebst Lehrbecken. Beiden Bereichen zugeordnet sind die Servicezonen der Umkleiden und der Gastronomie. Zentral liegt die Eingangshalle. Von ihr gelangt man direkt in die Gastronomie im Obergeschoss sowie in die Umkleiden, von denen aus auch die Saunalandschaft erschlossen wird. Der parkähnliche Außenraum bietet Platz für einen Naturbadeteich sowie Liege- und Erholungsbereiche, die zum Sommerbetrieb 2012 geöffnet werden.

Eine Besucherattraktion ist die an der Innenseite der Fassade verlaufende Eishochbahn, die in 4,50 m Höhe den gesamten Solitär auf 260 m umfährt. Sie ist mit der Eishalle räumlich verbunden und im Bereich des Schwimmbades durch ein transparentes, hochgedämmtes Glasband klimatisch getrennt. Das als Netzstruktur geplante Dachtragwerk der Halle hält die Hochbahn stützenfrei und erlaubt so direkte Ausblicke auf die Silhouette der Stadt, die Parklandschaft oder das Eishockeyspielfeld und die Badelandschaft. Umgekehrt lassen sich von der Eisfläche sowie vom Schwimmbecken aus die Eisläufer auf der Hochbahn beobachten.

Zu einem Höchstmaß an Transparenz trägt

die komplett verglaste Gebäudehülle bei. Außenliegende Lamellen reduzieren hier gezielt den sommerlichen Wärmeeintrag und unerwünschte Blendwirkung im Innern des Stadions. Die reflektierenden Lochbleche haben entsprechend der jeweiligen Sonnenstände auf der Ost-, Süd- und Westseite unterschiedliche Neigungswinkel. Von außen erhält die Fassade dadurch ein besonders dynamisches Erscheinungsbild. Im Innern profitieren die Besucher von viel natürlicher Belichtung und dem abwechslungsreichen Spiel von Licht und Schatten.

Auf innovative Technik setzt Schulitz Architektur + Technologie auch bei der Energie- und Wasserversorgung des Gebäudes. Durch Vernetzung der Anlagen werden vermeintliche Gegensätze zusammengeführt und die Betriebskosten minimiert. So wird die Abwärme der Kältemaschine zur Beheizung der Schwimmhalle verwendet. Die Wärmerückgewinnung der Lüftungsanlagen hat einen Wirkungsgrad von über 85 Prozent. Für das Badewasser, die WCs und die Eisaufbereitung kommen Brunnen- und Regenwasser zum Einsatz. Wirtschaftlichkeit stand auch bei Planung der Dachtragwerke im Vordergrund, und die auf Vorfertigung ausgerichtete modulare Bauweise sorgt für günstige Konstruktionskosten. Schulitz Architektur + Technologie mit Sitz in Braunschweig und Sao Paulo/Brasilien ist u.a. auf den Entwurf und Bau von Sportanlagen spezialisiert. Zu den Referenzen zählen die AWD Arena in Hannover sowie die Eisarena in Wolfsburg. Zurzeit plant das Büro zudem ein Fußballstadion für die WM 2014 in Brasilien.

NEUBAU STADIONBAD

Die Kölnbäder betreiben das ursprünglich in den 1920er Jahren erbaute Stadionbad am Olympiaweg. Das Freibad mit seinem parkähnlichen Charakter liegt im Stadtteil Müngersdorf und gilt als ortsnahe, verkehrsgünstige und gut besuchte Sport- und Freizeiteinrichtung. Oberste Priorität bei der Sanierung des unter Ensembleschutz stehenden Kölner Stadionbades war es, den einzigartigen Charakter der Anlage zu erhalten. Das 1928 erbaute Freibad wurde um ein sportorientiertes Hallenbad mit Sauna erweitert, das das Angebot der Sport- und Freizeiteinrichtung abrundet. Das Architekturbüro Bremer und Bremer in Wetzlar hat mit seinem Entwurf den 1. Preis im ausgelobten Wettbewerb gewonnen und wurde auch mit der Realisierung beauftragt.

Das zweigeschossige, offene, unbeheizte Umkleidegebäude aus den 1920er Jahren wurde nach Abbruch 6 m in Richtung Süden verschoben und dem denkmalgeschützten Gesamtensemble Rechnung tragend wieder errichtet. Besonderes Augenmerk lag darauf, dass der Grundbaukörper eindeutig in seiner Kubatur erkennbar bleibt. Die angefügten Baukörper in Form von zwei Schwimmhallen und einem zweigeschossigen Gebäude wurden durch die Ausbildung von Glasfugen getrennt. Die Nutzungsbereiche sind einfach und klar gegliedert. Es bleibt bei der mittigen Eingangssituation, die nun aber nicht nur den Freibadbereich erschließt, sondern ebenso den Zugang zum Hallenbad- und Saunabereich wie auch den im Obergeschoss des Ost-

Ein herrliches Badeparadies ist aus dem altehrwürdigen Stadionbad geworden, das ein zusätzliches Hallenbad mit Wettkampfbecken (oben) und einer schmucken Fassade (rechts) erhalten hat sowie ausgedehnte Freibadanlagen (unten) mit Sprungturm
Abb. rechts und unten: Herbert Wolf; oben: Sabine Powell

flügels untergebrachten Physiotherapiebereich. Die Umkleiden und Sanitäranlagen des Freibades befinden sich wie auch ein Kiosk im Erdgeschoss des Ostflügels und werden nur in der Freibadsaison genutzt.

Öffentliche Bauten / Sanierung

Eine der Attraktionen des Stadionbads neben den Wasserrutschen ist die Wasserkanone
(oben; Abb.: Sabine Powell)

Der westliche Teil der Anlage – Schwimmhalle, Funktionsriegel und Westflügel Eingangsgebäude – ist unterkellert. Dieser Keller nimmt bis auf einen geringen Teil, in dem sich Personalumkleiden befinden, die Badewasser-, Heiz- und Lüftungstechnik auf. Die Badelandschaft im Hallenbad wird durch das nach Süden orientierte 25-m-Schwimmerbecken mit Blick auf die Freibadanlage geprägt und durch ein Kursschwimmbecken mit Hubboden für den Schwimmunterricht sowie ein Kinderplanschbecken ergänzt. Bei den Außenbecken entschied man sich aufgrund bauartbedingter Vorteile für eine Edelstahlausführung, da es dabei im Beckenkopfbereich keine Frostprobleme gibt.

So soll das Zollstockbad einmal aussehen (unten). Durch die Verbindung aus der Halle zum Außenbecken entsteht ein Vier-Jahreszeiten-Becken

Eine zusätzliche Erweiterung stellt ein zweigeschossiges Funktionsgebäude dar. Es beinhaltet im Erdgeschoss die gesamten Umkleide-, Garderoben- und Sanitärbereiche. Die im Obergeschoss gelegene Sauna ist mit zwei Saunakabinen, Dampfbad, zwei Ruhebereichen und einer Automatengastronomie ausgestattet. Über eine Treppe gelangen die Besucher vom Saunadachgarten mit Tauchbecken in einen Saunagarten mit Schwimmteich und zwei Außensaunen.

ZOLLSTOCKBAD

Das Zollstockbad wird derzeit generalmodernisiert. Künftig wird es neben einem 25-m-Außenbecken auch ein Vier-Jahreszeiten-Becken bieten. Selbstverständlich wird es auch weiterhin eine Sauna geben. In der Schwimmhalle wird die Beckenkonfiguration beibehalten. Es wird eine neue Sprunganlage installiert, ebenso ein Kinderplanschbecken mit Wickelkommode und Kinder-WC. Zudem erhält das Bad neben einer Wasseraufbereitung auf dem neuesten Stand der Technik auch einen neugestalteten Hallen- und Umkleidebereich. Die Entkernungsarbeiten sind bislang nach Plan verlaufen. Allerdings verschiebt sich die Wiedereröffnung, die zunächst für Mai 2011 vorgesehen war, auf Mitte Januar 2012. Hintergrund ist eine außerplanmäßige, komplette Betonsanierung. Diese wurde statisch nötig durch unvorhersehbare Probleme an Bodenplatte, Kellerdecke und Betonstützen. Hier ist über die Jahrzehnte eine Karbonatisierung und Chloridbelastung eingetreten, verursacht durch die Fußbodenheizung. Die KölnBäder GmbH bedauert zwar die Verzögerung bei der Neueröffnung, aber sie freut sich darüber, dass die aufgetretenen Probleme zügig gelöst werden konnten. Ab der Leistungsphase 5 haben Blass Architekten, Euskirchen, die Planung übernommen.

Bauherr:
KölnBäder GmbH, Köln
Projektsteuerung:
CONSTRATA Ingenieur-Gesellschaft mbH, Bielefeld

Partner am Bau:
- ZELLER bäderbau GmbH
- STEULER-KCH GmbH
- Ruben Peter Ausbau GmbH
- INGENIEURBÜRO MÖLLER + MEYER GOTHA GmbH
- FLIESEN LEPPING GmbH & Co. KG
- Landwehr Wassertechnik GmbH
- Ingenieurbüro Grage Gesellschaft für Tragwerksplanung mbH
- inco Ingenieurbüro GmbH
- HERMES Systeme GmbH
- m+m Gebäudetechnik GmbH & Co. KG
- Uplegger GmbH & Co. KG
- Udimo Bau-Monreal GmbH
- Loyen & Mainz GmbH
- Vermessungsbüro Austerschmidt & Dieper
- Jean Harzheim GmbH & Co. KG
- J. Wollferts GmbH
- Ingenieurbüro Finette + Schönborn
- Ingenieurgesellschaft Schönborn mbH
- Kühnhausen Dübbert Semler Öffentlich bestellte Vermessungsingenieure
- Karlheinz Döhler GmbH & Co. KG

ZELLER bäderbau GmbH
Firmensitz Deutschland
D-10623 Berlin
Hardenbergplatz 2
Fon +49 (0) 30 2613610

Fertigungswerk Deutschland
D-89520 Heidenheim
In den Seewiesen 49
Fon +49 (0) 7321 93890

Österreich
ZELLER bäderbau GmbH
A-6410 Telfs
Untermarkt 15
Fon +43 (0) 5262 66430

Frankreich
ZELLER France SAS
254, Chemin de la Farlède
ZE Jean Monnet
F-83500 La Seyne-sur-Mer
Fon +33 (0) 486 689018

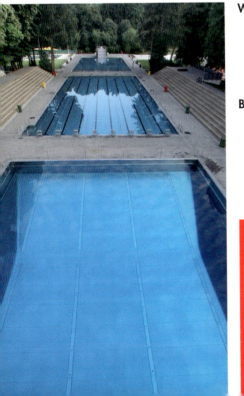

Bei Neubau. Zur Sanierung. Als Umbau. Zur Attraktivierung.

Die Lösung für Freibad und Hallenbad:
Schwimmbecken aus Edelstahl

Stadionbad Köln

Was wir für Sie tun können:

Bei hunderten kommunalen Projekten, die wir seit 1992 weltweit errichteten, haben wir unseren Qualitätsstandard und unsere Kompetenz bewiesen. Nahezu jegliche Beckenart und -form haben wir bereits realisiert. Unser qualifiziertes Personal ist Garant für kreative, innovative und technisch ausgereifte Lösungen.

Bei uns erhalten Sie alles aus einer Hand:

- Ausführliche Beratung vor Ort
- Lösungsvorschläge für Sanierung und Attraktivierung sowie Um- und Neubau Ihrer Schwimmbecken
- Konstruktionszeichnungen für die Ausführung von Becken in Edelstahl
- Richtkostenerstellung
- Besichtigung von Referenzprojekten

info@zeller-baederbau.com
www.zeller-baederbau.com

Ausführende Firmen   Anzeige

Innovative Materialentwicklung und Auskleidungstechniken, eine detaillierte Planung und die kompetente Umsetzung aus einer Hand sind die Qualitätsfaktoren des Steuler-Q^7-Systems.
Neben Hotel- und Wellnessanlagen beherrschen wir auch Thermal-, Sole-, Mineral- und Meerwasserbäder. Wir unterstützen Sie gerne bei Ihrer Planung, rufen Sie uns an.

Dicht ist sicher: Das Steuler-Q^7-System

STEULER-KCH GmbH
Geschäftsbereich Schwimmbadbau
Berggarten 1 / 56427 Siershahn / Germany
Phone: +49 26 23 600-196 / Fax: +49 26 23 600-582
Mail: schwimmbadbau@steuler-kch.de / www.steuler-kch.de

Von der Planung über die Ausführung bis zur schlüsselfertigen Erstellung sind wir Ihr Partner in allen Fragen rund um den Ausbau Ihrer Bauvorhaben.

Wir realisieren für Sie den Ausbau von:
- Bildungseinrichtungen
- Krankenhausbauten
- Gewerbe- sowie Wohnungsbauten
- Spezialbauten; wie Schwimmbäder, Museen, etc.

Aktuelle Referenzprojekte:

– **Neubau Eis- und Schwimmstadion Lentpark**, Köln
  Ausführung der Trockenbauarbeiten, Innentüren und Akustikmaßnahmen

Ruben Peter Ausbau GmbH · Aue 2 · D-98593 Floh-Seligenthal
www.ruben-peter.de

NIEDERLASSUNGEN | BERLIN | DÜSSELDORF | FRANKFURT AM MAIN

– **Neubau Wohnanlage „In den Vorgebirgsgärten"**, Köln
  Ausführung der gesamten Trockenbauarbeiten
– **Kunstsammlung „K20"**, Düsseldorf
  Herstellung der Trockenbauarbeiten, Montage der Innentüren, Ausführung von Wandverkleidungen

---

BERATUNG - PLANUNG - BAULEITUNG - GUTACHTEN - STUDIEN - GENERALPLANUNG

Badewassertechnik  Kältetechnik
Heizungstechnik   Solartechnik
Lüftungstechnik   Elektrotechnik
Sanitärtechnik   Energieoptimierung

INGENIEURBÜRO MÖLLER + MEYER GOTHA GmbH

Außenstelle Düsseldorf   Siebleber Str. 9   Außenstelle Fürstenfeldbruck
Bielefelder Str. 5   99867 Gotha   Jesenwangerstr. 9a
40468 Düsseldorf (Unterrath)   82288 Kottgeisering
Fon 0211 / 51 87 88 - 0   Fax -50   Fon 03621 / 87 92 - 0   Fax - 11   Fon 08144 / 20 46 55
Duesseldorf@moellermeyer.de   Gotha@moellermeyer.de

w w w . m o e l l e r m e y e r . d e

Anzeige Ausführende Firmen

FLIESEN LEPPING
GmbH & Co. KG

seit 1967

Seit 44 Jahren ist Fliesen Lepping Ihr Partner für sämtliche Fliesen- und Abdichtungsarbeiten im Dünn- und Dickbettverfahren. Gleich ob Neubau oder Sanierungsprojekte, wir bearbeiten Ihr individuelles Projekt zuverlässig und zeichnen uns durch hochwertige Verlegung immer wieder aus.

Max-Planck-Straße 2 · 48691 Vreden · Tel. 0 25 64 - 4103 · Fax 0 25 64 - 64 18 · Internet: www.fliesen-lepping.de · E-Mail: info@fliesen-lepping.de

LANDWEHR WASSERTECHNIK

Innovative Lösungen seit über 50 Jahren

- Schwimmbadtechnik
- Wasserwerkstechnik
- Springbrunnentechnik
- Mess- und Regeltechnik
- Service & Wartung
- Industrieservice

Schwarzer Weg 2A • 38170 Schöppenstedt • Tel.: +49 (0) 53 32 / 96 87 - 0 • www.landwehr-wt.de

 INGENIEURBÜRO GRAGE
GESELLSCHAFT FÜR TRAGWERKSPLANUNG MBH
K.-H. LUDWIG • K. TIARKS • G. HORST

BIELEFELDER STRASSE 9
32051 HERFORD
TEL. 05221 / 1239 - 0
FAX 05221 / 1239 – 23

GRAGE.GMBH@T-ONLINE.DE
WWW.GRAGE-INGENIEURE.DE

TRAGWERKSPLANUNG IM BÄDERBAU

FACHPLANER FÜR WASSERUNDURCHLÄSSIGE STAHLBETONBECKENKONSTRUKTIONEN
AUFSTELLEN DES WÄRMESCHUTZNACHWEISES GEMÄß ENEV 2009 UND EE WÄRME G
GREEN BUILDING PARTNER
ERSTELLEN VON ENERGIEKONZEPTEN
BEURTEILUNG DER BAUSUBSTANZ BESTEHENDER BÄDER
ERARBEITUNG VON SANIERUNGSKONZEPTEN

MITGLIED IM BUNDESFACHVERBAND ÖFFENTLICHE BÄDER E.V. * ZERTIFIZIERTER SACHKUNDIGER PLANER FÜR BETONINSTANDSETZUNG * STAATLICH ANERKANNTER SACHVERSTÄNDIGER FÜR SCHALL- UND WÄRMESCHUTZ * BERATENDER INGENIEUR VBI * MITGLIED DER INGENIEURKAMMER BAU NW NR. 311 072 * EINGETRAGEN IN DER LISTE BUNDESWEIT TÄTIGER INGENIEURE

inco
Ingenieurbüro GmbH
Alexanderstraße 69-71
52062 Aachen
Tel: +49 241 47467-0
E-Mail: info@ib-inco.de

Energieeffiziente Haustechnik konsequent umgesetzt

- Versorgungstechnik
- Erstellen von Energiegutachten
- Energie- und Ökologieberatung
- Bauphysik / Green Building
- Messungen rund ums Gebäude

Ausführende Firmen — Anzeige

- Gebäudeautomation
- Schwimmbadtechnik
- Umwelttechnik
- Erneuerbare Energien
- Industrieautomation
- Kältetechnik
- Wasser-/Abwassertechnik

Automatisierungslösungen die Effizienz und Anspruch vereinen

HERMES Systeme GmbH MSR- & Automatisierungstechnik Visbeker Straße 55 27793 Wildeshausen Tel. 04431-9360-0 www.hermes-systeme.de

---

m+m Gebäudetechnik GmbH & Co. KG
Gewerbering 8
09456 Annaberg-Buchholz
Tel.: 0 37 33 / 67 255 - 0
Fax: 0 37 33 / 67 255 - 60
www.remag.de

Sie suchen einen Partner, der Ihnen bei Ihren Bauprojekten zuverlässig und engagiert mit der gesamten Gebäudetechnik, seien es • Kältetechnik • Heizungsanlagen • Sanitärinstallationen • Druckluftanlagen zur Verfügung steht?
Von unserem Traditionsstandort Annaberg aus sind wir gerne und jederzeit mit kreativen und wirtschaftlich sinnvollen Lösungen für Sie da. Profitieren Sie von der Kombination aus Kreativität und Wissen, umfassender Erfahrung und guten Referenzen in den Bereichen • Druckereien • Industriehallen • Pflege- und Wohnheime • Produktionsgebäude • Institutsgebäude.
Unser Fachpersonal, die qualifizierten Monteure, aktualisieren ständig ihren Wissensstand. Sie arbeiten mit modernsten Werkzeugen.

 Uplegger GmbH & Co. KG *Meisterbetrieb*   **Fliesenfachbetrieb**

Ihr Schwimmbadspezialist

18233 Neubukow · Gewerbegebiet „Am Stellwerk"
Telefon (03 82 94) 91 38 · Verkauf (03 82 94) 1 27 19 · Telefax (03 82 94) 1 24 63
E-Mail: info@uplegger-fliesen.de · www.uplegger-fliesen.de

Udimo Bau-Monreal GmbH
Hamburgerstraße 14a I 50321 Brühl
Tel. (0 22 32) 56 71 50 I Fax: (0 22 32) 56 71 51
info@udimo.de I www.udimo.de

Leistungen
- Altbausanierung
- Betonarbeiten
- Feuchtigkeitsschutz
- Fundamente
- Mauerarbeiten aller Art
- Putzarbeiten
- Umbau

LOYEN & MAINZ GmbH

S A N I T Ä R – H E I Z U N G – H A U S T E C H N I K

Methweg 4a · 50823 Köln
Telefon (02 21) 91 74 41-0 · Telefax (02 21) 91 74 41-11
Notdienst Telefon (02 21) 91 74 41-0 · Loyen-Mainz@T-Online.de

Online-Dienst für Bauen und Architektur

www.bauinsel.com – die Internet-Insel für alle Bauinteressierten / Unabhängiger, überregionaler Online-Dienst der Insel online GmbH, der Partnerfirma des WV-Verlages

Sie sind Architekt, Handwerker oder arbeiten in der Immobilienbranche und sind auf der Suche nach unabhängigen, überregionalen Informationen zum Thema „Bauen und Architektur"? Unter www.bauinsel.com finden Sie einen zentralen Internetdienst, der Ihnen als spezialisierte Plattform der Bau- und Architekturbranche viele wertvolle Hinweise frei Haus liefert.

VIELSEITIGES INTERNET-ANGEBOT

Zum vielseitigen Angebot von bauinsel.com gehören aktuelle Infos und Service-Rubriken, wie z.B. „Karriere", „Finanzierung", „Projekte", „Recht", „Technik" „Termine" oder der monatlich erscheinende Newsletter. Unter den spezialisierten Verzeichnissen, einem weiteren Angebot von bauinsel.com, finden Sie schnell und übersichtlich Informationen zu Architekten, Baufirmen, Ingenieurbüros, Objekten u.v.m. – sortiert nach Firmenname oder Standort, ganz wie Sie möchten. Des Weiteren stehen Ihnen interaktive Internetmärkte zu den Bereichen „Immobilien" und „Büroräume" zur Verfügung.

WERDEN SIE AKTIV

Auf der benutzerfreundlichen Internet-Plattform www.bauinsel.com haben auch Sie die einmalige Möglichkeit, sich gemeinsam mit Ihren Partnern vorzustellen. Durch bauinsel.com führen viele Wege zu Ihnen: Ihr Unternehmen kann u.a. durch die Objekte, die gebaut wurden, durch Ihre Anschrift, durch spezialisierte Verzeichnisse, durch die Partner, mit denen Sie gearbeitet haben, oder sogar durch Ihre künftigen Auftraggeber erreicht werden.
Vielleicht haben Sie ja schon eine Internet-Seite? Kein Problem: Durch die Vernetzung innerhalb unserer Plattform ist bauinsel.com die effektivste Lösung, Ihre Leistungen und Ihre Internet-Präsenz bekannt zu machen.

IHRE VORTEILE BEI BAUINSEL.COM

- Ihr Unternehmen ist weltweit präsent: Ihre Präsentation im Internet kennt keine Grenzen – Sie brauchen Ihre Werbung nicht mehr zu versenden, denn unter www.bauinsel.com können Ihre Kunden sofort Ihre Referenzen einsehen.
- Ihr Unternehmen ist direkt erreichbar: Sie haben Ihre eigene Internet- und E-Mail-Adresse. Rund um die Uhr ist Ihre Firma durch das Internet erreichbar.
- Ihre Arbeit wird anspruchsvoll gestaltet: Hochqualitative Bilder und ein übersichtliches Design sorgen für eine beeindruckende Gestaltung.
- Ihre Arbeit wird von potenziellen Kunden entdeckt: Egal, ob durch unsere Verzeichnisse, unsere Internetmärkte oder eigene Werbung – Ihre Präsentation wird in jedem Fall optimal wahrgenommen.
- Gleiche Chancen für alle: Groß-, Mittel- oder Kleinunternehmen haben die gleichen Chancen im Internet. Ihre Internet-Homepage ist der ideale Weg für den Kundengewinn.

BAUINSEL.COM FÜR ARCHITEKTEN

Präsentieren Sie Ihre Zusammenarbeit mit Bauherren, Bauunternehmungen und Baufirmen. Erklären Sie die Philosophie Ihrer Objekte, und stellen Sie sich einen Internetkatalog mit Ihren Projekten zusammen, der für alle zugänglich ist.

BAUINSEL.COM FÜR BAUUNTERNEHMEN

Unter www.bauinsel.com bieten wir Ihnen die Möglichkeit, die Konzeption und Realisierung Ihrer Objekte weltweit darzustellen. Zur Ausarbeitung dieser Präsentation stellt Ihnen die Insel online GmbH ggf. einen Webdesigner zur Verfügung. Um Ihre Projekte zusätzlich bekannt zu machen, wird Ihr Objekt auch auf den bauinsel.com-Internetmärkten sichtbar.

BAUINSEL.COM FÜR HANDWERKSFIRMEN

Unter www. bauinsel.com können Sie die Werbe-Wege zu Ihnen multiplizieren: Ihr Unternehmen kann durch die ausgeführten Arbeiten, durch Ihre Anschrift, über die spezialisierten Verzeichnisse oder durch die Partner, mit denen Sie gearbeitet haben, erreicht werden.

BAUINSEL.COM FÜR IMMOBILIENMAKLER

Sie haben Objekte zu vermieten oder zu verkaufen und suchen einen effektiven Weg, Ihre Werbe-Investitionen zu optimieren? bauinsel.com bietet Ihnen Immobilien- und Bürointernetmärkte an, durch die Sie sich und Ihre Objekte vorstellen können. Auch Privatkunden oder Firmen, die Büroräume suchen, kommen auf unsere Internetmarktseiten, um Ihre Traumobjekte zu finden.

IHR PARTNER: TECHNISCH UND KONZEPTIONELL

Die Insel online GmbH – Partnerfirma des WV-Verlages – ist Ihr professioneller Ansprechpartner für Ihre Präsentation beim Online-Dienst bauinsel.com – egal, ob es sich um die Vorstellung Ihres Unternehmens und Ihrer Projekte oder um einen Werbebanner handelt. Doch die Insel online GmbH bietet

Ihnen noch weit mehr: Sie entwickelt Ihre Firmen-Homepage und damit Ihren ganz persönlichen und auf Sie zugeschnittenen Auftritt im Internet. Die Insel online GmbH stellt Ihnen darüber hinaus Web-Lösungen vor, die die verschiedenen Aspekte der Kommunikation in Ihrem Unternehmen (Internet und Intranet) mit einbeziehen und die Verteilung der Informationen an jeden Ihrer Mitarbeiter organisiert. Das Team der Insel online GmbH setzt sich aus einem Projektleiter, Designern, Programmierern, Redakteuren und IT-Spezialisten zusammen. E-Commerce-Solutions, IT-Consulting oder Global e-Marketing Strategies lauten weitere Schlagworte der abgerundeten Angebotspalette der Insel online GmbH. Testen Sie uns! Kontakt unter verwaltung@inselonline.com, Tel. 0 62 47/9 08 90-92 oder Fax 0 62 47/9 08 90-90.

> **Weitere Infos unter:**
> **www.bauinsel.com**

Bauen zum Wohle der Patienten

Klinik-Campus – die größte Baustelle Kölns: Neubau Laborgebäude CECAD / Laborgebäude für Alterns- und Genomforschung / Funktionsgebäude für Alternsforschung / Neubau Zahnklinik / Neubau Funktionsgebäude UB-West / Sanierung Bettenhaus

Allein im Jahr 2010 wurden von der Uniklinik Köln bauliche Investitionen in Höhe von 68,3 Mio. Euro getätigt
Abb.: Quelle medfacilities GmbH

Die Uniklinik Köln ist ein Krankenhaus der Maximalversorgung mit rund 1.400 Betten. Jährlich werden ca. 52.000 Patienten stationär und über 170.000 Patienten (inklusive Zahn- und Kieferheilkunde) ambulant versorgt. In über 55 Kliniken und Instituten verbinden mehr als 7.700 Mitarbeiterinnen und Mitarbeiter ihr fachliches Können mit Respekt vor der Persönlichkeit der Patientinnen und Patienten. Die Uniklinik Köln nimmt einen Spitzenplatz in Forschung und Lehre ein.

Das Geschäftsjahr 2010 schloss die Kölner Uniklinik mit knapp 2,5 Mio. Euro Überschuss ab. Somit war zum zweiten Mal in Folge ein positives Jahresergebnis erwirtschaftet und das Vorjahresergebnis sogar um 1,3 Mio. Euro übertroffen worden. Auch die Tochtergesellschaften konnten 2010 ein positives Jahresergebnis erwirtschaften. So stieg das Konzernergebnis auf insgesamt 4,2 Mio. Euro, was einer Verbesserung um 1,7 Mio. Euro gegenüber dem Vorjahr entspricht.

Zu den erwähnten Tochtergesellschaften der Uniklinik Köln zählt auch die im Jahr 2003 von Dr. Peter Heinen gegründete medfacilities GmbH. medfacilities entwickelt, plant, baut und betreibt alle Immobilien und technischen Anlagen der Uniklinik Köln – für die Gesundheitsversorgung sowie für Forschung und Lehre. Das Portfolio reicht von der Projektentwicklung über den architektonischen Entwurf und die Planung bis hin zur Errichtung der Gebäude. Dienstleistungen für die Medizin- und Gebäudetechnik sowie Infrastruktur und effizientes Energiemanagement runden das Profil ab. Mit langjähriger Erfahrung über die speziellen Anforderungen an die Funktionszusammenhänge im Krankenhaus- und Forschungsbau realisiert medfacilities Lösungen für öffentliche und private Auftraggeber.

Wie viele Kliniken stand und steht auch die Uniklinik Köln vor großen finanziellen Herausforderungen. Als Maßnahmen zur Gegensteuerung erarbeitete die medfacilities für die Uniklinik Köln im Jahr 2004 einen Masterplan, in dem die Uniklinik zum einen die Zentralisierung der bettengeführten Abteilungen und zum anderen die Optimierung von Versorgungsprozessen und der Ablauforganisation (Masterplanung I) zum Ziel hat. Der Masterplan zielt ab auf eine Verbesserung der Leistungsfähigkeit und des Servicegrades, die Straffung logistischer Abläufe und den Wegfall von Doppelvorhaltungen, die Reduzierung der zu bewirtschaftenden Flächen sowie die Schaffung energetisch optimierter Gebäude. Personalsynergien werden angestrebt und sollen insgesamt nachhaltig das Betriebsergebnis verbessern. In einem weiteren Masterplan verfolgt die Uniklinik den Ausbau als Exzellenzzentrum für Forschung und Lehre (Masterplanung II).

Strukturell basieren die (Umstrukturierungs-) Maßnahmen des Klinikums auf einem sogenannten Integrationskonzept. Verkürzt dargestellt umfasst dieses die Integration und funktionelle interdisziplinäre Zusammenführung der heutigen Einzelkliniken in einem Zentralklinikum der kurzen Wege. Hierdurch sollen die Klinikstrukturen insgesamt optimiert werden. Damit sind eine Reihe baulicher und organisatorischer Maßnahmen verbunden: der Aufbau der Uniklinik Köln als ein Dienstleistungsunternehmen, die weitere Entwicklung und Ergänzung von Kernstrukturen, die Optimierung im Bereich Forschung und Lehre sowie bei den Pflegeleistungen.

Flankiert wird die bauliche Umsetzung des Masterplans durch organisatorische Maßnahmen. Hierunter fallen u.a. die Anpassung der IT-Strukturen, die Entwicklung von Personalmodellen für eine Verlängerung der Betriebszeiten und die Gründung von Tochter- und Beteiligungsgesellschaften. Mit der Gründung der medfacilities GmbH und der Übernahme aller Leistungen aus den Bereichen Betriebsplanung, Projektentwicklung, Planung und Bau der Uniklinik wurde ein wesentlicher Schritt getätigt, die qualitative Umsetzung aller Maßnahmen unter dem Aspekt der Zeit- und Kostensicherheit zu gewährleisten.

Allein im Jahr 2010 wurden von der Uniklinik Köln bauliche Investitionen in Höhe von 68,3 Mio. Euro getätigt. Die medfacilities wurde gegründet, um das Leistungsportfolio auf einen privatwirtschaftlich agierenden Partner zu übertragen. Dies ist gelungen, wie die zahlreichen erfolgreich umgesetzten und im Bau befindlichen Projekte auf dem Campus der Uniklinik Köln zeigen.

LABORGEBÄUDE FÜR DAS EXZELLENZCLUSTER CECAD

Auf dem Gelände des Klinikums der Universität zu Köln wird seit Mitte September 2009 der Neubau eines Laborgebäudes für das Exzellenzcluster für Alternsforschung, CECAD, mit ca. 10.000 m² Nutzfläche errichtet. Der Bauprozess des mit Staffelgeschoss sechsgeschossigen Gebäudes verläuft planmäßig, die Inbetriebnahme ist für Frühjahr 2013 geplant. Bauherr ist die Uniklinik Köln und die Universität zu Köln, unter finanzieller Beteiligung des Bundes und des Landes NRW. Das Bauvolumen beträgt ca. 85,1 Mio. Euro.

Mit dem Forschungsneubau wird der Ausbau des Standortes Köln zum europaweit einzigartigen Zentrum für Alternsforschung möglich. Der Bau ist wesentlicher Bestandteil der wissenschaftlichen Entwicklung des Exzellenzclusters CECAD. Das CECAD ist ein wissenschaftlicher Zusammenschluss, der von der Universität zu Köln und dem Klinikum der Universität zu

Köln getragen wird. Der Laborneubau ermöglicht die ideale Vernetzung von Forschergruppen rund um die Alternsforschung. Dafür sorgt die direkte räumliche Nähe des Max-Planck-Instituts für Biologie des Alterns, die enge CECAD-Partner sind, und bestehender Arbeitsgruppen der Universität zusammen mit den Forschergruppen des Exzellenzclusters CECAD. Mit hoher Dynamik arbeitet das Exzellenzcluster CECAD an der Uniklinik Köln und der Universität zu Köln an der Erforschung der Alterungsprozesse und altersassoziierter Erkrankungen. Das Ziel ist, die molekularen Grundlagen dieser Prozesse zu verstehen und neue Therapien für altersassoziierte Erkrankungen wie Krebs, Diabetes und neurodegenerative Störungen daraus abzuleiten. Wissenschaftliche Zusammenarbeit basiert auf effektiver Kommunikation. Diese löst eine hohe Dynamik im wissenschaftlichen Prozess aus. Das neue CECAD Laborgebäude stellt durch die nutzerorientierte Planung von medfacilities die optimalen Voraussetzungen dafür.

Der Neubau setzt einen klaren baulichen Akzent an der Joseph-Stelzmann-Straße. Die Sockelzone wird in Teilen zweigeschossig geöffnet: Dadurch wird es möglich, den vom Campus kommenden Studentenweg durch das Gebäude bis zur Joseph-Stelzmann-Straße zu führen und zugleich die öffentlichen Bereiche wie Hörsaal, Kommunikationszone etc. zu erschließen. Die Gliederung der Fassaden wird durch das großmaßstäbliche Relief im Sockel und das differenzierte Relief der Fensterelemente bestimmt. Stofflich definieren die großformatigen pigmentierten Werksteinflächen, die dunklen Aluminium-Glasfassaden und die messingfarbenen Metallgewebe das Erscheinungsbild. Durch den Wechsel von geschlossenen Wandabschnitten zu transparenten Fassaden im Bereich des Studentenweges und der Kommunikationszone wird der öffentliche Bezug des Gebäudes vermittelt.

Seit September 2011 ist der Wettbewerb „Licht und Kunst" für das CECAD entschieden: Die neunköpfige unabhängige Jury von Architekten, Künstlern und Nutzern sprach sich einstimmig dafür aus, die Installation der Künstlergemeinschaft Yoshiyuki Miura und Frank Vetter aus München zu realisieren. Der 1. Preis ist mit 210.000 Euro dotiert. Der Wettbewerb wurde von medfacilities in Zusammenarbeit mit Vertretern des Ministeriums für Wirtschaft, Energie, Bauen, Wohnen und Verkehr erarbeitet und war zweistufig aufgebaut, mit vorgeschaltetem Bewerbungsverfahren. „Ich freue mich sehr, dass es allen Beteiligten gelungen ist, ein Kunstprojekt rechtzeitig in den Planungs- und Bauprozess zu integrieren", betont medfacilities Geschäftsführer Dr. Peter Heinen. „Mit diesem Kunstwettbewerb beweisen Bund

Laborgebäude für das Exzellenzcluster CECAD: Im September 2011 wurde Richtfest gefeiert, u.a. mit Redebeiträgen von Harry Kurt Voigtsberger, Minister für Wirtschaft, Energie, Bauen, Wohnen und Verkehr des Landes Nordrhein-Westfalen, und Elfi Scho-Antwerpes, Bürgermeisterin der Stadt Köln. Die Inbetriebnahme ist für Frühjahr 2013 geplant
Abb.: Quelle medfacilities GmbH

und Land NRW zusammen mit Universität und Universitätsklinik, dass der öffentliche Bauherr baupolitische Verantwortung übernimmt, um der Öffentlichkeit, den Forschern und den Studierenden ein rundum gelungenes Gebäude zur Verfügung stellen zu können."

Mit der Installation will die Künstlergemeinschaft im Bereich des öffentlichen Studentenweges, der offen durch das Gebäude hindurchgeführt wird, für eine weit strahlende Markierung sorgen. Es handelt sich nicht um ein dem Bauwerk zugefügten Kunstwerk, sondern um eine Licht-Kunst-Installation, die sich als integraler Bestandteil der Architektur versteht. Der Entwurf hat in seiner minimalistischen Form viel Geheimnisvolles. Drei Kuben bestehen aus einer Vielzahl von senkrecht abgehangenen Stäben, die durch Farbigkeit eine dreidimensionale immaterielle Kugelform definieren.

NEUBAU FUNKTIONSGEBÄUDE FÜR DIE ALTERNSFORSCHUNG

In einer zunehmend älter werdenden Gesellschaft stellen altersbedingte Krankheiten eine große wirtschaftliche Herausforderung für die Gesellschaft dar. Damit die Zusammenhänge zwischen den Prozessen des Alterns und dem Auftreten bestimmter Erkrankungen besser verstanden werden können, ist Forschung nötig. medfacilities hat mit der Errichtung eines Forschungskomplexes einen maßgeblichen Beitrag dazu geleistet, die Voraussetzungen auf schnellstem Wege dafür zu schaffen. Nun können Forscher mit verschiedenen Forschungsschwerpunkten dem Thema „Altern" gemeinsam auf den Grund gehen.

Der Forschungskomplex im Weyertal fügt sich zwischen dem Institut für Biologie und dem Studierendenweg harmonisch in die Bestandsbebauung ein. Er besteht aus einem Funktions- und einem Laborgebäude. Das Funktionsgebäude mit der Front aus graufarbener Aluwelle und der roten Trespa-Fassade an der Ostseite ist neutral gestaltet; versetzt gestellte Ligusterhecken rahmen das Gebäude ein.

Im Inneren wird das Farbkonzept der Front wiederholt und dient als Leitsystem: Alle Türen zu reinen Bereichen sind rot, alle übrigen Türen graufarbig. Dadurch wird den Nutzern die Si-

Laborgebäude für das Exzellenzcluster CECAD: Mit dem Forschungsneubau wird der Ausbau des Standortes Köln zum europaweit einzigartigen Zentrum für Alternsforschung möglich
Abb.: Quelle medfacilities GmbH

Universitäres Funktionsgebäude für die Alternsforschung: Im Funktionsgebäude sind Forschergruppen des CECAD und Max-Planck-Institut für Biologie des Alterns (MPI) bis zur Fertigstellung weiterer Forschungsräume untergebracht. Das Gebäude genügt höchsten technischen Anforderungen
Abb.: Quelle medfacilities GmbH

cherheitsstufe der verschiedenen Bereiche noch klarer angezeigt.

Bekannte Materialien wurden nicht nur überraschend neu kombiniert, sondern in ganz neuer Weise verwendet. Sie mussten maximale Anforderungen an den hohen Grad der Beanspruchung erfüllen und extrem schnell zu verarbeiten sein. Diese Neu- oder Weiterentwicklungen sind Ergebnisse der innovativen Planung des Teams unter der Leitung der von medfacilities.

Das Funktionsgebäude wurde im Juli 2009 fertiggestellt und ist damit von der Planung bis zur Realisierung in weniger als zwei Jahren errichtet worden. Für Zeitersparnis beim Bau hatte der Einsatz von KS-Großblocksteinen ebenso wie die Entscheidung für Filigrandecken gesorgt. Der Verzicht auf Putz zugunsten von Spachtelung brachte zusätzliche Zeitreserven. Die Wände sind mit PVC beschichtet, um maximale Strapazierfähigkeit bei minimaler Verarbeitungszeit zu erreichen.

Voraussetzung für die Altersforschung ist, Organismen unter idealen Bedingungen über einen forschungsrelevanten Zeitraum beobachten zu können. Ein Verlust des wertvollen Forschungsguts muss ausgeschlossen werden. Im Funktionsgebäude sind alle Systeme zur Kontrolle der Umweltbedingungen vorsorglich doppelt ausgelegt. Realisiert sind zwei Lüftungsgeräte, zwei Rückkühler und zwei Heizkessel für Dampf und Heizung sowie eine zusätzliche Absicherung über die Fernwärme der Uniklinik. Damit ist die Technikzentrale nahezu genauso groß wie die Nutzfläche. Insgesamt erfüllt das Gebäude höchste technische Anforderungen im Dienste der Forschung für den Menschen.

Die keimfreien Bereiche werden durch Personenschleusen betreten. Die Türsteuerung der Schleusen erfüllt die Anforderung an 24-Stunden-Zutrittskontrolle, Schleusenfunktion, Raumüberwachung und Fluchtwegsteuerung. Sie ist für Wartungsarbeiten besonders übersichtlich aufgebaut.

Partikel- und Keimfreiheit ist für optimale Forschungsergebnisse unerlässlich. Die Sicht-Installationen von Lüftungskanälen, Kabeltrassen und Medienzuleitungen sind besonders hochwertig und ermöglichen die Desinfektion mit geringem Aufwand.

NEUBAU LABORGEBÄUDE FÜR DIE ALTERNS- UND GENOMFORSCHUNG

Direkt hinter dem Funktionsgebäude befindet sich das Laborgebäude für die Alterns- und Genomforschung, das im November 2009 nach nur 21 Monaten Projekt- und elfmonatiger Bauzeit fertiggestellt worden ist. „Die schnelle Umsetzung des Bauvorhabens hat die Tatsache unterstützt, dass das Ministerium für Innovation, Forschung, Wissenschaft und Technologie den Zuschlag zur Bildung des Exzellenzclusters CECAD und für die Ansiedlung des Max-Planck-Institut für Biologie des Alterns gewährte", so Dr. Peter Heinen, Geschäftsführer der medfacilities. Die zügige Realisierung des Forschungskomplexes führt er auf die Hand-in-Hand-Arbeit der Abteilungen Entwicklung, Planung und Bau zurück – zusammen mit den beteiligten Firmen und den Nutzern

Die Grundlagen- und Klinische Forschung kann in diesem Gebäude unter optimalen Bedingungen durchgeführt werden – die Labore sind ideal an die Bedürfnisse der Forscher angepasst.

NEUE ZAHNKLINIK VEREINT LEHRE MIT PRAXIS

Nach nur zwölf Monaten Bauzeit ist im Juli 2011 der neue Seitenflügel des Zentrums für Zahn-, Mund- und Kieferheilkunde der Uniklinik Köln offiziell in Betrieb genommen worden. Die Bausubstanz des alten Seitenflügels aus den 1960er Jahren hatte es unmöglich gemacht, wirksamen Brandschutz und Maßnahmen zur Energieeffizienz umzusetzen. Deshalb fiel die Entscheidung 2009 auf Abbruch und Neubau. In dem aus Konjunkturpaket-II-Mitteln finanzierten Anbau – der bewusst im Kontrast zur klassizistischen Ziegelfassade gestaltet wurde – konnten sowohl didaktische Neuerungen für den Lehrbetrieb verwirklicht als auch die Anpassung an gestiegene technische Anforderungen umgesetzt werden.

Der schnörkellose Baukörper des neuen Seitenflügels ist als weißer Kubus konzipiert und

Laborgebäude für die Alterns- und Genomforschung: Das Gebäude ist im November 2009 nach nur 21 Monaten Projekt- und elfmonatiger Bauzeit fertiggestellt worden. Die Grundlagen- und Klinische Forschung kann in diesem Gebäude unter optimalen Bedingungen durchgeführt werden
Abb.: Quelle medfacilities GmbH

Zahnklinik: Die Bausubstanz des alten Seitenflügels aus den 1960er Jahren hatte es unmöglich gemacht, wirksamen Brandschutz und Maßnahmen zur Energieeffizienz umzusetzen. Deshalb fiel die Entscheidung 2009 auf Abbruch und Neubau. Der schnörkellose Baukörper des im Juli 2011 fertiggestellten neuen Seitenflügels ist als weißer Kubus konzipiert und nach Funktionen gegliedert
Abb.: Quelle medfacilities GmbH

nach Funktionen gegliedert: Behandlungsbereiche, Technikzentrale und Treppenhaus. Durch die Farbe Weiß werden Begriffe wie Sauberkeit, Unversehrtheit und Gesundheit assoziiert. Das Gebäude mit rund 1.000 m² Nutzfläche verfügt über drei Geschosse. 36 Behandlungsplätze stehen für die studentische fächerübergreifende Ausbildung im Erdgeschoss zur Verfügung. Der Neubau bietet so mit seinen modernen Ausbildungsplätzen einen Standortvorteil für die Kölner Uniklinik.
Die Gesamtinvestitionssumme betrug 6,7 Mio. Euro.

NEUBAU FÜR UNTERSUCHUNG UND BEHANDLUNG – UB-WEST

Das neue Gebäude für Untersuchung und Behandlung am Bettenhaus, kurz UB-West genannt, nimmt Gestalt an. „Der Neubau ist ein zentraler Bestandteil unseres Masterplans", sagt der Vorstandsvorsitzende und Ärztliche Direktor Prof. Dr. Edgar Schömig. „Einzelkliniken und Diagnosebereiche, die bisher auf dem Campus verteilt sind, werden auf etwa 9.000 m² zentral zusammengeführt." Die gemeinsame Infrastruktur ermöglicht es, Synergien zu nutzen und Kosten zu senken: Weil Doppelstrukturen beseitigt und Arbeitsabläufe vereinfacht werden. Durch die geringeren Flächen sinken die Kosten für Logistik, Reinigung, Instandhaltung und Energie erheblich. Für die Patienten verkürzen sich Wege- und Wartezeiten, die medizinische Versorgung wird weiter verbessert. Die Mitarbeiter profitieren von der modernen Ausstattung und effizienteren Arbeitsabläufen.
Der Neubau erweitert den bestehenden Untersuchungs- und Behandlungsbereich im Bettenhaus. Er wird an den Hauptflur zwischen Notaufnahme und Eingangshalle angebunden. Im Erdgeschoss werden die Anästhesie sowie die Radiologie mit Angiografie und eigenem Aufwachbereich untergebracht. Die Schnittbilddiagnostik der Radiologie erhält das erste Untergeschoss für vier MRT und zwei CT. Im ersten Obergeschoss befinden sich zukünftig das neue Eingriffszentrum mit fünf Eingriffsräumen sowie die Ambulanz der Urologie. Die zweite Etage wird eine OP-Ebene, damit wird der bestehende Zentral-OP um acht neue Säle ergänzt. Zukünftig sollen hier die Operationen fast aller „schneidenden Fächer" – außer den Operationen der Augenheilkunde und des Herzzentrums – stattfinden. Auch ein zentraler Aufwachbereich mit PACU (Post-Anaestetic-Care-Unit) ist geplant. „Der Zentral-OP wird direkt mit dem Eingriffszentrum verbunden sein, so dass sich Mitarbeiter und Patienten in diesen Bereichen bewegen können, ohne jeweils ein- und auszuschleusen", erklärt Dr. Peter Heinen von medfacilities. Im dritten und vierten Obergeschoss wird die Ambulanz und Tagesklinik der Dermatologie zu finden sein. Das fünfte Obergeschoss nimmt die aufwendigen technischen Anlagen auf, die darüber hinaus im zweiten Untergeschoss Flächen erhalten. Hier sind auch Werkstätten für Medizintechnik untergebracht. Der UB-West ist in allen Ebenen an das Automatische Warentransportsystem (AWT) angebunden.
Die bauliche Fertigstellung des Gebäudes ist für August 2012 und der Bezug für Herbst 2012 geplant.

SANIERUNG BETTENHAUS

Nach über 30 Jahren Nutzungsdauer wurde im Jahr 2005 die dringend notwendige Sanierung und Modernisierung des Gebäudes – bei laufendem Betrieb – gestartet. Zurzeit sind die Ebenen 18, 17, 16, 15, 4 und – Anfang 2012 – auch 13 und 14 abgeschlossen. Wenn alles gut geht, wird eine der umfangreichsten Krankenhaussanierungen derzeit in Deutschland 2018 ihr Ende finden. 22.500 m² Nutzfläche werden dann für die Patientenbetreuung zur Verfügung stehen. Das Bauvolumen wird ca. 86 Mio. Euro betragen.
Das 1971 als sogenanntes Stahlbetonhängehaus mit vorgespannten Armierungen und vorgehängter Corten-Stahlfassade errichtete 18-stöckige Bettenhaus ist ein Zeugnis der Architektur der beginnenden 70er Jahre. In der ursprünglichen Konzeption der 60er Jahre wurde der markante Bau zur Aufnahme der Pflegebereiche des gesamten Klinikums konzipiert. Aufgrund finanzieller Engpässe in der Umsetzung der damaligen Zielplanung mussten neben den Stationen auch verschiedene Untersuchungs- und Behandlungsbereiche im Bettenhaus untergebracht werden.
Das Gebäude des Bettenhauses ist in seiner Struktur bestens geeignet für die Unterbringung von Pflegestationen. Das künftige Gebäudekonzept basiert auf einer Standardebene mit zwei Stationsbereichen von je 32 Betten, also 64 Betten je Pflegeebene. Die Anordnung der patientennahen Funktionen (Schwesternstützpunkt, Pflegezimmer, Aufenthaltsbereiche, Speisenversorgung) folgt der Maßgabe, dass eine flexible und weitestgehend klinikunabhängige Nutzung der Stationsbereiche erreicht wird. Entscheidend hierbei ist ein optimierter Stationsbetrieb mit der Möglichkeit flexibler Grenzen zwischen den beiden Stationen. Durch die Sanierung der Pflegebereiche wird gleichzeitig die Umsetzung verbesserter und wirtschaftlicherer Pflegestandards sowie betrieblicher Abläufe möglich.
Im sanierten Bettenhaus lassen sich nahezu alle Pflegebereiche des Klinikums konzentrieren. Damit können die heutigen Außenkliniken, die bisher überwiegend in dringend sanierungsbedürftigen Altbauten residieren, in den modernen zentralklinischen Bereich integriert werden. Ziel der völligen Umstrukturierung ist die wirtschaftliche Nutzung zentraler Ressourcen und die Verbesserung der Wirtschaftlichkeit der medizinischen Leistungserbringung. Das Integrationskonzept erfordert eine radikale Prozessreorganisation, in die alle Bereiche des Klinikums einbezogen werden.
Die Qualität des „neuen" Bettenhauses orientiert sich in Architektur und Gestaltung an Hotelstandards. Wesentliche Elemente sind die Verbesserung der Erschließung, der Orientierung und der Aufenthaltsqualität auf der Ebene für Patienten und Besucher, eine klare Strukturierung der Pflegeebenen sowie die Verbesserung der Orientierung auf der Ebene und im Gebäude durch eine Öffnung der Flure und die

UB-West: Der Neubau wird den bestehenden Untersuchungs- und Behandlungsbereich im Bettenhaus erweitern. Die bauliche Fertigstellung des Gebäudes ist für August 2012 und der Bezug für Herbst 2012 geplant
Abb.: Quelle medfacilities GmbH

Sanierung Bettenhaus: Nach über 30 Jahren Nutzungsdauer wurde im Jahr 2005 die dringend notwendige Sanierung und Modernisierung des Gebäudes – bei laufendem Betrieb – gestartet. Zurzeit sind die Ebenen 18, 17, 16, 15, 4 (Foto) und – Anfang 2012 – auch 13 und 14 abgeschlossen
Abb.: medfacilities GmbH

Schaffung von Blickfluchten nach außen. Außerdem wurden Erkennungsmerkmale (Farben) für bestimmte patientennahe Funktionen und Bereiche gewählt.

Waren in den 70er Jahren Klimaanlagen der höchste Ausdruck von Modernität und Wohlbefinden, so wünschen die meisten Patienten heute Fenster, die geöffnet werden können. Das neue Fassadenkonzept einer Doppelfassade mit Fenstern zum Öffnen erlaubt eine individuelle und natürliche Belüftung der Stationszimmer. Die neue Fassade ermöglicht außerdem eine Minimierung der Klimazentralen und Lüftungsquerschnitte und damit der Investitionskosten bei der Gebäudesanierung. Der Energieverbrauch und damit die Betriebskosten werden gesenkt.

Mit der neuen Doppelfassade kann dem Patientenwunsch nach Verzicht auf Kühlung in den Bettenzimmern entsprochen werden. Durch das Zusammenwirken der Fassadenkonstruktion und -technik in Verbindung mit der Lowtech-Ausstattung bei der Technischen Gebäudeausrüstung können die zukünftigen Betriebskosten deutlich reduziert werden. Die vorkonfektionierten kompletten Fassadenelemente und ein abgestimmtes Montagekonzept minimieren die Investitionskosten. Die Wahl der Materialien in Abstimmung mit den technischen und bauphysikalischen Konzepten ermöglicht die Wirtschaftlichkeit und die Reduzierung der Wartungs-, Unterhalts- und Betriebskosten.

Das äußere Erscheinungsbild der neuen Doppelfassade ist geprägt durch eine ebenenweise Schichtung, die sich in verglaste und geschlossene Bänder (Lüftungsgitter) übereinander reiht. Diese Horizontalbetonung erinnert an die derzeitigen Reinigungsbalkone. Die äußere Fassade (Sekundärfassade) wirkt durch ihre Transparenz leicht, jedoch wie eine zusätzliche zweite schützende Haut. Die innere Fassade (Primärfassade) lässt durch ihre Wechselwirkung von verglasten und geschlossenen Flächen die dahinter befindliche Raumstruktur erkennen.

Die Ebene 18 des Bettenhauses bietet seit der 2006 abgeschlossenen Sanierung im Standardgrundriss zwei Pflegebereiche mit je 32 Betten. Die Anordnung der patientennahen Funktionen wie Schwesternstützpunkt, Pflegezimmer, Aufenthaltsbereiche und Speisenversorgung ermöglicht eine flexible und weitestgehend unabhängige Nutzung der Stationsbereiche von den einzelnen Fachkliniken. Auf den Stationen werden sowohl die Nähe zum Patienten als auch kurze Wege innerhalb des Klinikbetriebs gewährleistet. Durch die Sanierung der Pflegebereiche wurde die Umsetzung verbesserter und wirtschaftlicherer Pflegestandards sowie betrieblicher Abläufe erreicht. Gleichzeitig werden die Belange der Lehre, die eine praxisbezogene Ausbildung der Studenten vorsehen, optimal unterstützt. Bei der 2008 beendeten Sanierung der Ebene 17 sind Erfahrungen aus der Sanierung der „Pilot"-Ebene 18 eingeflossen. So wurden zum Beispiel die Duschen in den Nasszellen bodengleich gebaut und die Einheit um die Waschbecken herum noch nutzerfreundlicher strukturiert. Die Pflegestützpunkte sind vergrößert worden. Neu ist, dass acht Zimmer mit Schleuse für Patienten mit multiresistenten Keimen eingerichtet worden sind.

Die 2009 sanierte Ebene 15 kann mit der Ausstattung von vier Isolationszimmern, die über eine eigenständige Lüftung verfügen, mit einer Besonderheit aufwarten. In diesen Patientenzimmern ermöglicht die Unterdruckventilation die Pflege bei hochinfektiösen sowie aerob übertragbaren Krankheiten wie der offenen Tuberkulose.

Die ebenfalls 2009 sanierte Ebene 16 ist baugleich mit Ebene 17 gestaltet. Das Farbkonzept in Terracotta sorgt für eine warme und freundliche Atmosphäre. Der gestalterische Rahmen wird durch die wohnliche Innenausstattung für die Patienten fortgeführt.

Die Ebene 4 des Bettenhauses ist in der Reihenfolge der Ebenensanierung von oben nach unten vorgezogen worden und wurde 2010 fertiggestellt. Die Innenfassade der gesamten Ebene ist erneuert, der Anbau der Außenfassade folgt. Auf der Ebene 4 sind eine internistische Intensivstation und eine Station für Stammzelltransplantation (KMT) untergebracht. Die großen Luftmengen für die KMT werden vom darunterliegenden Technikgeschoss über die Außenfassade des Bettenhauses direkt zur Ebene 4 geleitet. Der Freizug der KMT von der Bettenhausebene 13 war Voraussetzung dafür, dass die Ebenen 13 und 14 saniert werden können.

Seit 2010 laufen die Sanierungsarbeiten der Ebenen 13 und 14 im Doppelpack. Zunächst wurde die alte Fassade gegen eine neue mit Fenstern zum Öffnen ausgetauscht. Die Ebenen wurden entkernt und im Standardgrundriss mit Demontage und Neuinstallierung der TGA neu gestaltet. Die Fläche einer Ebene ist annähernd genauso groß wie zwölf Einfamilienhäuser zusammen. Nahezu 32.000 m Elektrokabel- und Datenleitungen wurden verlegt. Für Wasser, Abwasser, Sprinkler und technische Gase wurden rund 7.000 m Leitungen benötigt. Während der Baumaßnahme arbeiteten je Ebene bis zu 70 Personen gleichzeitig auf der Baustelle. In jeder Hinsicht wird darauf geachtet, die angrenzenden Stationen so gering wie möglich zu belästigen. Um die Arbeiten so geräuscharm wie möglich auszuführen, ist stemmen verboten. Zweites Mittel ist die Nutzung möglichst leiser und schneller Bauverfahren. Löcher in den Beton werden nicht mit aggressiven Schlagbohrern, sondern mit rotierenden Diamantbohrzylindern getrieben, im Kernbohrverfahren. Das dauert länger und kostet mehr, ist aber erträglicher. Die Befestigungsschienen der Trockenbauwände werden nicht verschraubt, sondern in die Decke geschossen. Mauerwerk aus Kalksandstein wird verklebt, um Feuchtigkeit und damit Trockenzeit zu minimieren und die Baugeschwindigkeit zu erhöhen, was wiederum die Phase der Lärmbelästigung verkürzt. Die kernsanierten Ebenen sollen voraussichtlich im Januar 2012 bezogen werden.

-Proj. „Neubau Laborgebäude CECAD", „Laborgebäude für Alterns- und Genomforschung" und „Funktionsgebäude für Alternsforschung"
Bauherr:
Uniklinik Köln und Universität zu Köln unter finanzieller Beteiligung des Bundes und des Landes NRW
Generalplaner:
medfacilities GmbH, Köln
(Proj. „Neubau Laborgebäude CECAD" zusammen mit
von Gerkan, Marg und Partner, Aachen)

-Proj. „Zahnklinik"
Bauherr:
Uniklinik Köln
unter finanzieller Beteiligung des
Bundes und des Landes NRW
Generalplaner und
Projektmanagement:
medfacilities GmbH, Köln

-Proj. „Neubau Funktionsgebäude
UB-West" und „Sanierung Bettenhaus"
Bauherr:
Uniklinik Köln
Generalplaner:
medfacilities GmbH, Köln

Partner am Bau:
- Ed. Züblin AG, Bereich Köln
- Ingenieurbüro Göbel
- J. Wolfferts GmbH
- FET Fehmer Elektrotechnik GmbH
- Schreinerei Wolff
- ihp integrierte haustechnische Planungen GmbH
- IFD – BauStorch
- IMV Ingenieurbüro für Medizin- und Versorgungstechnik

- SIGN & SHOP Werbeservice GmbH
- Prof. Dr.-Ing. Jürgen Güldenpfennig Prüfingenieur für Baustatik
- Werbestudio W. Müller
- Emil Koch GmbH & Co. KG
- Dr. Tillmanns & Partner GmbH Ingenieurbüro
- Kühnhausen Dübbert Semler Öffentlich bestellte Vermessungsingenieure
- Karlheinz Döhler GmbH & Co. KG
- VAMED Health Project GmbH

Anzeige

WIR SETZEN MASSSTÄBE

Der Bereich Köln entwickelt innerhalb der Züblin Direktion NRW maßgeschneiderte Lösungen für anspruchsvolle Bauvorhaben und bietet seinen Kunden mit dem Züblin teamconcept ein bewährtes Partneringmodell, das neben hohem Qualitätsstandard zu einem sehr frühen Zeitpunkt Kosten- und Terminsicherheit garantiert. Als wichtiger Ausbildungsbetrieb ist Züblin zudem Partner aller Berufs- und Hochschulen der Region und widmet sich intensiv der Förderung qualifizierter Nachwuchskräfte. Ob im Ingenieur- oder Brückenbau, im komplexen Schlüsselfertigbau oder im Bereich Public Private Partnership – Züblin setzt Maßstäbe.

Ed. Züblin AG, Bereich Köln
Siegburger Straße 229a, 50679 Köln
Tel. +49 221 824-3200, koeln@zueblin.de

Der Partner für Architekt und Bauherrn

seit mehr als **25** Jahren

Beratender Ingenieur   IK NW, VDE und VDI

❖ **Starkstromversorgungsanlagen**
   MS- NS-Schaltanlagen, Trafostationen, NEA und USV

❖ **Elektroinstallationen für Gebäudetechnik**
   Kabel- und Leitungsanlagen, Funktionserhalt, Beleuchtung und Datentechnik

❖ **Blitzschutzanlagen**
   Erdungsanlagen, Potentialausgleich und Überspannungsschutz

❖ **Meldeeinrichtungen**
   Brandmeldeanlagen, Alarmierung, ELA und Zeit- u. Zutrittssysteme

❖ **Brandschutz**
   Rauchwärmeabzugsanlagen, Löschanlagen, Sprinkler

Gutachtenerstellungen
   für Brandschutz und Elektrotechnik

❋ beraten   ❋ planen   ❋ prüfen ❋

INGENIEURBÜRO GÖBEL iG

51503 Rösrath (Forsbach), Bensberger Straße 252
Telefon 02205 8001-0   Telefax 02205 8001-50

GEBÄUDETECHNIK UND BRANDSCHUTZ
Internet: www.ib-goebel.de   eMail: info@ib-goebel.de

DIN EN ISO 9001:2000
Zertifikat: 01 100 061608

Individualität – Kompetenz – Kostenbewusstsein

Ausführende Firmen Anzeige

Energieeffizienz hilft sparen und schont die Umwelt

Die Technische Gebäudeausrüstung von Wolfferts wird ergänzt durch ein ganzheitliches Energieeffizienz-Management rund um die Immobilie

Kranhaus Nord Rheinauhafen, Köln; © Pandion AG

Seit mehr als 110 Jahren verfügt die J. Wolfferts GmbH über Erfahrung in der Technischen Gebäudeausrüstung. Mit einem erfahrenem Team (Wolfferts beschäftigt über 650 Menschen) ist die Unternehmensgruppe bundesweit tätig. Moderne Gebäudetechnik und kundenorientierte, maßgeschneiderte Servicelösungen im Bereich Gebäude- und Energiemanagement sind für das Unternehmen, das seit rund 10 Jahren zur Bilfinger Berger Multi Service Group gehört, Selbstverständlichkeit und Verantwortung zugleich.

Wolfferts bietet seinen Kunden eine umfassende Energieeffizienz-Beratung und damit den Einstieg in ein ganzheitliches Energie-Management. Unabhängig vom Gebäudetyp und der Nutzung sind namhafte Energieeinsparungen durch die Kombination innovativer Gebäudetechnik und dem effizienten Gebäudebetrieb möglich. Neben diesem Einsparpotenzial auf der Kostenseite werden die natürlichen Ressourcen unserer Umwelt geschont und es wird ein großer Beitrag zur Erreichung übergeordneter Klimaziele geleistet. Die Investition in die moderne und innovative Technik hat immer Sinn. Die Kosten einer Immobilie über den gesamten Lebenszyklus teilen sich auf in Anschaffungs- und Herstellungskosten sowie in Betriebskosten. Während der erste Block lediglich 20 Prozent der Lebenszykluskosten ausmacht, entfallen 80 Prozent auf den zweiten Block. Dabei sind die Energiekosten regelmäßig der größte Kostentreiber. Der abzusehenden Steigerung dieser Energiekosten entgegenzuwirken bzw. den Einsatz der „teuren" Energie zu verringern, ist die Aufgabe der Wolfferts Energieeffizienz-Beratung – ganz im Sinne der Kunden und im Sinne unserer Umwelt.

Neben den Optimierungsmöglichkeiten im Bereich der Technik, sei es durch moderne Systeme und intelligente Regelungskonzepte, oder die Optimierung des Gebäudebetriebes, z.B. durch individuelle Lösungen aus dem Bereich der Anlagenfernüberwachung, bietet Wolfferts seinen Kunden noch einiges mehr: Ganzheitliche Konzepte und Lösungen, bestehend aus Beratung, Planung, Finanzierung, Realisierung und Gebäudebetrieb können im Unternehmensverbund mit der Bilfinger Berger Multi Service Group umgesetzt werden, und zwar unabhängig davon, ob es

Siebengebirge Rheinauhafen, Köln; © Pandion AG

sich um einen Neubau oder eine Bestandssanierung, Renditeobjekt oder eigengenutzte Immobilie handelt.

Wo immer in Deutschland ein zuverlässiger Partner für die Planung, Realisierung und Bewirtschaftung von Immobilien gesucht wird, ist Wolfferts der richtige Ansprechpartner. Die Beherrschung der Gebäudetechnik sowie das Verständnis und die Kompetenz für kundenorientierten Service bildet die Grundlage für langjährige Partnerschaft. Möglichkeiten und Perspektiven bietet Wolfferts auch für junge Menschen. Eine Ausbildungsquote deutlich über dem Branchendurchschnitt und ein breit gefächertes Ausbildungsangebot zeigt soziale Kompetenz und Übernahme von Verantwortung auch in diesem, für die Zukunft bedeutenden Bereich.

Innovation aus Tradition – ein Leitspruch, der die Wolfferts-Gruppe auch in Zukunft begleitet. Im Sinne der Kunden, der Umwelt und der Mitarbeiterinnen und Mitarbeiter.

Rheinpark, Köln-Deutz; © RTL

J. Wolfferts GmbH • Tel. 0 22 03 / 3002-0 • Zentrale Köln • www.wolfferts.de

Anzeige Ausführende Firmen

Fehmer Elektrotechnik GmbH

Kompetenz ist unsere Stärke

Qualität zum fairen Preis

Die Fehmer Elektrotechnik GmbH besteht seit 1996 erfolgreich am Markt und deckt mit ihrem Stab von mehr als 30 qualifizierten Mitarbeitern alle Aufgaben der Elektrotechnik ab. Darüber hinaus übernimmt das Unternehmen Dienstleistungen in der öffentlichen Kommunikationstechnik für Netzbetreiber und Systemhäuser. Mit dem Hauptsitz in Eberswalde bei Berlin und der Niederlassung in Düsseldorf ist der Betrieb in der Lage, seine Kunden vor Ort optimal zu betreuen und anspruchsvolle Aufgaben qualitäts- und termingerecht zu lösen. Die große Flexibilität und der zielgerichtete Einsatz innovativer Technologien haben dazu geführt, dass das Unternehmen Aufgaben in ganz Europa übernimmt.

Zertifizierungen:
DIN 14675: 2003-11
(Brandmeldeanlagen: Montage und Installation, Inbetriebsetzung, Abnahme, Instandhaltung – Zertifikat)

DIN EN ISO 9001
(Qualitätsmanagement für elektrotechnische und sicherheitstechnische Analogen – Zertifikat)

Planung, Projektierung und Montage von elektrotechnischen Anlagen bis 1.000 Volt

- Videoüberwachungsanlagen
- Sicherheitsbeleuchtung
- BMA
- Elektroanlagen
- KNX-Anlagen
- Netzersatzanlagen
- Antennenanlagen
- EMA
- Telekommunikationsanlagen
- Einbruch- und Brandmeldeanlagen
- Cat-7-Verkabelung
- Erstellung von Technikräumen
- Projektmanagement
- Wartungs- und Entstörungsmaßnahmen
- 24/7-Service

www.fet-fehmer.de

FET
Fehmer Elektrotechnik GmbH
Hauptsitz Eberswalde

Zweigniederlassung
Am Meerkamp 19b
40667 Meerbusch

Tel.: 02132 / 9158-0
Fax: 02132 / 9158-29
Mail: info@fet-fehmer.de

Ausführende Firmen — Anzeige

HOLZ • DESIGN • MÖBEL

- KRANKENHAUSEINRICHTUNGEN
- ARZTPRAXEN
- BÜROMÖBEL
- HOTELS
- MEDIENWÄNDE
- BANKEN
  UND VIELES WEITERE

OTTO-BRENNER-STRASSE 22
52353 DÜREN
TEL.: 0 24 21 - 88 4 77
FAX: 0 24 21 - 88 74 96
INFO@SCHREINEREI-WOLFF.DE

WWW.SCHREINEREI-WOLFF.DE

Status: Beratende Ingenieure
Ingenieurkammer-Bau, Nordrhein-Westfalen
Verband Beratender Ingenieure VBI

Leistungsskala: Strukturanalysen
Systemuntersuchungen
Energieberatungen und -optimierungen
Wirtschaftlichkeitsberechnungen
Planungen
Bauüberwachungen

ihp
integrierte
haustechnische
Planungen GmbH

Technische Gesamtkonzepte

www.ihp-tga.de

IFD - BauStorch

Innenputz - Fassaden - Denkmalpflege - Aussenanlagen - Altbausanierung

09603 Großschirma OT Großvoigtsberg • Siedlerweg 33
Tel.: 03 73 28 / 18 488 * Fax: 03 73 28 / 18 489 * Funk: 01 77 / 73 15 455 * ifdstorch@aol.com

Anzeige · Ausführende Firmen

Ingenieurbüro mit Erfahrung im Gesundheitswesen

Das Ingenieurbüro für Medizin- und Versorgungstechnik (IMV) plant und realisiert seit über 20 Jahren komplexe Projekte im Gesundheitswesen.

In den vergangenen 20 Jahren wurden deutschlandweit ca. 350 Krankenhausprojekte abgewickelt. Hierbei handelte es sich um Häuser der Grund-, Regel-, Schwerpunkt- und Maximalversorgung.

Unsere Leistungen umfassen alle Leistungsphasen der Honorarordnung für Architekten und Ingenieure (HOAI).

Als verantwortliche Ingenieure erstellen wir die gesamte Planung in der Medizintechnik vom Entwurf bis zur Ausführung sowie die dazugehörigen Leistungsbeschreibungen. Wir kontrollieren vor Ort die fach- und termingerechte Ausführung der beauftragten Arbeiten der am Projekt beteiligten Fachfirmen während der Bauphase.

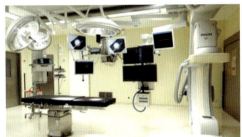

Ingenieurbüro für Medizin- und Versorgungstechnik
Dipl.-Ing. W. Schorn

Uersfeld 24, 52072 Aachen
Tel. 0241/12323-0, Fax 0241/12323-66
team40@imv-schorn.de
www.imv-schorn.de

...wir produzieren Aufmerksamkeit !

Planung und Realisierung von Bauschildanlagen, Leitsystemen und Objektbeschilderung

SIGN & SHOP Werbeservice GmbH
Landsberger Straße 4 . 53119 Bonn
info@sign-und-shop.de . www.sign-und-shop.de

Prof. Dr.-Ing. Jürgen Güldenpfennig
PRÜFINGENIEUR FÜR BAUSTATIK

Schloßparkstraße 9 · 52072 Aachen · Telefon: 02 41/1 40 14 · Telefax: 0241/9 31 95 78 · buerogueldenpfennig@arcor.de

- Staatlich anerkannter Sachverständiger für die Prüfung der Standsicherheit der Fachrichtungen:
  • Massivbau • Stahlbau • Holzbau
- Sachverständiger für Bautechnische Prüfung im Eisenbahnbau
- Staatlich anerkannter Sachverständiger für Schall- und Wärmeschutz

Prüfen ▪ Beraten ▪ Untersuchen ▪ Begutachten
Statik ▪ Dynamik ▪ Bauphysik ▪ Sonderprobleme

Ausführende Firmen Anzeige

werbestudio w.müller

Pastor-Kröner-Strasse 13
50354 Hürth (Berrenrath)
Telefon 0 22 33 - 37 47 40
Telefax 0 22 33 - 37 47 41
mobil 0179 - 497 55 80
werbestudiomueller@netcologne.de
werbestudiomüller.com

- Schilder
- Fahrzeug- und Schaufensterbeschriftung
- Digitaldruck
- Folienaufkleber
- Leinwanddruck
- Banner
- Plakate / Poster / Tapete
- Werbedisplays
- Leit- und Orientierungssysteme
- Lichtwerbeanlagen
- Sonnenschutz- und Glasdekorfolierung
- Geschäftsdrucksachen

HINGUCKER

WIR SETZEN IDEEN BRILLANT IN SZENE!

Emil Koch GmbH & Co. KG

VDE Hoch- und Niederspannungs-Anlagen

Ägidiusstraße 47 – 50937 Köln
Telefon: 0221/44 40 60 / 69
Telefax: 0221/44 60 54
E-Mail: Emil_Koch_KG@t-online.de

Planung, Beratung und Ausführung

Über ein halbes Jahrhundert errichten wir als mittelständischer Handwerksbetrieb in Köln und Umgebung Elektroanlagen für
☐ U-Bahnhöfe und Haltestellen
☐ Messehallen
☐ Krankenhäuser
☐ Schulen
☐ Sporthallen und Sportplätze
☐ Flughäfen
☐ Verwaltungsgebäude
Zu unseren Mitarbeitern können wir Spezialisten für
☐ Mittel- und Niederspannungsanlagen
☐ Nachrichtentechnische Anlagen
☐ Kabel- und Leitungsverlegung
zählen, die mit modernen Geräten und technischem Know-how für Spannung und Strom sorgen; dort, wo Sie ihn brauchen.

▶ Produktinfo

Feuerwehrschalter trennt Photovoltaik-Anlagen vom Netz

(epr) Ist auf einem Gebäude eine Solaranlage installiert, stehen die Stromleitungen, die ins Haus führen, permanent unter Spannung. Im Brand- und Überflutungsfall sind sie lebensgefährlich. Hier sorgt der Feuerwehrschalter von Eaton für mehr Sicherheit. Wird er in unmittelbarer Nähe der Photovoltaik-Module in die Gleichstromleitung zwischen Panel und Wechselrichter eingebaut, gewährleistet er, dass alle spannungsführenden Leitungen abgeschaltet werden können. Weil die Leitungen zwischen den Solarmodulen und dem Wechselrichter selbst bei vermindertem Lichteinfall noch mit mehreren hundert Volt unter Spannung stehen, bestünde nämlich beim Löschen im Innenangriff Lebensgefahr. Mehr unter www.feuerwehrschalter.de.

Der Feuerwehrschalter unterbricht die elektrische Spannung zwischen den PV-Modulen und dem Wechselrichter. So können Feuerwehrleute im Brandfall gefahrlos löschen
(Foto: epr/Eaton)

Im Brandfall unterbricht man mit dem Feuerwehrschalter auf Knopfdruck unter Spannung stehende Leitungen zwischen Solarmodulen und Wechselrichter
(Foto: epr/Eaton)

Forschung unter Glas

Max-Planck-Institut für Biologie des Alterns, Köln

DIE KOMMUNIKATION STEHT IM MITTELPUNKT

Die Erforschung der Biologie des Alterns soll bewusst von der räumlichen Nähe zu den benachbarten Hochschuleinrichtungen profitieren. Daher entstand mitten in Köln, in unmittelbarer Nähe zur Universität und zum Universitätsklinikum, auf räumlich eingeschränktem Grundstück ein neues Forschungsgebäude des Max-Planck-Instituts. In der Konsequenz musste entsprechend sensibel mit der gegebenen, vergleichsweise komplexen städtebaulichen Situation umgegangen werden. Hierfür entwickelten hammeskrause architekten aus Stuttgart eine kubische Großform, die städtebaulich wie selbstverständlich alle relevanten raumbildenden Kanten besetzt. Die Höhenentwicklung erfolgte moderat – gerade so dass ein städtischer, dichter Raum erzeugt wird, die Kubatur dabei jedoch nicht dominiert, sondern eher niedrig erscheint.

Im Innern gruppieren sich große, verdichtete Laborlandschaften jeweils im direkten räumlichen Kontakt mit kommunikativen Zonen. Aus den besonderen funktionalen und organisatorischen Anforderungen der integrativen Labor/Büro-Cluster der einzelnen Abteilungen bzw. deren Verknüpfung untereinander, entwickelten die Planer einen Baukörper mit differenzierter Fassadengestaltung, der sich in ein Sockelgeschoss für den Infrastrukturbereich, zwei Obergeschosse für den wissenschaftlichen Bereich und ein Dachgeschoss für Gebäudetechnik und Hygienelabore gliedert. Im Mittelpunkt steht das Atrium mit markantem triangulären, gekrümmtem Glasdach, das als Schnittstelle der internen und externen Kommunikation dient. Der Haupteingang führt unmittelbar in diesen zentralen Bereich, von dem aus die gesamte Raumstruktur und deren Erschließung erlebbar ist.

> **Bauherrschaft:**
> Max-Planck-Gesellschaft zur Förderung der Wissenschaften e.V.
>
> **Architektur und Planung:**
> hammeskrause architekten, Freie Architekten BDA, Stuttgart

> **Partner am Bau:**
> - MELIK GmbH Gerüstbau
> - Dr. Tillmanns & Partner GmbH Ingenieurbüro
> - Jean Harzheim GmbH & Co. KG
> - CEMEX Beton-Bauteile GmbH
> - J. Wolfferts GmbH
> - Kühnhausen Dübbert Semler Öffentlich bestellte Vermessungsingenieure
> - Karlheinz Döhler GmbH & Co. KG

— Anzeige —

MELIK GmbH Gerüstbau
Waffenschmidtstr. 4 · 50767 Köln
Telefon: 0221 - 534 57 13
Mobil: 0171 - 413 95 85
Telefax: 0221 - 534 57 15
melik-geruestbau@t-online.de
www.melik-geruestbau.de

Seit der Gründung im Jahre 1999 haben wir uns zu einem leistungsfähigen Gerüstbauunternehmen entwickelt. Termingerechte, zuverlässige Realisierung unserer Projekte zu einem fairen Preis ist für uns selbstverständlich. Wir arbeiten ausschließlich mit Layher-, Altrad-Assco- und Alfix-Gerüstsystemen. Unsere Mitarbeiter verfügen über langjährige Erfahrungen in Gerüstbauten aller Art und sind seit vielen Jahren bei uns beschäftigt.

Wir bieten Ihnen Gerüstbauten aller Art: • Schutzgerüste • Baugerüste • Arbeitsgerüste • Fassadengerüste • Industriegerüste • Fahrgerüste • Montagegerüste • Hochwassergerüste • Flächengerüste • Not-Treppen • Flachdach-Absturz-Sicherung

Wir bauen für: • Dachdecker • Maler • Fensterbauer • Industrie • Gebäudereiniger • Zimmerleute • Restaurateure • Maurer • private Bauherren • und viele mehr...

Vermarktungsgerechte Planung, optionale Flexibilität
Umbauten Büro- und Geschäftshäuser Neumarkt 8 – 10 und Schildergasse 84a in Köln

Geschäftshaus Neumarkt 8 – 10, Richmodishaus – nach dem Umbau. Ein von Lindener + Partner entwickeltes Alternativkonzept mit drei bis vier Mieteinheiten anstelle eines Generalmieters wurde umgesetzt, um nicht von einem Mieter abhängig zu sein
Abb.: Quelle Lindener + Partner

Als Architekten bzw. Generalplaner hat das Architekturbüro Lindener + Partner aus Köln langjährige Erfahrung mit Einzelhandelsgeschäften und wurde deshalb bei beiden Projekten von den Eigentümern aufgefordert die größtmöglichen Flächen- und Vermarktungsoptimierungen zu planen, damit sich der notwendige Finanzaufwand jeweils auch rechnet.

UMBAU GESCHÄFTSHAUS NEUMARKT 8 – 10, RICHMODISHAUS

Der in 8.900 m² Mietfläche handelnde Hauptmieter SinnLeffers war insolvent geworden und der Insolvenzverwalter hatte versucht, die ohnehin sehr geringe Miete, noch weiter zu reduzieren. Für die Bauherrin, die Richmodishaus Grundstücksverwaltungsgesellschaft mbH, und ihre Wirtschafts- und Vermarktungsberater, Immobilien Strunk GmbH, wurde von Lindener + Partner ein Alternativkonzept mit drei bis vier Mieteinheiten anstelle eines Generalmieters entwickelt, um zukünftig nicht mehr von einem Mieter abhängig zu sein.

Die ehemalige SinnLeffers-Fläche von 8.900 m² konnte nach den 2009 bis 2011 ausgeführten Umbaumaßnahmen aufgeteilt und neu vermietet werden: Verkauf TK Maxx (4.260 m²), Verkauf Depot (1.375 m²), Verkauf Lidl (1.730 m²), Büro KSKI/Pareto (1.135 m²) und zwei Arztpraxen (400 m²).

Die Mietflächen wurden neu erschlossen und besitzen jetzt für jede Einheit separate Erschließungen in den Verkaufsgeschossen und Lkw-Anlieferungen im 2. Untergeschoss. Haustechnik und Brandschutz wurde auf vorschriftsgemäßen Stand gebracht und auf die Mieteinheiten neu aufgeteilt.

Die Fassade an der Neumarktseite wurde durch die Entfernung von vier tragenden Stützen wesentlich transparenter gestaltet, sodass sich heute auch drei Mieter zur Neumarktseite präsentieren können.

Die Jahresmiete konnte bei moderaten neuen Mietpreisen je Quadratmeter mehr als verdoppelt werden, sodass die Nachinvestition in diese Bestandsimmobilie sinnvoll war. Insgesamt sind bei 8.900 m² Mietfläche ca. 8 Mio. Euro investiert worden.

UMBAU GESCHÄFTSHAUS SCHILDERGASSE 84A

Das ehemalige 1950er-Jahre-Geschäftshaus stand zum Verkauf. Lindener + Partner wurde von dem Erwerber, Bauherrn und Projektentwickler Hochtief aufgefordert, ein moder-

Geschäftshaus Neumarkt 8 – 10: Bestand vor dem Umbau Abb.: Quelle Lindener + Partner

nes nachhaltig vermietbares Geschäftshaus zu planen. Da die Geschosshöhen des Altbaus zu niedrig und das 1. OG und 1. UG im Altbau nicht als zeitgemäße Verkaufsfläche geeignet waren, kam nur Abbruch und Neubau in Frage. Dieser ist zwischen Oktober 2009 und September 2011 für rund 6,7 Mio. Euro erstellt worden.

Ziel des Entwurfskonzeptes war es, eine nachhaltige Vermietbarkeit, insbesondere der Einzelhandelsflächen, zu schaffen. Das bedeutet Flexibilität der neuen Grundrisse im Hinblick auf die Vermietung an einen Mieter (Flagship-Store) über vier Verkaufsebenen (1. UG – 2. OG) mit Bürovermietung im 3. OG oder alternativ an zwei Mieter über drei Verkaufsebenen (1. UG – 1. OG) mit Bürovermietung im 2. OG und 3. OG.

Beide Optionen wurden eingeplant und sind jederzeit bei einem Mieterwechsel mit geringem Umbauaufwand herstellbar. Wesentlich ist hier die zwei- bis dreigeschossig wirken-

Geschäftshaus Schildergasse 84a – nach dem Umbau: Das ehemalige 1950er-Jahre-Geschäftshaus hatte zum Verkauf gestanden. Lindener + Partner wurde von dem Erwerber, Bauherrn und Projektentwickler Hochtief aufgefordert, ein modernes nachhaltig vermietbares Geschäftshaus zu planen
Abb.: Quelle Lindener + Partner

Sanierung / Gewerbebauten / Geschäftsbauten

Umbau Geschäftshaus Schildergasse 84a: Bestand vor dem Umbau. Durch die Vermietung gleich an zwei Flagship-Stores ist das wirtschaftliche Konzept für den Bauherrn Hochtief sehr gut aufgegangen   Abb.: Quelle Lindener + Partner

Umbau Geschäftshaus Schildergasse 84a: Visualisierung   Abb.: Quelle Lindener + Partner

de Fassade, die in der Schildergasse bis in die Kreuzgasse hinein statisch stützenfrei geplant wurde. Es werden so ca. 15 m optisch zur Frontbreite, sodass auch für zwei Einzelhandelsgeschäfte ausreichend große Marken-Darstellungsfläche zur Verfügung steht. Ohne die frei stehende Ecke wäre nur eine Vermarktung an einen Einzelhandelsmieter möglich gewesen.

Trotz der ca. 9 m hohen, flexibel gestalteten Glas-Konstruktionen, konnte der städtebauliche und ideologische Wunsch der Kölner Stadtplaner nach „Steinernen Gebäuden" im Entwurf durch eine Fassade aus Muschelkalk berücksichtigt werden. Insgesamt ist so eine zeitgemäße Einzelhandels-Architektur entstanden.

Insgesamt wurde 2.370 m² Mietfläche geschaffen. Die Erstvermietung gelang zusammen mit CB Richard Ellis Deutschland auch in der Wirtschaftskrise. Die Mieter sind Promod im EG/1. UG mit 730 m² und Adidas im EG/1. OG mit 920 m² Mietfläche.

Die restlichen 720 m² sind hochwertige Büroflächen. Durch die Vermietung gleich an zwei Flagship-Stores ist das wirtschaftliche Konzept für den Bauherrn Hochtief sehr gut aufgegangen.

> Planende Architekten:
> LINDENER UND PARTNER
> GmbH & Co. KG
> Architekten und Ingenieure, Köln

Partner am Bau:
- Bedachungstechnik Manfred Schröder GmbH
- Friedrich Wassermann Bauunternehmung für Hoch- und Tiefbauten GmbH & Co
- PLMK Beratende Ingenieure Pechuel-Loesche – Münch – Kegel
- Wilhelm Clasen Nachfolger GmbH
- Rausch & Schild GmbH Natursteinwerk
- Tholen Elektrotechnik
- Geotechnisches Büro Norbert Müller, Dr. Wolfram Müller und Partner
- Van Broek GmbH
- neue Räume Gesellschaft für Objekteinrichtung mbH
- intek® GmbH Innenausbausysteme, Objekteinrichtungen
- A. W. Gallhöfer GmbH
- Klaus Garbitz Innenausbau
- Jean Harzheim GmbH & Co. KG
- Kühnhausen Dübbert Semler Öffentlich bestellte Vermessungsingenieure
- Ingenieurbüro Finette + Schönborn
- Karlheinz Döhler GmbH & Co. KG

Anzeige Ausführende Firmen

MS SCHRÖDER BEDACHUNGSTECHNIK

Jetzt intelligent Energie einsparen durch verbesserte Wärmedämmung und Solarwärme

Ihr Partner für hochwertige Dachdeckerarbeiten

Kompetenz bis ins Detail

Wankelstr. 8 - 50996 Köln   www.msdach.de   Tel. 0 22 36-6 70 01

Büro- und Logistik-Gebäude „Alpha zwei" Köln, Fertigstellung Frühjahr 2011

Eupener Straße 74
50933 Köln

Telefon 02 21/498 76 0
Telefax 02 21/498 76 70
info@friedrich-wassermann.de

FRIEDRICH WASSERMANN
Bauunternehmung für Hoch- und Tiefbauten GmbH & Co

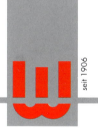
seit 1906

PLMK BERATENDE INGENIEURE

Pechuel-Loesche · Münch · Kegel

Heinz-Josef Münch, Fritz D. Kegel
Thomas Lenkenhoff
Beratende Ingenieure VBI
Mitglieder der Ingenieurkammer-Bau NW
Baukonstruktionen planen, berechnen, überwachen
Probsteigasse 46   50670 Köln   www.plmk.de

■ Hoch- und Ingenieurbau   ■ Bauen im Bestand   ■ Projektsteuerung

Ausführende Firmen Anzeige

Kundendienst • Notdienst 24 Std.

Methweg 22a · 50823 Köln
Telefon 02 21/7 20 03 41 · Telefax 02 21/73 55 39
info@clasen-haustechnik.de · www.clasen-haustechnik.de

- **Sanitär**
  Energierohrleitungen – Bewässerungsanlagen – Feuerlöschanlagen – Sanitäre Einrichtungen – Schwimm-, Heilbäder- und Wasseraufbereitungseinrichtungen Entwässerungsanlagen – A + S Wannensysteme
- **Heizungs-Regeltechnik**
  Niederdruck- und Mitteldruck-Warmwasserheizung
  Niederdruck-Dampfheizungsanlagen
  Warmwasserbereitungsanlagen
- **Solaranlagen**
- **Gasfeuerungen** für alle Gase
- **Ölfeuerungen** für Heizöle aller Viskositäten
- **Klima-Anlagen** Be- und Entlüftungen, Wärmepumpen

Kreativität und gestalterisches Können

- Fassadenverkleidungen vom Aufmaß bis zur Montage
- Steinmetzarbeiten aller Art sowie Restauration und Denkmalschutz
- Lieferung und Verarbeitung aller Natursteine
- Technische Beratung und Planung
- Treppen, Fensterbänke, Waschtische und Böden

Winnfeld-Rampe 3 - 56736 Kottenheim
Telefon 0 26 51 / 49 29 - 0
Telefax 0 26 51 / 49 29 49
eMail: zentrale@rausch-schild.de
Internet: www.rausch-schild.de

Photovoltaikanlagen vom Meisterbetrieb

ELEKTROTECHNIK

Johann-Conen-Str. 1
52538 Gangelt
Tel. 02454 / 98 90 90
Fax 02454 / 24 43
E-mail: tholen-el@t-online.de

WWW.THOLEN-ELEKTROTECHNIK.DE

Zertifizierter Errichter für sicherheitstechnische Anlagen nach DIN 14675

Geotechnisches Büro

Norbert Müller, Dr. Wolfram Müller und Partner • BERATENDE GEOLOGEN UND INGENIEURE

Baugrunderkundung · Erd- und Grundbau · Ingenieurgeologie · Hydrogeologie · Altlasterkundung · Altlastbewertung

Bockumer Platz 5a · 47800 Krefeld · Tel. 0 21 51 / 58 39-0 · Fax 0 21 51 / 58 39-39
www.geotechnik-dr-mueller.de · buero@geotechnik-dr-mueller.de

Anzeige Ausführende Firmen

van Broek

seit 1874 - Qualität aus Tradition

Schaufenster - Fassaden - Eingangsanlagen - Glastüren
Brandschutz - Fenster - Überdachungen - Garagentore

Widdersdorferstraße 258, **50933 Köln - Braunsfeld** - Tel. 0221 / 49 40 87 - Fax 49 69 97
info@van-broek.de - www.van-broek.de

neueRäume.
Gesellschaft für Objekteinrichtung mbH

Schanzenstraße 39c-51063 Köln
Tel: 0221-977789-0 -www.neueraeume.eu

- Einrichtungsspezialist
- Möbellösungen intern. Hersteller
- Beratung, Planung und Verkauf

 Innenausbausysteme
Objekteinrichtungen

Austrasse 28 • 71739 Oberriexingen
Tel: 07042-948-0- www.intekgmbh.de

- Innenausbausysteme
- mobile Trennwandlösungen
- transparente Raumgestaltung

Gallhöfer
Fußbodenbau seit 1955

- **Estriche**
- **Teppiche**
- **Linoleum**
- **Kautschuk**
- **PVC**
- **Laminat**
- **Parkett**

Kalscheurener Str. 154 Tel.: 0 22 33-96 30 60 aw@gallhoefer.com
50354 Hürth Fax: 0 22 33-96 30 630 www.gallhoefer.com

- TROCKENAUSBAU
- SCHREINERARBEITEN
- SONDERDECKEN
- BRANDSCHUTZARBEITEN
- BRANDSCHUTZTÜREN

KLAUS GARBITZ
INNENAUSBAU

Pferdmengesstrasse 14 Tel.: 0221 / 340 62 30
50968 Köln Fax: 0221 / 340 62 31
innenausbau@garbitz.de Mobil: 0172 / 670 12 90

Unsere 120-jährige Firmengeschichte kennt viele zufriedene Auftraggeber und Bauherren.

Ein weiterer Beleg für unsere Kundenorientierung:

Abbruch und Baugrube
Geschäftshaus Schildergasse 84a, Köln

Ingenieur -Abbruch
Industrie-Rückbau und -Demontage
Abbruch- und Erdarbeiten
Schadstoffsanierung
Entsorgung und Verwertung
Container-Dienst

Jean Harzheim
GmbH & Co. KG www.harzheim.de

Städtebaulich anspruchsvolle Planungen

Geschäftshaus in Bonn-Beuel-Vilich / Ausbau Aldi-Filiale in Bonn, Endenicher Straße / Einfamilienhaus in Erpel, nahe Bonn

GESCHÄFTSHAUS IN BONN-BEUEL-VILICH

Innerhalb von elf Monaten Bauzeit entstand auf dem ehemaligen Ford-Hoffarth-Gelände in Bonn-Beuel-Vilich, Gartenstraße, das Geschäftshaus „Vilicher Arkaden".
Aufgrund besonderer städtebaulicher Anforderungen formulierte das Planungsamt den Wunsch nach einer markanten Raumkante. Ein durchaus gängiges, eingeschossiges Nahversorgungszentrum war deshalb nicht realisierbar. Entlang der Sankt-Augustiner-Straße wurde ein dreigeschossiges, etagen- und nutzungsweise gegliedertes, F-förmiges Gebäude errichtet mit einer kom-

Die „Vilicher Arkaden" (links und unten) erheben einen höheren architektonischen und städtebaulichen Anspruch als ein eingeschossiges Nahversorgungszentrum

binierten Putz-, Ziegel- und Glasfassade.
Im Erdgeschoss finden Filialen der Firmen Aldi, ein dm-Drogeriemarkt und die Bäckerei Voigt Platz. Die Schaufenster- und Eingangsfront im Erdgeschoss springt gegenüber der Obergeschossfassade zurück, so dass die statisch erforderliche Stützenreihe einen, vor der Witterung schützenden, Arkadengang bildet, der der Namensgeber der „Vilicher Arkaden" ist. In den beiden Obergeschossen befinden sich ein Frauen-Fitness-Studio und eine Tanzschule. Es ist ein repräsentatives Gebäude entstanden, das städtebaulich einen Akzent setzt.

Um eine möglichst variable Nutzung der Obergeschosse zu ermöglichen, wurden drei Treppenhäuser errichtet. Insgesamt entstand eine Nutzfläche von ca. 5.000 m². Den Kunden und Besuchern des Gebäudes stehen 168 oberirdische Pkw-Stellplätze zur Verfügung.

AUSBAU ALDI-FILIALE ENDENICHER STRASSE

Das Gebäude der ehemaligen Paketverteilungsstelle der Deutschen Post in Bonn, Endenicher Straße, wurde zu einer Filiale der Firma Aldi umgebaut. Die Straßenfassade war relativ geschlossen und, entsprechend dem Gebäudezweck, nicht aufwendig gestaltet. Das teilweise mit einer Tiefgarage unterkellerte Gebäude, Baujahr etwa 1984, errichtete man in Stahlbeton-Skelettbauweise mit Trapezblechdach und einer Fassade aus mehrschaligen Waschbeton-Fertigteilelementen. Der zweigeschossige Büro- und Sozialtrakt entlang der Straße

Eine wundersame Wandlung machte das Gebäude der Paketverteilzentrale (oben) durch. Die abweisende Straßenfassade wurde abgerissen und durch eine neue, markante Alu-Glas-Fassade ersetzt (unten)

wurde abgebrochen.
Der verbleibende, eingeschossige Hallenteil wurde entkernt, erhielt eine neue Raumaufteilung sowie ein Treppenhaus mit Aufzug und ein Anlieferungsbauwerk. Die Oberlichtbänder wurden zugunsten eines tageslichthellen Verkaufsraums erneuert. Auf eine abgehängte Akustikdecke konnte verzichtet werden.

An der Abbruchkante des Gebäudes befindet sich heute die neue Schaufensterfassade. Den überdachten Ladeneingang bildet ein zweiseitiges Portal mit einer Verkleidung aus großformatigen Alufassadentafeln. Die Tiefgarage erhielt eine Deckenverkleidung aus hellen Dämmstoffplatten. Die Beleuchtung wurde über den Standard hinaus erneuert und optimiert.

Das Erdgeschoss hat eine Nutzfläche von ca. 1.600 m². Den Kunden stehen 57 oberirdische und 37 Tiefgaragenstellplätze zur Verfügung.

EINFAMILIENHAUS BEI BONN

In sehr steiler Hanglage hoch über dem Rhein galt es, das Platzbedürfnis einer fünfköpfigen Familie zu befriedigen, die eng gefassten Vorgaben des Bebauungsplans zweckmäßig zu interpretieren und dabei die grandiose Aussicht, die zuweilen sengende Sonne aber auch den fast permanent wehenden Westwind nicht außer acht zu lassen.

Der Architekt löste das Platzproblem mit mehreren in den Hang geschobenen Quadern, die übereinander angeordnet sind und von ihrer Größe her genug Platz für ein ausgiebiges Raumprogramm bieten. Für die grandiose Aussicht wurden auf der Rheinseite raumhohe Fenster eingebaut, die natürlich gegen zuviel Sonneneinstrahlung mit effizienten Beschattungsanlagen ausgerüstet sind. Gegen den ständigen Westwind hilft, dass das Haus an der Westseite weitestgehend abgeschottet ist.

Die Anforderungen und deren Lösung haben zu einem Einfamilienhaus mit klaren Linien geführt, das in seiner Gestaltung fast wie die Brücke eines Schiffs wirkt, aber eine

Das Einfamilienhaus hoch über dem Rhein (oben) bietet nicht nur aufgrund seiner besonderen Lage ein hochwertiges Wohnambiente

außerordentliche Wohnqualität bietet. Eine Besonderheit der Haustechnik ist die Versorgung mit Heizenergie über eine Luft-Wärmepumpe, die auch für warmes Wasser sorgt.

Durch die extreme Hanglage war die übliche Anlage eines Gartens nicht möglich, und so schuf der Architekt auf allen drei Ebenen große Terrassen, die die zur Lebensqualität gehörenden Außenräume bieten. Durch entsprechende Einzüge und Wände sind diese Terrassen auch vor dem Westwind geschützt. Eine praktische

Planung/Realisierung:
Marquardt Architekten GmbH, Bonn

Bauherr
-Proj. „Aldi-Filiale Endenicher Straße" und „Geschäftshaus Bonn-Beuel":
Aldi GmbH & Co. KG, St. Augustin
-Proj. „Einfamilienhaus in Erpel":
Familie Brügger

Außentreppe, die im windgeschützten Bereich platziert ist, verbindet die Terrassen im Erdgeschoss und der untersten Etage.

Die klare Architektursprache verdeutlicht, dass hier in außerordentlicher Lage ein Wohnhaus entstanden ist, das in moderner Form ein Ambiente bietet, das der heutigen Zeit mehr als angemessen ist.

Partner am Bau:
- INTOS Metalldesign GmbH
- Schorn Elektroanlagenbau GmbH
- Peter Hirsch Bau
- Dr. Tillmanns & Partner GmbH Ingenieurbüro
- Friedel Hirmer
- NEON Hiepler GmbH Werbetechnik
- betkos Betonkosmetik
- FliesenWeltHöller
- E-T-P Rothländer
- Schreinerei Otmar Eich
- Lichthaus Enzinger
- Elektro Enzinger
- Karlheinz Döhler GmbH & Co. KG

INTOS Metalldesign GmbH

Industriegebiet - Leystraße 14
D-57629 Luckenbach
Fon: +49 2662.94 58-0
Fon: +49 2662.94 58-20
info@intos-metalldesign.de

www.intos-metalldesign.de

SCHORN ELEKTROANLAGENBAU GMBH
...immer die richtige Wahl
ELEKTROFACHMARKT
Elektroinstallation • Antennenbau • Haushaltsgeräte
Altebach 26 • 53783 Eitorf • Telefon 02243/5549 • Fax 02243/81106
schorn-elektro@t-online.de • www.schorn-elektro.com

- Wandsägen
- Bodensägen
- Kernbohrungen

PETER HIRSCH BAU
Hochbau • Verklinkerungen

www.hirsch-bau.de

Ringstr. 121a, 56746 Spessart
Tel. 0 26 55-14 48, Fax 0 26 55-96 24 69
Mobil 0177- 821 34 16, HirschBau@aol.com

Ausführende Firmen — Anzeige

Dr. Tillmanns & Partner GmbH
INGENIEURBÜRO

- Untersuchung, Bewertung und Sanierung von Altlasten
- Geologisch-Hydrogeologische Untersuchungen
- Baugrunduntersuchung – Gründungsberatung
- Rückbaukonzepte und Flächenrecycling
- Deponie- und Geotechnik

Kopernikusstraße 5
50126 Bergheim
Tel. 02271/801-0
Fax 02271/801-108
info@dtping.de
www.dr-tillmanns-und-partner.de

Von der Industrie- und Handelskammer zu Köln Öffentlich bestellter und vereidigter Sachverständiger für Beurteilung und Sanierung von Altlasten
Sachgebiet 2+5
(Dr. rer. nat. habil. Tillmanns)
Qualifikation n. § 18 BBodSchG

Von der Industrie- und Handelskammer zu Köln Öffentlich bestellter und vereidigter Sachverständiger für Schadstoffe in Böden und Grundwasser
Sachgebiet 2
(Dipl.-Geol. B. Braun)
Qualifikation n. § 18 BBodSchG

- Mitglied Ingenieurkammer Bau NRW
- Asbestsachverständiger nach TRGS 519
- Betriebsbeauftragte für Abfall nach KrW/AbfG
- Gefahrgutbeauftragter (GGVS/GGVE) nach GefStV

- Fremdüberwacher nach RAL 501/2
- SIGE-Koordinatoren nach BauStVO
- Probenehmer-Zertifizierung für Boden-, Bodenluft- und Grundwasserprobenahme nach BBodSchV

friedel Hirmer

PLANUNG • AUSFÜHRUNG • KUNDENDIENST

Heizung • Sanitär • Lüftung

Obersaurenbacherstr. 1 · 53809 Ruppichteroth
Tel.: 0 22 95 / 53 20 · Fax: 0 22 95 / 22 25
info@hsl-hirmer.de · www.hsl-hirmer.de

Lichtwerbung
LED-Einzelbuchstaben
Bau-Schilder
Reparatur-Service

NEON Hiepler
WERBETECHNIK

Wolfstraße 20   53111 Bonn   Tel. 0228 63 51 76   www.neon-bonn.de

---

Sichtbeton
kosmetik

Tel. +49 2232 94 26 91
info@betkos.de
50389 Wesseling

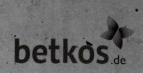

Anzeige Ausführende Firmen

 FliesenWeltHöller
Leben braucht Qualität

Fliesen
Platten
Naturstein
Sanitär und mehr

Probacher Straße 44 · 53783 Eitorf · Telefon 02243/27 29 · Telefax 02243/47 03 · Internet www.fliesenwelthoeller.de

E·T·P Rothländer

Elektrotechnische Dienstleistungen
Beratung • Planung • Fachbauleitung • Baubetreuung

Keutelstraße 2 • 56729 Ettringen
Telefon 0 26 51/705 20 41 • Telefax 0 26 51/705 20 42 • info@etp-rothlaender.de

- Türen
- Innenausbau
- Treppen
- Bodenbeläge

aus MEISTERHAND

Hauptstr. 11a, 54576 Dohm-Lammersdorf
Tel. 0 65 93 / 99 87 05, Fax 0 65 93 / 99 87 07, www.otmar-eich.de, otmar-eich@t-online.de

Erleben Sie die umfangreiche Leuchtenvielfalt in unserem großen Leuchtenhaus auf 1.700 m² Ausstellungsfläche

> Wir sind seit über 40 Jahren Ihr Partner für Beleuchtung und Elektroinstallation

> Wir planen individuelle, speziell auf Ihr Objekt abgestimmte Lichtlösungen

> Wir bieten Funktionalität und modernste Lichttechnik in zeitlos anspruchsvollem Design

Drachenburgstraße 2-6 · 53179 Bonn (Nähe Bahnhof Mehlem)
Telefon: 02 28.9 43 80-0 · Fax: 02 28.9 43 80-10
Mo.-Fr. 9-19 Uhr · Sa. 9-16 Uhr · Parkplatz direkt am Haus

www.lustauflicht.de

www.elektro-enzinger.de

Stadtveredelungen mit innerstädtischem Wohnungsbau

Köln: Aachener Straße 243 – 247 / Pfitznerstraße 5 / Düsseldorfer Straße 53 / Falkenburgstraße 23 – 27 / Gereonshof 4 – 6 / Gocher Straße 15 / Mauritiussteinweg 58 / Norbertstraße 22 – 30 / Rhöndorfer Straße 14 a / Wichterichstraße 13 – 15

Die WvM Immobilien + Projektentwicklung GmbH baut und vermarktet im Kölner Stadtgebiet Wohnimmobilien. Neben Erweiterungen und Dachausbauten fokussiert sich das Unternehmen im Wohnungsneubau auf Baulückenschließungen sowie die wohnungswirtschaftliche Umnutzung ehemaliger Gewerbeflächen. Gerade dieser Bereich erfordert viel Know-how und Erfahrung, treten hierbei doch häufig unvorhersehbare Bodenbelastungen zu Tage. Häufig müssen die Wände der Nachbargebäude sowie die Böden vor Baubeginn abgefangen werden, was ebenfalls umfassende Fachkenntnisse erfordert. Oft gestaltet sich auch das Einrichten der Baustelle mit Kran, Zufahrt und Materiallager in der Innenstadt schwieriger als in weniger dicht bebauten Quartieren.

Die WvM Immobilien + Projektentwicklung GmbH wurde 1992 von Wolfgang von Moers gegründet; seine Initialen geben der Firma den Namen. Derzeit sind 64 Mitarbeiter beschäftigt, darunter sind neben Bauingenieuren und Architekten auch Immobilienkaufleute sowie Marketing- und Vertriebsspezialisten. Das Leistungsspektrum umfasst die gesamte Wertschöpfungskette vom Einkauf über die Entwicklung/Realisierung bis zum Verkauf und der Verwaltung der Immobilien. Seit vielen Jahren zeigt das Unternehmen soziale Verantwortung und unterstützt zahlreiche karitative Einrichtungen. Darunter sind neben regionalen Einrichtungen (z.B. Diakonie Michaelshoven) wie Obdachlosen- und Jugendprojekte auch namhafte Organisationen wie SOS-Kinderdörfer, Ärzte ohne Grenzen, Deutsche Krebshilfe, DKMS, Deutsches Kinderherzzentrum und der Malteser Kinderschutzbund.

AACHENER STRASSE

In der Pfitznerstraße 5/Aachener Straße baut WvM bis Ende kommenden Jahres zwölf Stadthäuser sowie 23 Eigentumswohnungen. Das Projekt wird als Blockbebauung realisiert: Zu den beiden Straßen hin werden die Eigentumswohnungen errichtet, im Inneren des Areals entstehen die Stadthäuser. Der Standort im Stadtteil Lindenthal zeichnet sich durch eine zentrumsnahe Lage, gute Einkaufsmöglichkeiten sowie die benachbarten

Das neue Wohngebiet Aachener Straße/Pfitznerstraße bietet eine hohe Wohnqualität mit reichlich Außenräumen, die der Entspannung dienen

Grünflächen am Clarenbachkanal aus, die in das Naherholungsgebiet Stadtwald übergehen.

Die Eigentumswohnungen sind zwischen 55 und 175 m² groß. Die Wohnungen liegen in viergeschossigen Mehrfamilienhäusern mit Aufzügen; alle Wohnungen verfügen über Gärten, Balkone beziehungsweise Terrassen. Die zweigeschossigen Stadthäuser verfügen über 134 – 169 m² Wohnfläche zuzüglich Garten. Das neue Quartier kann nur über zwei gesicherte Tore befahren werden und ist in sich baulich abgerundet. Für die Bewohner stehen 42 Tiefgaragenstellplätze zur Verfügung.

Alle Immobilien werden gemäß dem KfW-Standard „Effizienzhaus 70" gebaut. Neben einer hocheffizienten Wärmedämmung verfügen sie ferner über umweltfreundliche Wärmepumpen und Solarkollektoren. In allen Wohnungen wird eine energiesparende Lüftungsautomatik eingebaut.

Die hellen Wohnräume sind großzügig geschnitten und werden hochwertig ausgestattet. Das massive Eichenparkett verleiht dem neuen Domizil Behaglichkeit und zeichnet sich durch seine Langlebigkeit aus. Malervlies an den Wänden anstelle von Raufasertapete passt hervorragend zur modernen Architektur der Häuser. Die Bäder werden mit Sanitärobjekten der Designer-Linie „Philippe Starck III" der Firma Duravit sowie mit hochwertigen Fliesen ausgestattet. Handtuchheizkörper, Armaturen der Firma Hansgrohe und weiße Lichtschalter der Marke Gira runden die moderne Ausstattung ab. Weitere Ausstattungsdetails sind eine Video-Gegensprechanlage, eine Fußbodenheizung und Handtuchheizkörper im Bad.

DÜSSELDORFER STRASSE

Es gibt es einen Ort, an dem jeder in Köln leben möchte: direkt am Wasser. Der Grund hierfür ist die Qualität, die das Wohnen am Rhein mit sich bringt: nirgendwo sonst in der Stadt hat man einen so weiten und beruhigenden Blick wie über den vorbeifließenden Rhein. Wer hier seinen Wohnort hat, ist ausgesprochen privilegiert. Direkt gegenüber dem Bauvorhaben Düsseldorfer Straße 53 bei Stromkilometer 693 liegen die Niehler Auen, das weitläufigste Grünareal am Rhein im Stadtgebiet. Nur wenige Minuten stromaufwärts beginnt der Rheinpark, das Gelände der Bundesgartenschauen 1957 und 1971. Diese liebevoll angelegte Anlage erfreut sich nach wie vor größter Beliebtheit bei Jung und Alt.

Die Ausstattung ist umfassend und qualita-

Wohnanlagen mit hochwertiger Ausstattung und in bester Lage bietet die WvM Immobilien + Projektentwicklung GmbH mit der Anlage in der Düsseldorfer Straße (oben und unten)

tiv hochwertig. Dazu gehören bodentiefe Fenster, Solar-Kollektoren und Wärmepumpe, Fußbodenheizung, elektrische Rollläden, Raffstores bei den Penthousewohnungen und Wohnungen im Haus F (Solitaire), Parkettböden, Malervlies, großzügige Balkone bzw. Terrassen, Handtuchheizkörper sowie hochwertige Fliesen im Bad, Badausstattung von Duravit der Serie "Philippe Starck III", Schiebetüren in den Penthousewohnungen und Haus F, Videoüberwachung an den Hauseingängen, Aufzug (außer Haus A) und die Erdgeschoss-Wohnungen verfügen über einen Garten.

Die Wohnanlage mit 63 hochwertigen Eigentumswohnungen mit ansprechender moderner Architektur auf einem Grundstück von ca. 3.200 m² verfügt außerdem über eine Tiefgarage.

FALKENBURGSTRASSE

Wenn man gerne zentral und gleichzeitig im Grünen wohnen möchte, dann ist der beliebte Kölner Stadtteil Lindenthal die erste Adresse. In nur wenigen Minuten ist man von der Falkenburgstraße am Rautenstrauch-Kanal, im Stadtwald und am Decksteiner Weiher. Diese grünen Oasen in Köln laden sowohl zum Entspannen als auch zu sportlichen Aktivitäten ein. Der nah gelegene Aachener Weiher zieht vor allem junge Leute und Studenten an.

Die beliebte Einkaufsstraße, die Dürener

Straße, erreicht man bequem zu Fuß oder mit dem Fahrrad. Neben Ärzten, Banken und Apotheken kann man hier alle täglichen Einkäufe erledigen. Eine Reihe von Boutiquen und Fachgeschäften bieten Einkaufserlebnisse für gehobene Ansprüche. Genießer und Nachtschwärmer kommen in den zahlreichen Restaurants, Cafés, Bistros und Kneipen auf ihre Kosten. Die Universität liegt nur wenige Minuten entfernt. Krankenhäuser, Sporthochschule und das Rhein-Energie-Stadion sind ebenfalls schnell erreichbar. Die Verkehrsanbindung ist perfekt: Der Bus hält wenige Meter vom Haus und ist in nur einigen Minuten in der Innenstadt. Die Autobahn ist ebenfalls nicht weit entfernt.

Das Haus mit 21 Wohneinheiten wird im KfW-Standard „Effizienzhaus 70" nach EnEV 2009 errichtet. Dieses Energiekonzept sieht neben einer effektiven Wärmedämmung den Einsatz einer umweltfreundlichen Wärmepumpe vor, was die Betriebskosten und Emissionen zusätzlich merklich senkt. Zusätzlichen Komfort bietet eine eigene Tiefgarage mit insgesamt 28 Stellplätzen und ein Aufzug, mit dem man bequem in die eigene Wohnung gelangt. Für Sicherheit sorgt eine Video-Gegensprechanlage. Die hellen Wohnungen sind großzügig geschnitten und hochwertig ausgestattet.

In der Falkenburgstraße (oben) findet sich erstklassiger Wohnraum. Das ehemalige Bürohaus in der Gocher Straße (unten Mitte und unten rechts) hat durch die Aufstockung ebenso gewonnen wie der Gereonshof (unten links). Beide Gebäude bieten jetzt ein erstklassiges Wohnambiente

Eine Fußbodenheizung bietet zum einen ein gleichmäßiges Wohlfühlklima als auch, durch das Wegfallen von Heizkörpern, mehr Stellfläche für die Möbel. Das massive Eichenparkett verleiht Behaglichkeit und zeichnet sich durch seine Langlebigkeit aus. Ansonsten entspricht die Ausstattung der der anderen Projekte der WvM Immobilien + Projektentwicklung GmbH. Die Ruhe genießt man unter freiem Himmel auf großen Balkonen oder Terrassen. Die Erdgeschoss-Wohnungen haben teilweise einen eigenen Garten.

GEREONSHOF

Mitten in Köln, zwischen Friesenplatz und Hansaring, liegt das Gereonsviertel. Seinen Namen verdankt dieses Carré der im Mittelalter erbauten Gereonskirche. Wunderschöne Wohngebäude aus der Gründerzeit, ein begrünter Kirchplatz und Bäume prägen dieses traumhafte Stadtbild. Das Gereonsviertel erfreut sich seiner hohen Beliebtheit, weil jeder hier ruhig und idyllisch alle Vorteile einer perfekten Infrastruktur genießen kann. Nur wenige Gehminuten entfernt pulsiert das Leben: Restaurants, Bars, Kinos, Geschäfte, Ärzte und Straßenbahnanbindungen sind schnell und bequem erreichbar.

Das Gebäude Gereonshof 4 – 6 wurde 2010 aufwendig saniert und um ein Staffelgeschoss aufgestockt. Hier entstanden drei exklusive Penthouse-Wohnungen mit Terrassen in Südlage. Die hellen Räume sind großzügig geschnitten und verfügen über eine hochwertige Ausstattung wie z.B. Fußbodenheizung, massives Eichenparkett, edle Fliesen und hochwertige Designer-Bäder der Firma Vitra. Die Penthouse-Wohnungen wurden nach der zum Zeitpunkt der Planung gültigen Energieeinsparverordnung EnEV 2009 errichtet und erfüllen die Förderbedingungen der KfW für das Effizienzhaus 85. Der Gereonshof bietet ein gelungenes Beispiel für die Aufwertung einer erstklassigen Wohnlage.

GOCHER STRASSE

Der Stadtteil Nippes ist weit über die Grenzen Kölns hinaus bekannt und hat in den letzten Jahren an großer Beliebtheit gewonnen. Die Haupteinkaufsstraße, die Neusser Straße, ist eine der größten ihrer Art in Köln und bietet alles was das Shoppingherz begehrt. Auch der wochentags stattfindende Markt auf dem

Wilhelmplatz erfreut sich großer Beliebtheit, denn er ist schließlich einer der ältesten Kölner Märkte. Die Anbindung an den öffentlichen Nahverkehr ist perfekt. Zahlreiche Kindergärten, Grund- und weiterführende Schulen sowie Krankenhäuser sind ebenfalls in kurzer Zeit zu erreichen.

Bei dem Objekt „Gocher Straße 15" handelt es sich um ein ehemaliges Bürogebäude, das in Wohnraum umgebaut wird. Durch die Aufstockung mit einem vierten Obergeschoss und einem zusätzlichen Dachgeschoss entstehen insgesamt zwölf Eigentumswohnungen. Zudem erhalten alle Wohnungen einen Balkon zur Hofseite (Westlage). Die einzelnen Etagen werden durch ein sehr repräsentatives Treppenhaus erschlossen. Ein Aufzug ist ebenfalls vorhanden.

Die Ausstattung der Wohnungen entspricht dem modernen Anspruch: So sorgen hochwertige Designerbäder mit Handtuchheizkörpern und großformatigen Feinsteinzeugfliesen, glatte Wände mit Malervlies sowie Eichenparkettböden für ein behagliches Wohngefühl. Damit sich keiner Sorgen um die Parkplatzsuche machen muss, verfügt das Objekt über fünf Garagenstellplätze und weitere zehn Stellplätze auf dem Hof.

MAURITIUSSTEINWEG

Das Mauritiusviertel, in unmittelbarer Nähe des Neumarkts und des Kölner Studentenviertels, bietet die geradezu perfekte Mischung aus der nötigen Ruhe zum Wohnen und der direkten Nähe zum pulsierenden Leben. Der Weg zur Arbeit wird den Bewohnern des Mauritiusviertels auf angenehme Weise erleichtert. Für kurze Strecken dient der Nahverkehr; die Linie 9 der Straßenbahn ist buchstäblich vor der Haustür, die Linien 12 und 15 sind nach einem Fußweg von 400 Metern erreicht. Soll der Weg aus Köln herausführen, so profitiert man von der hervorragenden Anbindung an die Autobahn über die Severinsbrücke.

Das Mehrfamilienhaus im Mauritiussteinweg 58 liegt direkt der Wolkenburg gegenüber. In der letzten möglichen Lückenschließung weit und breit entsteht nun dieses Objekt mit 15 Wohnungen. Die Wohnungen mit funktionalen Grundrissen werden ab dem ersten Obergeschoss mit Loggien ausgestattet. Im Erdgeschoss und Dachgeschoss werden Terrassen gebaut. Unter dem Haus entsteht eine zweistöckige Tiefgarage mit Autolift, so dass sich niemand um die lästige Parkplatzsuche Gedanken machen muss. Die Ausstattung der Wohnungen ist so hochwertig wie die perfekte Lage mitten in der Innenstadt.

Die Häuser im Mauritiussteinweg (unten) und in der Norbertstraße (oben) sind wie repräsentative Stadtvillen gestaltet und bieten einen entsprechend hochwertigen Wohnraum

NORBERTSTRASSE

Das ehemalige Bürogebäude des Gerlingkonzerns in der Norbertstraße, die sich ebenfalls im beliebten Gereonsviertel befindet, wird aufwendig saniert. Hier entstehen 21 hochwertige Eigentumswohnungen für Anspruchsvolle, die gern im Herzen von Köln leben möchten. Die 2- bis 5-Zimmer-Wohnungen sind großzügig geschnitten und entsprechen zeitgemäßem Wohnkomfort. Wohn-, Ess- und Schlafräume sowie die Dielenbereiche erhalten massives Eichenparkett. Anthrazitfarbene Bodenfliesen verleihen den Küchen und Badezimmern eine edle Optik durch ihr großes Format.

Alle Wände werden glatt gespachtelt, mit Malervlies veredelt und weiß gestrichen. Steckdosen und Lichtschalter stammen aus dem Programm der Marke Gira. Die Badezimmer werden mit den Sanitärobjekten der Designserie „Philippe Starck III" von Duravit ausgestattet. Alle Räume verfügen über eine Fußbodenheizung und garantieren somit ein angenehmes Wohlfühlklima.

Darüber hinaus werden alle Wohnungen, je nach Lage, um neue Balkone, Dachterrassen oder Terrassen mit Gartenanteil erweitert, damit die Bewohner diese traumhafte Idylle auch unter freiem Himmel genießen können. Eine eigene Tiefgarage garantiert jederzeit einen Parkplatz. Weiteren Komfort bieten die Aufzüge, mit denen jeder bequem in seine Wohnung gelangen kann.

Sanierung / Wohnungsbau

Die Objekte in der Rhöndorfer Straße (oben und Mitte) und in der Wichterichstraße ähneln sich mit einer eher unauffälligen Straßenfassade und einer großzügigen sonnigen Gartenseite

RHÖNDORFER STRASSE

Sülz lebt aus sich heraus. Alles, was der Mensch zum Leben braucht, findet er in unmittelbarer Umgebung und in direkter Nachbarschaft. Nur 100 m sind es von der Rhöndorfer Straße 14 a bis zum Gottesweg, einer der Sülzer Einkaufsmeilen, mit Fachmärkten und Discountern, Ärzten und Apotheken, Läden und Lädchen. Aber auch Berrenrather Straße und Sülzburgstraße, die Geschäftsstraßen von Sülz, liegen in allerbester Reichweite. Zu den Haltestellen der Straßenbahnlinie 18 und den Buslinien 130, 131 und 142 sind es keine 300 m. Innenstadt und Autobahnen A1 und A4 liegen keine 10 Minuten entfernt, und der Flughafen gerade mal 20 Minuten.

In der Rhöndorfer Straße 14 a entsteht das Sülz-Quartier mit 53 Wohnungen in Größen von ca. 61 m² bis ca. 162 m², die ihresgleichen suchen. Die Großzügigkeit der Grundrisse spiegelt sich bis in die Deckenhöhe wider: 2,80 m in den Erdgeschossen und den Penthäusern, 2,60 m in den Obergeschossen. Außerdem sind alle Wohnungen mit Außenbereichen ausgestattet: Gärten im Erdgeschoss, Balkone, Loggien und Terrassen in allen anderen Geschosseinheiten. Aufzug und Tiefgarage für kurze, komfortable Wege in die Wohnungen, sind bei einem Objekt dieser Qualität absolut selbstverständlich. Eine Video-Gegensprechanlage erlaubt es, gebetene von ungebetenen Gästen zu unterscheiden. Die Wohnungen selbst sind großzügig geschnitten, zeitgemäß ausgestattet und verfügen über je einen eigenen Balkon. Die Fußböden sind, genau wie in den anderen Objekten, mit hochwertigem Parkett belegt. Die zusätzliche Trittschallisolierung sorgt für angenehme Begehbarkeit ohne Störung der Mitbewohner.

Das Gebäude erfüllt den KfW-Energiestandard 70 und wird aus einem Mix aus Wasserwärmepumpen, Gaskesseln sowie Solarkollektoren beheizt. In einer Tiefgarage entstehen 67 Stellplätze. Weitere 97 Fahrradabstellplätze befinden sich im Außenbereich.

WICHTERICHSTRASSE

Ebenfalls in Köln-Sülz, in der Wichterichstraße 13 – 15, entstehen 25 neue Wohneinheiten, die keinen Vergleich scheuen: Die 2- bis 5-Zimmer-Wohnungen und Penthäuser verfügen über Wohnflächen von 61 m² bis 144 m². Die Großzügigkeit der Grundrisse spiegelt sich bis in die Deckenhöhe wider, die von 2,50 m bis 2,80 m reicht. Großzügige Balkone und Terrassen sind ebenso selbstverständlich wie ein Aufzug und eine Tiefgarage mit 40 Stellplätzen für kurze, komfortable Wege in die Wohnungen. Die bis ins letzte Detail geplante und durchdachte Ausstattung darf ohne weiteres als hochwertig bezeichnet werden. Parkett und elegante Schiebetüren – letztere exklusiv in ausgewählten Wohnungen und den Penthäusern – vermitteln den Eindruck von großflächiger Offenheit. Bodentiefe Fenster, die ganzjährig für helle, lichtdurchflutete Räume sorgen und Raffstores in den Penthauswohnungen unterstreichen das Ambiente.

Eine konsequente Fortsetzung findet dieses Konzept in der Gestaltung der Küchen und

Auch die Straßenfassade in der Wichterichstraße (links) ist gradlinig und passt sich in die Umgebung ein

Bäder: Hochwertige Fliesen prägen einen aufwendigen Stil, der durch die Integration von Handtuchheizkörpern und Designer-Sanitärobjekten von Duravit, Serie „Phillippe Starck III", noch betont wird. Elektrische Rollläden und Fußbodenheizung gehören bei einem Objekt dieser Kategorie zur Grundausstattung. Die zusätzliche umweltfreundliche und effiziente Energiegewinnung durch Sonnenkollektoren ist ein weiteres Merkmal für ein Objekt, in dem sein Besitzer im besten Sinne des Wortes in der Sonne steht.

Bauherr:
WvM Immobilien + Projektentwicklung GmbH, Köln

Planung
- Proj. „Aachener Straße/Pfitznerstraße": KMH-Architekten, Berlin
- Proj. „Düsseldorfer Straße": Architekten Schönborn, Köln
- Proj. „Falkenburgstraße" und „Gocher Straße": Humperdinck Architekten, Köln
- Proj. „Gereonshof": WvM Immobilien + Projektentwicklung GmbH, Köln
- Proj. „Mauritiussteinweg": SAI Skandella Architektur Innenarchitektur, Rösrath
- Proj. „Norbertstraße": Architekten Wehner & Partner, Köln
- Proj. „Rhöndorfer Straße": meuterarchitekturbüro, Köln
- Proj. „Wichterichstraße": a+m Architekten Ingenieure, Köln

Partner am Bau:
- Dipl.-Ing Alexander Pirlet Prüfingenieur für Baustatik, Dr.-Ing. Jörg Rößeler Ingenieurbüro für Brandschutz
- STRACKE Ingenieurgesellschaft mbH
- KEILHÄUBER Baumanagement
- ACHTPUNKT Agentur für Kommunikation und Design
- Vermessungsbüro Ruhmhardt – Lühring – Sonntag
- BRT – Dienstleistungen
- GALANT-SERVICE
- Containerdienst Gaby Porschen
- Vermessung M – R – D
- I.R.C. Ingenieurbüro für Gebäudetechnik
- Vermessungsbüro Austerschmidt & Dieper
- Jean Harzheim GmbH & Co. KG
- AWD Ingenieurgesellschaft mbH
- Ingenieurbüro Finette + Schönborn
- Johann Brauckmann Bauausführungen GmbH&Co.KG
- Kühnhausen Dübbert Semler Öffentlich bestellte Vermessungsingenieure
- A. W. Gallhöfer GmbH
- Karlheinz Döhler GmbH & Co. KG

— Anzeige —

Hauptverwaltung GWG Köln Nord, Köln. Architektur: Mronz + Schaefer. Foto: Rainer Mader. Bauherr: GWG Köln Nord.

RheinauArtOffice, Köln. Baustatische Prüfung. Architektur: Freigeber Architekten mit Architekt Stephan Schütt. Foto: Oppermann. Bauherr: ArtOffice.

Rheinwerk 3 - Bürocampus im Bonner Bogen. Baustatische Prüfung. Architekturbüro Schommer. Animation: Cadman. Bauherr: BonnVisio.

Wohnbebauung Genter Straße, Köln. Architektur + Animation: Mronz + Schaefer. Bauherr: GWG zu Köln eG.

Dipl.-Ing. Alexander Pirlet
Prüfingenieur für Baustatik

Dr.-Ing. Jörg Rößeler
Ingenieurbüro für Brandschutz

Cäcilienstraße 48 50667 Köln
Telefon +49 (0) 221 / 925775-0
Telefax +49 (0) 221 / 925775-18

Buddestraße 18-20
51429 Bergisch Gladbach
Telefon +49 (0) 2204 / 9688-0
Telefax +49 (0) 2204 / 9688-18

info@pirlet.de www.pirlet.de

STRACKE INGENIEURGESELLSCHAFT MBH
INGENIEURBÜRO FÜR TRAGWERKSPLANUNG

Neuhöfferstraße 17 | 50679 Köln [Deutz] | Fon 02 21.981 54-0 | Fax 02 21.981 54-20
info@stracke-ing.de | www.info@stracke-ing.de

Ausführende Firmen   Anzeige

Unser Leistungsangebot

Durchsichten und Besprechungen von Ausführungsplänen, Bauverträgen und Leistungsverzeichnissen

Erstellung von Gutachten und Schiedsgutachten zur Analyse und Beurteilung von Bauschäden

Begleitung von Abnahmen, Begehungen vor Ablauf der Gewährleistung, Rissmonitoring

Baubegleitende Qualitätskontrollen mit besonderer Beachtung auf Nachhaltigkeit aller Bauleistungen

KEILHÄUBER
BAUMANAGEMENT

Sachverständige Projektleitung

KEILHÄUBER
Baumanagement
Sachverständigenbüro für Schäden an Gebäuden und Gebäude-Instandsetzung (TÜV)

Lerchenweg 20
41564 Kaarst

Phone: +49(0)2131 / 20 41 43
Mobil: +49(0)178 / 634 1844

info@Keilhaeuber.com
www.Keilhaeuber.com

---

projektentwicklung | planung | bauleitung | beratung

ARCHITEKTEN
schönborn
www.architekten-schoenborn.de

Solarsiedlung Eltzhof   Autofreie Siedlung Köln   Wohnen am Rhein

---

Wir bauen Marken
Marketing . Strategie . Corporate Design

ACHTPUNKT
Agentur für Kommunikation und Design
Full Service in der Immobilienwirtschaft

ACHTPUNKT . Agentur für Kommunikation und Design . Sachsenring 2-4 . 50677 Köln . Telefon 0221.82 00 78 - 0

www.8pt.de

VERMESSUNGSBÜRO
RUHMHARDT · LÜHRING · SONNTAG
Öffentlich bestellte Vermessungsingenieure

VERMESSUNGSBÜRO RUHMHARDT-LÜHRING-SONNTAG – Öffentlich bestellte Vermessungsingenieure

Westfeldgasse 3   Telefon: 02203 9878-0
51143 Köln   Telefax: 02203 9878-66   vermessungsbuero@ruhmhardt.de

Anzeige　　　　　　　　　　　　　　　　　　　　　　　　　　　　　Ausführende Firmen

- Gebäudereinigung
- Fensterreinigung
- Grundreinigung
- Unterhaltsreinigung
- Treppenhausreinigung
- Baureinigung
- Umzug-Transportservice

BRT - Dienstleistungen
Inh. **Sayim Kizilirmak**, Gebäudereinigermeister
Richard-Byrd-Str. 35, 50829 Köln, **Tel. 02 21/16 86 77 52**,
Fax 02 21/9 65 85 58, www.brt-dienstleistungen.de

Galant SERVICE

Schlüssel • Laser-Stempel & Gravuren

GALANT-SERVICE
Geschäftsstelle
Chlodwigplatz 1–3 · 50678 Köln
Tel.: 0221 - 31 61 93
Fax: 0221 - 71 67 500

Öffnungszeiten:
Mo-Fr 09:00 - 18:00 Uhr
Sa　　 10:00 - 14:00 Uhr

SCHNELL - SCHNELLER - PORSCHEN
CONTAINERDIENST
nicht nur Männersache
Gaby PORSCHEN

Container: 1 - 20 m³ für Bauschutt, Baumischabfälle, Holz, Gartenabfälle, etc.
Lieferung von: Sand, Recycling, Kies, Mutterböden
Weitere Dienstleistungen: Schrottdemontage, Abbrucharbeiten, Abholung von Schrott und Schrottfahrzeugen
Zuführung an zertifizierte Annahmestellen.

Öffnungszeiten:
Mo. - Fr. von 7:00 - 18:00 h
Samstag von 7:00 - 13:00 h

Tel. (02 21) 680 46 30
Fax (02 21) 680 70 59
Mobi 0177-2 73 35 32

SCHNELL · PREISWERT · ZUVERLÄSSIG

VERMESSUNG M-R-D KÖLN
Öffentlich bestellte Vermessungsingenieure

Koelhoffstraße 1
50676 Köln
Telefon 02 21/9 24 74-0
Telefax 02 21/9 24 74-11
info@vermessung-mrd.de
www.vermessung-mrd.de

Große Projekte – erste Adressen

Köln: Blau-Gold-Haus in neuem Glanz und mit neuer Nutzung / Repräsentatives Geschäfts- und Bürohaus im TechnologiePark Köln / Residenz Braunsfeld bietet 46 barrierefreie Wohneinheiten

BLAU-GOLD-HAUS: 42 SUITEN UND LUXUSZIMMER FÜR DAS DOMHOTEL

Kölns wohl schönste und eindrucksvollste Hotelzimmer bietet seit Herbst 2011 das renommierte Dom-Hotel am Fuße der gotischen Kathedrale. Im angrenzenden Blau-Gold-Haus sind ab dem 2. Obergeschoss 42 neue Suiten und Luxuszimmer – einschließlich einer neuen Präsidentensuite – für das traditionsreiche Grand-Hotel entstanden. Die bodentiefen Fenster der denkmalgeschützten Koepschen Fassade des Blau-Gold-Hauses gewähren den Gästen des erweiterten Dom-Hotels jetzt einen unvergleichlichen und überwältigenden Blick auf die Domtürme.

Im denkmalschutzgerecht revitalisierten Blau-Gold-Haus bieten 42 neue Suiten und Luxuszimmer einen unvergleichlichen Blick auf die Domtürme

Das Blau-Gold-Haus wurde 1952 nach den Plänen der Architekten Wilhelm und Rudolf Koep als repräsentativer Sitz der Duftwasserfirma 4711 errichtet. Für die Erweiterung des Dom-Hotels wurde das Blau-Gold-Haus im Jahr 2011 entkernt, im Inneren komplett neu gestaltet und auf den neusten Stand der Technik gebracht. Da das Gebäude aus den 1950er Jahren unter Denkmalschutz steht, wurde von Anfang an das Kölner Amt für Denkmalschutz in die Planungen mit einbezogen. „Die Zusammenarbeit war sehr konstruktiv und der Interessenausgleich ist uns sehr gut gelungen", betonte Alexander Lammerting, Geschäftsführer der Lammerting Immobilien GmbH, die die anspruchsvolle denkmalschutzgerechte Revitalisierung als Projektentwickler im Auftrag der Eigentümerin BVK Bayerische Versorgungskammer realisiert hat. Dabei gab es trotz intensiver Vorprüfungen viele Überraschungen im Baupro-

Die Präsidentensuite is 88 qm groß und kann durch Zubuchung der Nachbarsuite auf 125 qm erweitert werden

108 Sanierung / Gewerbebauten / Wohnungsbau

Fazinierender Blick auf Kölns Wahrzeichen

zess. So musste beispielsweise die aus dem Jahr 1952 stammende historische Fassade des Blau-Gold-Hauses u.a. wegen fehlender Eisenarmierungen und zwingend notwendiger Verankerungen komplett neu aufgebaut werden.

Heute erstrahlt das Blau-Gold-Haus in neuem Glanz. Die deutliche Aussage des Hauses mit der türkis-goldfarbenen Vorhangfassade in zeittypischer Ästhetik, die dank der ausführlichen Bestrahlung sowie der eingebauten indirekten Beleuchtungselemente auch bei Nacht ihre eindrucksvolle Wirkung zeigt, ist ein architektonischer Glanzpunkt direkt am Fuße des Kölner Doms. „Nach der erfolgten Erweiterung bietet das Dom-Hotel insgesamt 162 Zimmer, was auch die Wirtschaftlichkeit des Luxus-Hotels beträchtlich steigert", erklärte Michael Susan, der sowohl Geschäftsführer des Bauherrn Lammerting Immobilien GmbH als auch der Dom-Hotel Betriebsgesellschaft mbH ist.

Nun erfährt auch das historische Haus ein exklusives Upgrade: Alle Zimmer im historischen Dom-Hotel werden sukzessive renoviert und auf den Standard eines wahren Grand-Hotels aufgewertet. Des Weiteren entsteht ein völlig neuer und exklusiver Bankett- und Konferenzbereich, der auch Kölns dann prominentesten Ballsaal beherbergen wird. Auch einen neuen Spa- und Fitness-Bereich werden die Gäste des Dom-Hotels nach Abschluss der Arbeiten genießen können.

GESCHÄFTS- UND BÜROHAUS JOSEF-LAMMERTING-ALLEE 1, KÖLN

Im TechnologiePark Köln projektiert die Lammerting Immobilien GmbH ein neues Geschäfts- und Bürohaus: die Josef-Lammerting-Allee 1. Nicht nur wegen der idealen Adresse – die Straße wurde nach dem Großvater des heutigen geschäftsführenden Gesellschafters der Lammerting Immobilien GmbH, Alexander Lammerting, benannt – soll das repräsentative Gebäude auch neuer Firmensitz des traditionsreichen Kölner Immobilienunternehmens werden. Darüber hinaus stehen in dem Gebäude auch Einzelhandels-, Gastronomie-, Praxis- und Büroflächen für weitere Nutzer zur Verfügung.

Das hochwertige Geschäfts- und Bürogebäude entsteht direkt an der Einmündung zur Widdersdorfer Straße, einer zentralen Ein- und Ausfahrtstraße zur Kölner Innenstadt. Mit der S-Bahn-Station Müngersdorf/TechnologiePark in nur 100 m Entfernung und mehreren Buslinien besteht darüber hinaus eine optimale ÖPNV-Anbindung. Auch Nahversorgungseinrichtungen, zum Beispiel Einkaufsmöglichkeiten, eine Kindertagesstätte und Mittagstisch für Mitarbeiter, sind in fußläufiger Entfernung erreichbar.

Der Neubau an der Ecke Josef-Lammerting-Allee/Widdersdorfer Straße ist als Niedrig-Energiehaus nach neuester Energieeinsparverordnung (EnEV) konzipiert. Das Geschäfts- und Bürohaus wird über eine gehobene Ausstattung verfügen. Vorgesehen sind u.a. ein zentraler Empfang, integrierte, dezentrale und individuelle Kühlung und Lüftung sowie das neueste, sehr flexible Deckeninstallationsraster. Bodentiefe Fensteranlagen sorgen für lichtdurchflutete Räume. Im Erdgeschoss sowie im ersten Obergeschoss sind Einzelhandels-, Gastronomie- und Praxisflächen vorgesehen; vom zweiten bis vierten Obergeschoss jeweils vier und im Staffelgeschoss drei Büroeinheiten. Insgesamt wird das Geschäfts- und Bürohaus Josef-Lammerting-Allee 1 über rund 3.400 m² Büro- und ca. 2.500 m² Einzelhandelsfläche verfügen. Darüber hinaus sind 117 Pkw-Stellplätze geplant.

Josef-Lammerting-Allee 1: neues repräsentatives Geschäfts- und Bürohaus im Kölner Westen

Sanierung / Gewerbebauten / Wohnungsbau

Voraussichtlich im Jahr 2013 wird die LIG Lammerting Immobilien Gruppe ihre Firmenzentrale in das neue Domizil verlegen. Die LIG ist ein managementgeführtes Kölner Familienunternehmen in dritter Generation. Das Immobilienunternehmen fokussiert sich vornehmlich auf das Geschäftsfeld Projektentwicklung – und zwar in den Bereichen Commercial (Büro, Gewerbe, Logistik, Einzelhandel) sowie Hotel und Residential (Wohnen). Die Lammerting Immobilien Gruppe konzentriert sich dabei vornehmlich auf die Region Rheinland mit Köln als Schwerpunkt. Eine der größten Projektentwicklungen der LIG ist der weit über die Stadtgrenzen hinaus bekannte TechnologiePark Köln. Seit 1995 hat die LIG diesen mit einer Mietfläche von rund 255.000 m² größten multifunktionalen Unternehmensstandort entwickelt und ab 2004 einzelne Portfolien sukzessive an einen Fonds sowie internationale Investoren veräußert. Wie jetzt mit dem Geschäfts- und Bürohaus Josef-Lammerting-Allee 1 wird der Standort von der LIG, die dort weitere Projektentwicklungen in Vorbereitung hat, nutzerorientiert ausgebaut.

RESIDENZ BRAUNSFELD: EXKLUSIVE SERVICE-WOHNANLAGE FÜR DIE GENERATION 60PLUS

Im Herzen der nachgefragten Kölner Wohnlage Braunsfeld realisiert die Kölner Lammerting Immobilien Gruppe eine neue Service-Wohnanlage für die Generation 60plus. Die „Residenz Braunsfeld" bietet insgesamt 46 barrierefreie Wohnungen vom Apartment bis zur exklusiven Penthousewohnung. Bei der Konzeption der Residenz Braunsfeld wurde gezielt von den Bedürfnissen der Menschen im dritten Lebensabschnitt ausgegangen. Nach einer Emnid-Studie zieht es viele von ihnen in zentrale Lagen mit guter Infrastruktur und doch grünem Umfeld. Gewünscht werden ein direkter Anschluss an den ÖPNV und gute medizinische Versorgung. Hinzu kommen nach der Umfrage des Meinungsforschungsinstituts Barrierefreiheit und ein hohes Maß an Sicherheit.

Die Lage der Residenz Braunsfeld ist gerade für die Zielgruppe 60plus ideal. Ein ruhiges und dennoch lebendiges Stadtviertel, mit niveauvoller Infrastruktur von Geschäften und vielseitiger Gastronomie prägt das Viertel ebenso wie die herrlichen Gründerzeitvillen kombiniert mit moderner Architektur. Der unmittelbar angrenzende Stadtwald lädt zu Spaziergängen ein. Die Nähe zur Kölner City, die optimal mit öffentlichen Verkehrsmitteln angebunden ist, eröffnet den Bewohnern zudem ein vielfältiges kulturelles und kommerzielles Angebot.

Die Wohneinheiten sind zwischen 34 und 136 m² groß und können individuell nach den Wunschen der Nutzer gestaltet werden. Sie verfügen in ihren Grundrissen über einen behinderten- und rollstuhlgerechten Wohnstandard (nach DIN). Das gesamte Haus ist von der Tiefgarage über die Aufzüge bis zur Dachterrasse barrierefrei. Lichtdurchflutete Räume mit bodentiefen Fenstern und Fens-

Die 46 barrierefreien Wohnungen der Residenz Braunsfeld sind hochwertig ausgestattet

tertüren, größtenteils mit Terrasse, Balkon oder Loggia, und einem herrlichen Blick ins Grüne machen es leicht, sich in der Residenz schnell zu Hause zu fühlen. Das Ambiente ist geschmackvoll und modern, die Ausstattung der Wohnungen hochwertig. Alle Wohnungen sind mit Massivholzparkett in heller Eiche ausgestattet. Die Bäder verfügen über eine große bodenebene Dusche und sind mit einer Kombination von Naturstein mit hochwertiger Keramik ausgestattet. Die zum Essbereich offene Küche ist technisch hochwertig und umfangreich eingerichtet. Eine moderne, energieeffiziente Heizungs- und Kühlungsanlage sorgt für ein angenehmes Raumklima zu jeder Jahreszeit.

Die Serviceleistungen der Residenz Braunsfeld sind auf die gehobenen Ansprüche ihrer Bewohner abgestimmt und sollen sie in ihrem persönlich gestalteten Alltag auf Wunsch unterstützen. Die Angebote reichen von der Rezeption, Lounge und Gastronomie über Hausmeisterdienstleistungen bis hin zu Freizeit- und Kultur-, Fitness- und Gesundheitsangeboten. Ein ambulanter Pflegedienst im Hause wird einen 24-Stunden-Pflegedienst garantieren, der über einen Notruf in jedem Zimmer der Wohnungen erreichbar ist.

Gedacht wurde bei der Konzeption der Residenz Braunsfeld auch an das hohe Sicherheitsbedürfnis der Zielgruppe. Eine zentrale Komfortschließanlage sowie ein Videoüberwachungssystem, Beleuchtungssteuerung über Bewegungsmelder, ein direkter Zugang von der hauseigenen Tiefgarage in das Gebäude und sogar ein privater Security-Dienst werden nicht nur für Komfort, sondern auch für ein hohes Maß an Sicherheit sorgen.

> **Projektentwickler:**
> LIG Lammerting Immobilien Gruppe, Köln

> **Partner am Bau:**
> - Planungsbüro Dipl.-Ing. Birgit Lenz
> - eleneo Mike Christ
> - Eggert-Aufzüge GmbH
> - HSG Zander Rhein-Ruhr GmbH
> - H. Jos. Trimborn Söhne Metallbau GmbH
> - Emil Dujin Dienstleistungen am Bau
> - KölnKlang. Die Bang & Olufsen Profis
> - DONATO RODIO GmbH
> - Dr. Tillmanns & Partner GmbH Ingenieurbüro
> - Vermessungsbüro Austerschmidt & Dieper
> - Ingenieurbüro Finette + Schönborn

Anzeige　　　　　　　　　　　　　　　　　　　　　　　　　　　　　　　　　　Ausführende Firmen

Brandschutz — Pläne für den Notfall

Wir sind ein leistungsfähiges Ingenieurbüro, das fachgerecht, zuverlässig, terminorientiert und engagiert Ihre Aufträge bearbeitet.

Wir erstellen gebäudeindividuell entwickelte, gut lesbare, übersichtlich aufgebaute Feuerwehrpläne in enger Zusammenarbeit mit den Feuerwehren.

Wir legen Wert auf optisch ansprechende Gestaltung unter Einbeziehung objektbezogener Details.

Wir unterstützen Sie bei Fragen zum Thema Brandschutz und im Umgang mit Behörden und Feuerwehren.

Wir bieten Herstellung und Ausführung gem. Auflagen in den geforderten Formaten und Verarbeitungsformen.

- Feuerwehrpläne gem. DIN 14095
- Flucht- & Rettungspläne gem. DIN 4844-3
- Feuerwehr-Laufkarten gem. DIN 14675
- Brandschutzordnungen gem. DIN 14096
- Brandschutzkonzepte
- Externe Brandschutzbeauftragte
- CAD - Dienstleistungen
- Dokumentationen und Datenpflege
- weitere Brandschutzdienstleistungen auf Anfrage

schanzenstr. 21, 51063 koeln
fon +49 (0)221 - 719 00 350
fax +49 (0)221 - 719 00 354
info@planungsbuero-lenz.de
www.planungsbuero-lenz.de

planungsbuero — birgit lenz dipl.-ing.

Wir umsorgen Ihre Immobilie in den Bereichen

Reinigung
Unterhaltsreinigung*
Sonderreinigungen
Fensterreinigung
Baureinigung

HausmeisterService
Umzugsservice
Montagen
Kontrollgänge*
Empfangsdienste*
Objektschutz*
Außenanlagenpflege*
Malerarbeiten
Teppichverlegung
Trockenbau
Renovierung + Ausbau

*Durch Synergien in den Gewerken schaffen wir Einsparpotenzial

Ihr kompetenter Partner im Bereich

Elektrotechnik
Netzwerktechnik
Beleuchtungstechnik
Schaltschrankbau
Gebäudesystemtechnik
Planen und Ausführen
von allg. Elektroinstallationen
Kommunikationstechnik
Antennentechnik
Starkstromtechnik
Kundendienst und Notdienst
Baubiologische Beratung
EMV-Messungen
Infrarot-Heizsysteme

Partner des

TechnologiePark Bergisch Gladbach

eleneo · Mike Christ · Im TechnologiePark Bergisch Gladbach · Friedrich Ebert Straße · D-51429 Bergisch Gladbach
Telefon 02204/84 43 30 · Telefax 02204/84 43 39 · info@eleneo.de · www.eleneo.de

---

Köln/Bonn
Ruhrgebiet

Aufzüge fürs Leben
Ihr kompetenter Partner mit Erfahrung

>> Glas-/Designaufzüge
>> Lastenaufzüge
>> Personenaufzüge
>> Kleingüteraufzüge
>> Schachtgerüste
>> Umbau/Modernisierung

EGGERT AUFZÜGE

Dachsweg 21-23 · 53842 Troisdorf · Telefon 02241-9500-0 · www.eggert-aufzuege.de

BILFINGER BERGER
Facility Services

24-Std.-Service zu fairen Preisen
0800 100 18 73
bundesweit zum Ortstarif

Facility Management – einfach schwerelos

Unsere Leistungen für Sie:

- Heizung
- Sanitär
- Lüftung
- Kälte und Klima
- Solar

- Energie-Contracting
- Wärmepumpen
- Energieausweis
- Wasseraufbereitung
- Energieeinsparberatung

- Komplettsanierung
- Elektro
- Brandmeldetechnik
- Sicherheitstechnik

Ihre Vorteile:

- Flächendeckende Präsenz
- 24-Stunden-Kundendienst
- Bundesweite Rahmenabkommen

- Energiekostenreduzierung
- Experten-Know-how vor Ort

- Höchster Qualitätsstandard
- Herstellerübergreifender Service

HSG Zander Rhein-Ruhr GmbH
Stolbergerstraße 313
50933 Köln
Telefon: (0221) 94 97 42-0
www.hsgzander.com
koeln@hsgzander.com

HSG Zander Rhein-Ruhr GmbH
Eichsfelder Straße 2
40595 Düsseldorf
Telefon: (0211) 550 481-51
www.hsgzander.com
duesseldorf@hsgzander.com

Anzeige Ausführende Firmen

- Eingangs / Portalanlagen
- Schaufensteranlagen
- Fassaden
- Fenster & Türen
- Ganzglasgeländer
- Sonderkonstruktionen
- Service & Dienstleistungen

H. Jos. Trimborn Söhne
Metallbau GmbH

POSTFACH 1869 • 53604 BAD HONNEF
TEL : 02224 / 18070 • FAX : 02224 / 180750
EMAIL : INFO@TRIMBORN - METALLBAU.DE
INTERNET : WWW.TRIMBORN - METALLBAU.DE

Dienstleistungen am Bau
Emil Dujin
Ihr zuverlässiger Partner

Wilhelm-Mauser-Straße 41 • 50827 Köln
Telefon 0221-583034 • Mobil 0171-3615236 • Emil_Dujin@gmx.de

Wir hören Ihnen zu.   Wir sehen Ihre Wünsche.   Wir machen es wahr.

Wenn aus Zuhören ein Klangerlebnis und aus Hinsehen ein visuelles Ereignis wird, entspricht das unserer Vorstellung von Beratung und Zusammenarbeit mit unseren Kunden. Wir wollen mehr, als High-End Technologie verkaufen, wir wollen Sie begeistern für eine Welt aus Klang und Bild, eine neue Dimension des Hören und Sehens – in Ihren Räumen.

Sie stellen es sich vor. Wir machen es wahr.

KölnKlang, wir sind die führenden Profis für Bang & Olufsen basierte Lösungen im Bereich Home- und Office-Entertainment. Mit Know-how und Erfahrung von der Projektplanung, Projektsteuerung bis hin zur Durchführung, begleiten wir Sie in allen Phasen und übernehmen dabei auf Wunsch auch die Steuerung aller Hausautomations- und IT-Systeme.

WIR HABEN IHRE SINNE IM SINN.
KölnKlang. Die Bang & Olufsen Profis

Bang & Olufsen Köln · Brückenstraße 5-11 · 50667 Köln-City
Tel. 0221/27 26 37-0 · Fax 0221/27 26 37-20
shops@koelnklang.de · www.koelnklang.de   BANG & OLUFSEN

DONATO RODIO GmbH

Fliesen, Granit & Antikmarmor ♦ Fliesenfachhandel ♦ Meisterbetrieb

Kölner Straße 63 · 50226 Frechen
Tel. 0 22 34/1 54 63 · Fax 0 22 34/2 45 86 · info@Donato-Rodio-GmbH.de · www.Donato-Rodio-GmbH.de

Gelebte Urbanität in grüner Wohnlage

Im Kölner Süden errichten vier Wohnungsbaugenossenschaften das Neubaugebiet „Vorgebirgsgärten"

Auf dem ehemaligen Spieß-Hecker-Gelände zwischen Zollstock und Raderberg errichten vier traditionsreiche Kölner Wohnungsbaugenossenschaften – die Gemeinnützige Wohnungsgenossenschaft Köln-Sülz, die Wohnungs- und Baugenossenschaft „Mieterschutz", die Wohnungsgenossenschaft Köln-Süd und die Wohn- und Heimbau – ein Joint-Venture-Projekt: das Neubauviertel „Vorgebirgsgärten"

Die hohen Grundstückspreise in Köln bewirken, dass die ohnehin raren Grundstücke im Stadtgebiet meist dem Bau von Eigentumswohnungen vorbehalten sind. Umso wertvoller ist für den Kölner Mietwohnungsmarkt das aktuelle Projekt „Vorgebirgsgärten" im Süden der Stadt. Mit der Grundsteinlegung im Sommer 2010 begannen die Bauarbeiten des Joint-Venture-Projekts von vier traditionsreichen Kölner Wohnungsbaugenossenschaften: der Gemeinnützigen Wohnungsgenossenschaft Köln-Sülz, der Wohnungs- und Baugenossenschaft „Mieterschutz", der Wohnungsgenossenschaft Köln-Süd und der Wohn- und Heimbau. Gemeinsam errichten sie auf dem 26.650 m² großen ehemaligen Spieß-Hecker-Gelände zwischen den Stadtteilen Zollstock und Raderberg ein neues Wohnviertel mit 333 Wohnungen und einer Wohnfläche von 29.200 m². Daneben entsteht eine sechsgruppige Kindertagesstätte sowie gewerbliche Flächen. Die exzellente Lage des Areals zeichnet sich sowohl durch seine Stadtnähe, als auch durch die unmittelbare Nachbarschaft zum weitläufigen Vorgebirgspark und zum Hallen- und Freibad Zollstockbad aus, die einen hohen Freizeitwert garantieren.

Das Ziel der Bauherren war es, den genossenschaftlichen Mietwohnungsbau als gemeinsames Projekt umzusetzen. Im Rahmen eines kleinen Architektenwettbewerbs wurden zwei Büros ausgewählt, um eine komplette Uniformität des Neubaugebiets zu vermeiden. Die Architekturbüros Mronz + Schäfer und Planquadrat Elfers Geskes Krämer haben ihre Konzepte für die einzelnen Baufelder dennoch von Beginn an aufeinander abgestimmt und obwohl sich die Gebäude in ihrer Architektur voneinander unterscheiden, lässt etwa die Farbgebung ihre Zusammengehörigkeit erkennen. Die verschiedenen Quartiersplätze und Innenhöfe des hochmodernen Viertels fördern die sozialen Kontakte und nachbarschaftlichen Beziehungen der Bewohner im Sinne genossenschaftlichen Wohnens. Ein eigens entwickeltes Verkehrskonzept vermeidet Verkehrsbelästigung im Wohngebiet: Insgesamt drei Tiefgaragen bieten Stellplätze für alle Wohneinheiten; über getrennte Ein- und Ausfahrten werden die Autofahrer schnell zu den Verkehrsachsen Kölns geleitet.

Variantenreiche 2- bis 5-Zimmer-Wohnungen zwischen 50 und 140 m² Wohnfläche in Form von Staffelgeschoss-Wohnungen, Gartenwohnungen, Wohnungen mit barrierefreiem Zugang und modernen Haus-in-Haus-Lösungen erfüllen die Bedürfnisse aller Ge-

Variantenreiche 2- bis 5-Zimmer-Wohnungen zwischen 50 und 140 m² Wohnfläche erfüllen die Bedürfnisse aller Generationen

Ende September fand das Richtfest des größten genossenschaftlichen Gemeinschaftsprojekts des Mietwohnungsbaus in Köln seit mehr als 50 Jahren statt

Bauherren:

Gemeinnützige Wohnungsgenossenschaft Köln-Sülz eG, Köln;
Wohnungs- und Baugenossenschaft „Mieterschutz" eG, Köln;
Wohnungsgenossenschaft Köln-Süd eG, Köln;
Wohn- und Heimbau eG, Köln

Planende Architekten:

Planquadrat – Elfers Geskes Krämer, Darmstadt;
Mronz + Schaefer Architekten, Köln

nerationen, von jungen Familien mit Kindern, über Singles bis zu älteren Menschen. Alle Wohneinheiten verfügen über mindestens einen Balkon oder eine Terrasse und zeichnen sich grundsätzlich durch offene Grundrisse aus. Die aktuellen Energiestandards gemäß Energieeinsparverordnung werden deutlich unterschritten: Die KfW-Effizienzhäuser 70 werden mit klimaschonender Fernwärme beheizt, die zentral kontrollierten Be- und Entlüftungsanlagen sind mit einer Wärmerückgewinnung ausgelegt, und auch die Dreifach-Verglasung trägt neben der guten Fassadendämmung zur Energieeffizienz bei. Eine technische Neuheit ist die Müllentsorgung: 5 m³ große Unterflurbehältnisse ersetzen die unattraktiven sonst üblichen oberirdischen Abfallcontainer. Lediglich ein schmaler Einfüllstutzen in Edelstahloptik deutet oberirdisch auf die Müllanlage hin. Die unterirdischen Behälter melden automatisch den Füllstand an die Abfallwirtschaftsbetriebe Köln, sobald eine Leerung notwendig ist. Das System, das bislang nur in öffentlichen Bereichen, etwa verschiedenen Kölner Parks, getestet wurde, kommt in den „Vorgebirgsgärten" erstmals bei einem Neubauvorhaben zum Einsatz.

Anfang 2012 sollen die ersten von insgesamt 333 2- bis 5-Zimmerwohnungen bezugsfertig sein, die Fertigstellung des gesamten Wohnviertels mit einem Investitionsvolumen von 80 Mio. Euro ist für Ende 2012 geplant. Am 29. September 2011 feierten 350 geladene Gäste das Richtfest der „Vorgebirgsgärten", dem größten genossenschaftlichen Gemeinschaftsprojekt des Mietwohnungsbaus in Köln seit mehr als 50 Jahren. Mit diesem Termin startete auch gleichzeitig die Vermietung. Im Rahmen der Feierlichkeiten wurde die Wichtigkeit dieses Kölner Neubauprojekts angesichts der weiterhin zu geringen Neubauquote in der Stadt Köln auch durch die Politik betont.

Partner am Bau:
- PWK Technik GmbH
- Johann Brauckmann Bauausführungen GmbH&Co.KG
- HW Ingenieur Consult Gesellschaft für Baubetreuung mbH
- Anton Ludwig GmbH
- AB Lüftungs- Klimatechnik GmbH
- Carl Seher GmbH Stuckgeschäft
- AGB Müller Büro für Arbeitssicherheit und Gesundheitsschutz im Bauwesen
- Klaus Pfeil GmbH & Co KG
- Dr. Tillmanns & Partner GmbH Ingenieurbüro
- Vermessungsbüro Austerschmidt & Dieper
- AWD Ingenieurgesellschaft mbH
- Ingenieurgesellschaft Schönborn mbH
- Ingenieurbüro Finette + Schönborn
- A. W. Gallhöfer GmbH
- Karlheinz Döhler GmbH & Co. KG

Anzeige

Qualifizierte Planung von Spezialisten:

Dafür steht der Name PWK Technik.

➤ Elektro-Installationstechnik für Haus und Gewerbe
➤ Kommunikationssysteme und -anlagen
➤ Sicherheits- und Informationssysteme
➤ Medientechnik inkl. Installation
➤ LED-Lichtkonzepte
➤ EIB-Technik
➤ Ladenbau
➤ Regenerative Energien
➤ Thermografische Analysen (VdS)
➤ Gebäude-Komplettlösungen

An der Burg Sülz 25
53797 Lohmar
Tel.: 0 22 05 - 90 455-0
Fax: 0 22 05 - 90 455-55
www.pwk-technik.de
info@pwk-technik.de

Ausführende Firmen Anzeige

seit 1929

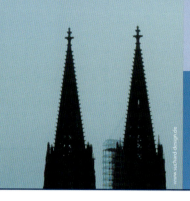

Brauckmann

Wohnungsbau

Industriebau

Verkauf von Eigentumswohnungen

Johann Brauckmann
Bauausführungen GmbH & Co. KG

Wipperfürther Straße 23
51103 Köln
Tel.: 0221 / 98 58 1-0
Fax: 0221 / 98 58 1-22
www.brauckmann-bau.de

**Mehr Erbauliches über uns:
www.brauckmann-bau.de**

Eines der wenigen Gebäude in Köln, das wir nicht gebaut haben

Seit über 80 Jahren baut unser familiengeführtes Unternehmen in Köln. So haben wir im Laufe der Jahre das Stadtbild in Köln mitgeprägt (bis auf „kleine" Ausnahmen).
Bauen Sie auf uns und unsere Erfahrung.

Kompetenz rund ums Bauen
Beratung • Ausschreibung • Projektleitung • Bauleitung • Bausachverständige

Wir bieten unsere Dienstleistungen im gesamten Bundesgebiet sowie in europäischen Nachbarländern an. Dabei sind wir in einer Vielzahl von Geschäftsfeldern erfolgreich aktiv:

- Industrie- und Gewerbebau
- privater und öffentlicher Wohnungsbau
- Schwimmbäder und Freizeitanlagen
- Energetische Aufwertung von Immobilien
- Modernisierung und Sanierung von Bestandsgebäuden
- Denkmalschutz

Es ist unser Anspruch, für den jeweiligen Bauherrn einen fristgerechten und effizienten Bauablauf sicherzustellen sowie ein erstklassiges Ergebnis zu erzielen:

- durch eine sorgfältige Ausschreibung, eine präzise Festlegung und Verfolgung der Endqualität nach den Vorgaben des Kunden sowie
- durch regelmäßige Termin- und Kostenkontrollen und – falls nötig – durch rechtzeitige Interventionen.

HW Ingenieur Consult
Gesellschaft für
Baubetreuung mbH

Joseph-von-Fraunhofer-Str. 4
53501 Grafschaft-Ringen
Innovationspark Rheinland

Telefon 0 26 41-911 80-0
Telefax 0 26 41-911 80-50

info@hw-baumanagement.de
www.hw-baumanagement.de

*Bausachverständige für Gebäude und Gebäudeinstandsetzung.
Bausachverständige für Schimmelpilzbelastungen in Innenräumen.
Mitglied: IKNW.-Nr. 317215
Mitglied im Bundesfachverband öffentliche Bäder e.V.*

Qualität mit Kompetenz und Service

- Energiesparende Heizsysteme
- Wartung und Kundendienst
- Badmodernisierung aus einer Hand
- Gasleitungsprüfung und -sanierung
- Durchführung der Gas-Hausschau
- Energieberatung

Anzeige Ausführende Firmen

Brüderstr. 18 | 51491 Overath
Tel. 0 22 04 / 73 137 | Fax 0 22 04 / 73 096 | www.abklima.de | info@abklima.de

CARL SEHER GmbH
STUCKGESCHÄFT

Ihr Stukkateurmeister
und Restaurator

gegr. 1905

für alle Stuck- und Putzarbeiten
Restaurierungen von Fassaden und Innenausbau

- Wärmedämmung
- Umbau- und Beiputzarbeiten
- Fliesenarbeiten
- Malerarbeiten
- Innenputz
- Außenputz
- Trockenbau
- Renovierungen von Altbauten
- Restaurierung denkmalgeschützter Fassaden

Berrenrather Straße 484-486
50937 Köln (Sulz)

Telefon (0221) 46 32 21-22
Telefax (0221) 46 28 08

info@seher.de
www.seher.de

Arbeitssicherheit auf Baustellen

Inhaber Jürgen Müller
Lülsdorfer Straße 46 · 51143 Köln
Tel. 02203-102330 · Fax. 02203-102304
agb-mueller@netcologne.de
www.agb-mueller.de

Teamarbeit für eine sichere Baustelle!
Ihr Bauvorhaben – Unsere Erfahrung – Ihre Sicherheit

Eine Idee voraus

Klaus Pfeil GmbH & Co KG
Hahnenberg 2 • 53945 Blankenheim
Telefon 02449 / 95 20-0 • Telefax 02449 / 95 20-20
info@pfeil-fensterbau.de • www.pfeil-fensterbau.de

Hochwertiger innerstädtischer Wohnraum – attraktive Hauspreise

Neue Wohnparks der Deutschen Reihenhaus AG in Köln-Widdersdorf, Köln-Poll und Bonn-Lengsdorf

Direkt neben dem Wohnpark „Am Jakobsweg" verläuft der bekannte Pilgerweg, der im spanischen Santiago de Compostela endet. Südländisches Flair und entsprechend warme Farben, Architektur und Grünflächengestaltung sind vorherrschend

Innerstädtisch lebenswerten Wohnraum zu attraktiven Hauspreisen zu schaffen – dieses Ziel verfolgt die Deutsche Reihenhaus AG aus Köln seit vielen Jahrzehnten. Mit hochwertigen, schlüsselfertig und massiv gebauten Reihenhäusern entwickelt und baut das traditionsreiche mittelständische Unternehmen ansprechend angelegte, konsequent durchdachte Wohnparks mit einem ressourcensparenden Gesamtkonzept. Dabei werden nicht nur die Wohnträume vieler Hauseigentümer wahr, sondern auch ein Beitrag zur nachhaltigen Flächenrevitalisierung geleistet und oftmals ganze Stadtteile zu neuem Leben erweckt: In Zusammenarbeit mit Projekt- und Stadtentwicklern werden Wohnparks auf Konversionsflächen konzipiert, meist handelt es sich dabei um brachliegende, ehemalige Gewerbeflächen, für die viele Kommunen ohnehin dringend nach neuen Nutzungslösungen suchen. Auf diese Weise kann im innerstädtischen Bereich neuer, bezahlbarer Wohnraum entstehen. Alle Projekte sollen stets zu einer attraktiven Flächenentwicklung innerhalb der Stadtgrenzen, einer sozialen Stabilisierung und einer guten Infrastrukturauslastung durch geringere Umlandwanderung beitragen. Mehr als 4.000 Familien fanden an bisher rund 100 Standorten in ganz Deutschland dank der Deutschen Reihenhaus ein neues Zuhause, jährlich werden etwa 500 neue Wohneinheiten zu attraktiven Preisen für die jeweiligen Eigentümer erstellt.

Als Bauträger sorgt die Deutsche Reihenhaus für einen Full Service, vom Erwerb eines Grundstückes, der Planung und Bauleitung, über deren Verkauf bis hin zur Kundenbetreuung und Übergabe. Dank einer Spezialisierung auf drei variantenreduzierte Reihenhaustypen bietet das Unternehmen eine standardisierte Bauweise, industrielle Serienpräzision, permanente Prozessoptimierung und Detailverbesserungen sowie mängelfreie Qualität.

Am Poller Kirchweg wurde auf der Fläche eines ehemaligen Textilhandels ein viergeschossiger Bürobau für die neue Firmenzentrale der Deutschen Reihenhaus errichtet; auf der übrigen Fläche entstanden Einfamilien-Reihenhäuser

WOHNPARK „AM JAKOBSWEG" IN KÖLN-WIDDERSDORF

Im Jahr 2010 errichtete die Deutsche Reihenhaus den Wohnpark „Am Jakobsweg" im Süden des Stadtteils Köln-Widdersdorf. Bei der Wahl des Standortes spielte die Infrastruktur eine wichtige Rolle: Widdersdorf bietet einen großen Freizeitwert, zahlreiche Geschäfte decken die Ansprüche des täglichen Bedarfs ab und die Verkehrsanbindung ist hervorragend. Auf rund 3.300 m² entstanden an der Straße „Zur Abtei" innerhalb weniger Monate 20 Reihenhäuser des größten Firmen-Haustyps „141 m² Familienglück". Direkt neben dem Wohnpark verläuft der bekannte Pilgerweg, der im spanischen Santiago de Compostela endet. Der Jakobsweg ist Herz des Jakobsviertels, dem mediterranen Teil des Neubaugebietes „Prima Colonia", in dem sich der Wohnpark befindet. Südländisches Flair und entsprechend warme Farben, Architektur und Grünflächengestaltung prägen den Charakter des „Veedels" und des Wohnparks.

Ein wichtiges Detail der Eigenheime liegt in ihrer Energieeffizienz: Aufgrund des Einsatzes von hocheffizientem Dämmmaterial an den Außenwänden und dem Dach sowie der thermischen Optimierung aller Anschlussdetails liegt der Heizenergieverbrauch auf einem sehr niedrigen Niveau: Die Häuser unterschreiten die aktuellen Anforderungen der Energiesparverordnung. Darüber hinaus werden die Voraussetzungen der Kreditanstalt für Wiederaufbau erfüllt, die für besonders gut gedämmte und energiesparende Häuser Förderprogramme anbietet. Die Bewohner des Wohnparks profitieren damit nicht nur von geringen Energiekosten, sondern ebenso von begünstigten Krediten.

WOHNPARK „DEUTSCHE REIHENHAUS" IN KÖLN-POLL

Die Lage des Wohnparks „Deutsche Reihenhaus" im Stadtteil Köln-Poll bietet viele Annehmlichkeiten: Die grüne Umgebung, direkt am Rheinufer gelegen, bietet einen hohen Freizeitwert. Dennoch erreicht man die Kölner Innenstadt mit Bus und Bahn oder dem Fahrrad innerhalb kürzester Zeit. Auch im Ortszentrum von Poll selbst befinden sich vielfältige Einkaufsmöglichkeiten; nah gelegene Kindergärten und Schulen machen den Stadtteil u.a. für Familien interessant. Am Poller Kirchweg, auf der Fläche eines ehemaligen Textilhandels, ist hier nach dem Abbruch des maroden Gebäudes ein viergeschossiger Gebäuderiegel mit modernen Büros für die neue Firmenzentrale der Deutschen Reihen-

Dank der Errichtung einer Tiefgarage bleibt das gesamte Gelände frei vom Autoverkehr

In den Weingärten in Bonn-Lengsdorf wurden insgesamt 123 Reihenhäuser aller Haustypen erstellt. Den Wünschen der Kinder wurde die Deutsche Reihenhaus gerecht, indem sie die Kleinen einen Spielplatz nach eigenen Vorstellungen entwerfen ließ

Wohnungsbau 119

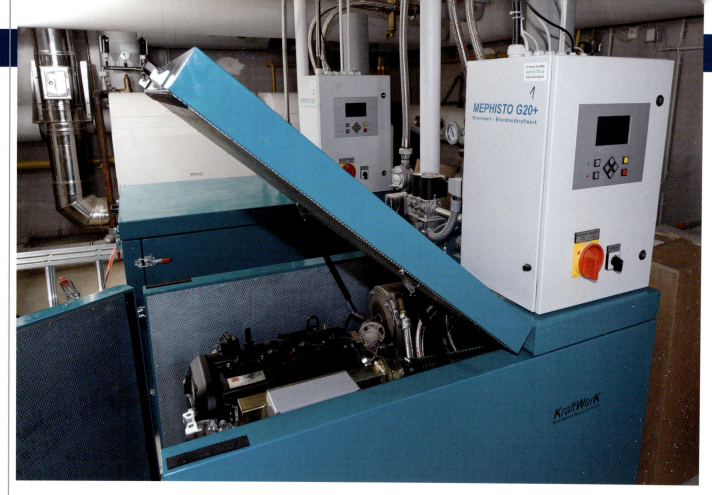

haus entstanden. Ein bereits bestehendes Wohngebäude blieb erhalten, die übrige Fläche nutzte das Unternehmen zur Errichtung von 27 Einfamilien-Reihenhäusern mit 81, 116 oder 141 m². Ökologische Aspekte standen bei diesem Projekt u.a. im Vordergrund: Ein angelegtes Biotop, das an das alte Wohngebäude angrenzt, wurde als Grünfläche erhalten. Darüber hinaus sollte das gesamte Gelände frei von Autoverkehr bleiben; lediglich eine Zufahrt für die Feuerwehr und einige Parkplätze für Behinderte wurden in das Konzept integriert. Für alle anderen Bewohner und Besucher wurde eine Tiefgarage mit 90 Parkplätzen vorgesehen. Das komplette Bauprojekt sollte so umweltschonend wie möglich umgesetzt werden. Isolierte Fenstersysteme sowie hocheffizientes Dämmmaterial sorgen für einen geringen Energieverbrauch. Auch die partielle Beheizung der Gebäude mit Erdwärme trägt zum Umweltschutz bei.

Die zukünftigen Eigentümer können in diesem Wohnpark aus drei Haustypen auswählen: „81 m² Lebensfreude", „116 m² Wohntraum" und „141 m² Familienglück". Um Raum für Individualität zu schaffen, werden für alle Haustypen verschiedene, frei wählbare Sonderausstattungen in allen Wohnbereichen angeboten. Allen gemeinsam ist eine massive Bauweise, eine qualitativ hochwertige Ausstattung, ein modernes Wärmedämmverbundsystem, gut durchdachte Grundrisse mit hellen, offenen Räumen sowie schön angelegte Terrassen und Gärten.

WOHNPARK „IN DEN WEINGÄRTEN" IN BONN-LENGSDORF

20 Jahre lang lag das Gebiet, auf dem sich heute der Wohnpark „In den Weingärten" befindet, brach, bevor die Deutsche Reihenhaus das Grundstück 2007 kaufte. Im Rahmen des zweiten Projekts in Bonn wurden auf einer Fläche von 60.000 m² innerhalb von rund eineinhalb Jahren insgesamt 123 Reihenhäuser aller Haustypen erstellt. Ende 2010 erfolgte die Übergabe des letzten Hauses an seinen neuen Eigentümer. Eine Besonderheit dieses Wohnparks stellt eine gut durchdachte Technikzentrale dar, über die das komplette Wohngebiet mit Energie und Warmwasser versorgt wird. Diese Technikzentrale bringt gleich zwei Vorteile mit sich: Zum einen kann dank dieser Einrichtung auf einen eigenen Heizkessel bzw. eine eigene Therme verzichtet und damit wertvoller Wohnraum gewonnen werden. Zum anderen spart die zentrale Nahwärmestation sowohl Geld als auch Energie und reduziert den Kohlendioxid-Ausstoß.

Ein besonderes Augenmerk legte die Deutsche Reihenhaus auf die Gestaltung des neuen Lebensraumes. Um auch insbesondere den Wünschen der jungen Bewohner der Lengsdorfer Neubausiedlung gerecht zu werden, rief das Unternehmen ein ganz besonderes Projekt ins Leben: Nach der Fertigstellung der Häuser durften die rund 150 Kinder gemein-

Eine der Besonderheiten im Wohnpark: die Technikzentrale, die das komplette Wohngebiet mit Energie und Warmwasser versorgt. So kann auf hauseigene Heizkessel verzichtet und Wohnraum gewonnen werden. Zudem spart die zentrale Nahwärmestation Geld und Energie und reduziert den Kohlendioxid-Ausstoß

sam mit ihren Eltern, Vertretern der Stadtverwaltung und Mitarbeitern der Deutschen Reihenhaus einen Spielplatz nach ihren eigenen Vorstellungen entwerfen. Eine Fläche von insgesamt 850 m² mitten im neuen Wohngebiet und 65.000 Euro standen für das Vorhaben zur Verfügung. Daneben dient ein 530 m² großer Quartiersplatz in der Mitte des Neubaugebietes den Bewohnern als Treffpunkt und bietet so allen Eigentümern die Gelegenheit, nachbarschaftliche Beziehungen zu pflegen.

> **Bauherr:**
> Deutsche Reihenhaus AG, Köln

> **Partner am Bau:**
> - CEMEX Beton-Bauteile GmbH
> - ZEBO-Fußbodentechnik GmbH
> - FAMA Fassaden GmbH
> - ATB Akustik Trockenbau Brandschutz Gebrüder Golke
> - PROFI-Haustechnik Jens Zimmermann & Jens Reinke GbR
> - Rink Metallbau GmbH

Gartenpavillon aus Betonfertigteilen: Das Baum-Haus

Sechs Meter hohe Wände, strahlend weiß, kein Dach, das Innere mit Bäumen bepflanzt: Der Gartenpavillon des bekannten Tokioter Architekten Sou Fujimoto ist der Blickfang der „KölnSkulptur #6". Mitte Mai 2011 wurde die sechste Inszenierung von Außenskulpturen auf dem Gelände an der Zoobrücke eröffnet. Im Zentrum des Konzepts steht der Gartenpavillon für den die CEMEX-Beton-Bauteile GmbH 333 m² Doppelwandelemente lieferte. „Unsere Elemente sind knapp sieben Meter hoch, und aus ihnen setzen sich die sechs Fassadenflächen des Pavillons zusammen. Die Längen der Wände variieren zwischen 3,69 und 12,70 Metern, und die Seiten stoßen in verschiedenen Winkeln aneinander", erklärt Björn Trinkaus, der die technische Bearbeitung des Projektes für die CEMEX Beton-Bauteile GmbH koordinierte. Die Stahlbetonhalbfertigteile bestehen aus zwei je 6,5 Zentimeter dicken Schalen, die mit Gitterträgern verbunden sind. Nach der Montage wurden sie mit Ortbeton ausgegossen und es entsteht ein massives Bauteil, für das in diesem Fall ein Sondermaß von 28 Zentimetern Dicke gewünscht war.

Die CEMEX-Mitarbeiter lieferten die Doppelwandelemente seitlich stehend in Transportgestellen an. Auf der Baustelle hob das Montageteam des Bauunternehmens jedes Element per Autokran in ein Drehgestell. Diese Eigenentwicklung der CEMEX Beton-Bauteile GmbH hilft dabei, groß dimensionierte Betonfertigteile aus ihrer Transportlage in die aufrechte Montageposition zu bringen, und das ohne Gefahr einer Beschädigung. Geschäftsführer Michael Saphörster und Projektleiter Dirk Schinke freut es besonders, dass die CEMEX Beton-Bauteile GmbH ihr Know-how bei diesem Projekt einbringen konnte. Michael Saphörster: „Hier hatten wir die Chance zu zeigen, dass sich Betonfertigteile nicht nur für die üblichen Objekte im Wohn-, Industrie- und Gewerbebau eignen, sondern auch für bauliche Einzelstücke und besondere konstruktive Herausforderungen."

Das neue Ausstellungshighlight im Skulpturenpark Köln besteht aus 25 Doppelwandelementen der CEMEX Beton-Bauteile GmbH

Beton-Bauteile
...vom Keller bis zum Dach

- **Elementdecken**
- **Vollmassivbauteile**
- **Doppelwände**
- **Treppen**
- **Dachelemente**

Unsere hochwertigen Massivbauteile sorgen dauerhaft für ein angenehmes Wohnklima.

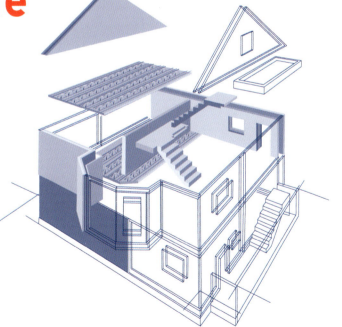

CEMEX Beton-Bauteile GmbH
Hauptverwaltung
Bruchstr. 61a, 67098 Bad Dürkheim
Tel. (0 63 22) 95 90-0, Fax (0 63 22) 95 90-191

Ausführende Firmen Anzeige

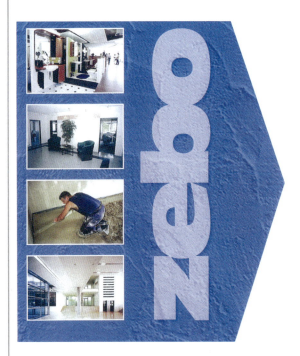

Estriche
Trockenbau
Messebau

Unter Nutzung der jeweils neusten technischen Möglichkeiten und jahrzehntelanger Erfahrung ist termingerechte Qualitätsarbeit für die Teams der ZEBO-Fußbodentechnik GmbH eine Selbstverständlichkeit. Die angebotene Schnittstellenkoordination einschließlich Bauleitung befördert zudem zeit- und kostengerechte Realisierungen.

zebo... damit Sie nicht den Boden unter den Füßen verlieren...

ZEBO-Fußbodentechnik GmbH · Breiter Ring 2 · 99100 Erfurt-Töttelstädt
Tel. 03 62 08/7 82-0 · Fax 03 62 08/7 82-22
info@zebo-fussbodentechnik.de · www.zebo-fussbodentechnik.de

Profis am Bau – zufriedene Kunden

FAMA Fassaden GmbH
Meisterbetrieb
seit 1977

➤ Malerarbeiten
➤ Fassadenputz, -anstrich
➤ Wärmedämmung
➤ Stuckmontage
➤ Farbgestaltung am PC

Siedlung 133
99510 Zottelstedt-Stadt Apolda
Tel./Fax 0 36 44/61 98 02, FAMAFassaden@aol.com

Individuelle Möglichkeiten im Innenausbau

GEBRÜDER GOLKE

Dorfplatz 26a
99444 Blankenheim-Tromitz
Telefon 03 64 54/595 12
Telefax 03 64 54/595 14

Der Firmensitz vermittelt einen kleinen Einblick in die Innenausbaumöglichkeiten

Innenausbau eines gewerblichen Objektes

Anzeige Ausführende Firmen

PROFI-Haustechnik
Jens Zimmermann
& Jens Reinke GbR
Augsburger Straße 10
99091 Erfurt

Telefon:
+49 361 2 62 49 78
Fax:
+49 361 2 62 47 78
E-Mail:
Kontakt@Profi-Haustechnik.de

Rink Metallbau GmbH
Treppen & Geländer
Holz & Steinstufen
Innen & Aussen
www.rink-metallbau.de

Vor der Aue 3a • 35094 Lahntal-Goßfelden
Tel. 0 64 23/46 84 • Fax 0 64 23/46 08

Produktinfo ◄

Einmal Terrasse und zurück

Außentreppen verbinden Balkon und Garten

(epr) Gerade hat man es sich im Garten bequem gemacht und möchte die Ruhe genießen, da fällt auf, dass etwas fehlt. Als praktische Verbindung zwischen Balkon und Garten eignen sich hier leicht integrierbare Außentreppen. In verschiedenen Ausführungen und Materialien fügen sie sich harmonisch in jedes Gartenambiente ein. Besonders einbaufreundlich präsentiert sich die Spindeltreppe Gardenspin: Das justierbare Podest lässt sich kinderleicht am Spindelrohr verschieben, bis es der jeweiligen Einbauhöhe entspricht. Die Gardenstep kann durch das Zusammensetzen einzelner Bausteine individuell von zwei bis zwölf Stufen auf die gewünschte Höhe angepasst werden. Mehr unter www.dolle.de.

Außentreppen für Terrasse und Garten gibt es in vielen Designs und für jedes Ambiente
(Foto: epr/Gebrüder Dolle)

Haus und Garten ansprechend verbinden – mit formschönen Außentreppen
(Foto: epr/Gebrüder Dolle)

Architektur trifft Natur – mitten in der Stadt

Wohnanlage „Am Clarenbach" und Mehrfamilienhaus Joeststraße 7 – 9 in Köln-Lindenthal

Der Innenhof der Wohnanlage „Am Clarenbach" wurde intensiv begrünt und dient als Gemeinschaftsgarten des Wohnobjekts für alle Generationen

PROGRESSIVE ARCHITEKTUR TRIFFT NATUR: „AM CLARENBACH"

Umgeben von Grün und Wasser und gleichzeitig zentral am Puls der Stadt leben – die Wohnanlage „Am Clarenbach" vereint diese beiden Ansprüche mitten in der Rheinmetropole Köln. Die architektonisch hochwertige, viergeschossige Eckbebauung entlang der Clarenbach- und Richard-Strauss-Straße wurde nach einer Bauzeit von 20 Monaten im Juni 2010 fertiggestellt. Die Projektsteuerung erfolgte durch die Günther Fischer Gesellschaft für Baubetreuung mbH.

Das Gebäude erstreckt sich winkelförmig um einen mit zwei Stadthäusern bebauten Innenhof. Dieser wurde nach den Entwürfen eines Landschaftsplaners intensiv begrünt und mit Spielflächen sowie Holzbänken versehen. Als Gemeinschaftsgarten wird er damit zum Treffpunkt und „Forum" des Wohnobjekts für alle Generationen. Auch die Umgebung bietet reichlich Natur: Direkt neben dem Grundstück verläuft der von alten Kastanien gesäumte Clarenbachkanal, und einige der schönsten Grünanlagen Kölns sind zu Fuß zu erreichen.

Das Architekturkonzept setzt seinen Fokus auf die Kommunikation mit der natürlichen Umgebung. Klarheit, Reinheit und Offenheit sind die gestalterischen Leitmotive, die von dem Architekturbüro Wrede Architekten priorisiert wurden und die eine Brücke zum grünen Umfeld schlagen: Alle Wohnungen wurden mit bodentiefen Fenstern ausgestattet und ihre Grundrisse so angeordnet, dass sie möglichst viel Ausblick ins Grüne bieten; un-

Alle Wohnungen wurden mit bodentiefen Fenstern ausgestattet und die straßenseitige Front zur Uferallee mit Kastanienbäumen als „grüne Gartenfassade" interpretiert

Das elegante, dreigeschossige Mehrfamilienhaus in der Joeststraße greift die repräsentative Architektur der Umgebung auf und fügt sich so harmonisch in das Umfeld ein

ter Einbeziehung der Uferallee aus Kastanienbäumen wurde die straßenseitige Front, welche über geschützte Loggien und Balkone verfügt, als „grüne Gartenfassade" interpretiert. Die klare Gliederung der Fassadenelemente führt insgesamt zu einer ruhigen, harmonischen Ausstrahlung der Wohnanlage. Die teilweise begrünten Flachdächer runden das ruhige Gesamtbild ab.

Der Zugang zu den 32 Eigentumswohnungen erfolgt über vier Treppenhäuser, alle ausgestattet mit einer Aufzugsanlage. Jede der Wohnungen verfügt über zugewiesene Stellplätze in der Tiefgarage.

Um den Bewohnern die Umsetzung ihrer individuellen Wünsche zu ermöglichen, standen sechs Grundrissvarianten in unterschiedlichen Größen sowie zwei verschiedene Designlinien zur Wahl, die der Wohnung je nach persönlichem Geschmack ein frisches, modernes Gesicht oder eine eher klassisch-edle Aura verleihen. Unabhängig vom Wohnungstyp bietet jeder einzelne Grundriss ein Maximum an Helligkeit, Raumgefühl und Wohnqualität; alle wurden mit hochwertigen Materialien und moderner Haustechnik ausgestattet.

ELEGANTE ARCHITEKTUR TRIFFT NATUR: JOESTSTRASSE 7 – 9

In einer der gefragtesten und besten innerstädtischen Wohnlagen Kölns, in der Joeststraße 7 – 9 im Stadtteil Lindenthal, hat die Günther Fischer Gesellschaft für Baubetreuung GmbH ein Mehrfamilienhaus mit 14 hochwertigen Mietwohnungen errichtet. Der Standort zeichnet sich insbesondere durch sein ruhiges gehobenes Wohnumfeld, eine überdurchschnittlich gute Infrastruktur sowie seine direkte Nähe zur Natur aus: auf der gegenüberliegenden Seite beginnt der Stadtwald, eines der beliebtesten Kölner Naherholungsziele. In der ruhigen Wohnstraße mit großzügigen Grundstücken, altem Baumbestand und einer villenartigen Bebauung fügt sich das vom Architekten Kaspar Kraemer entworfene elegante, dreigeschossige Mehrfamilienhaus harmonisch in das Umfeld ein, indem es die repräsentative Architektur der Umgebung aufgreift. Zwei Gebäudeteile mit separaten Hauseingängen schaffen kleine, überschaubare Hausgemeinschaften mit bis zu sieben Mieteinheiten.

Besonderer Wert wurde im Rahmen des Bauprojekts auf ein edles Ambiente, Hochwertigkeit und Qualität gelegt. Die Ausstattung der 2- bis 6-Zimmer-Wohnungen mit Wohnflächen von 80 – 220 m² erfüllt moderne Wohnansprüche auf hohem Niveau: Ebenso wie die Fassade zeigt sich auch das Gebäudeinnere klassisch-dezent. In den Wohnräumen kam Echtholzparkett zum Einsatz, in den Bädern wurde hochwertiges Feinsteinzeug verwendet. Ausgesuchte Sanitärobjek-

Zusätzlich zu den Loggien und Terrassen steht den Bewohnern ein kleiner Park als grüne Ruheoase mit eigens für diesen Zweck geschaffenen Skulpturen zur Verfügung

te verleihen den Bädern ein zeitgenössisches Ambiente. Fußbodenheizung, energiesparend gespeist durch Erdwärme, sowie dreifach isolierverglaste Holzfenster tragen zu einem guten Raumklima bei. Zusätzlich zu den Loggien bzw. Terrassen steht den Bewohnern ein kleiner Park als grüne Ruheoase mit eigens für diesen Zweck geschaffenen Skulpturen zur Verfügung.

-Proj. „Am Clarenbach"
Projektsteuerung:
Günther Fischer, Gesellschaft für Baubetreuung mbH, Köln
Planender Architekt:
Wrede Architekten

-Proj. „Joeststraße 7 – 9"
Generalübernehmer:
Günther Fischer, Gesellschaft für Baubetreuung mbH, Köln
Planender Architekt:
Kaspar Kraemer Architekten

Partner am Bau:
- Dipl. Ing. Möller + Partner Architekten GbR
- M & P Mull und Partner Ingenieurgesellschaft mbH
- HGP GmbH Heribert Günther Planung Ingenieurbüro für Elektrotechnik
- Carlo Gembler Ingenieurbüro TGA
- kölnbrandschutz
- Repro-Point KG
- AWD Ingenieurgesellschaft mbH
- Vermessungsbüro Austerschmidt & Dieper
- Bedachungstechnik Manfred Schröder GmbH
- Ingenieurgesellschaft Schönborn mbH
- Ingenieurbüro Finette + Schönborn
- Karlheinz Döhler GmbH & Co. KG

— Anzeige —

DIPL. ING. MÖLLER + PARTNER
—— ARCHITEKTEN GbR ——

MACHABÄERSTR. 67 * 50668 KÖLN

TELEFON 02 21 - 12 40 04

TELEFAX 02 21 - 12 40 06

mail @ moellerarchitekten.de

Anzeige Ausführende Firmen

UMWELTBERATUNG • PLANUNG • BAULEITUNG

- Flächenmanagement und -entwicklung
- Altlastenbewertung und -sanierung
- Standort- und Baugrunduntersuchungen
- Sanierungsplanung und -überwachung
- Rückbauplanung und -überwachung
- Koordination (BaustellV, TRGS 519, BGR 128)

Mull und Partner Ingenieurgesellschaft mbH

M&P
Ingenieurgesellschaft
Widdersdorfer Straße 190
50825 Köln
Telefon
(0221) 170917-0
Telefax
(0221) 170917-99
E-Mail
koeln@mullundpartner.de
www.mullundpartner.de

HGP gmbh
Heribert Günther Planung
seit 1974

Ingenieurbüro für Elektrotechnik

Franz-Hitze-Str. 3 • 50672 Köln

Tel: 0221 - 51 50 51 • Fax: 0221 - 51 50 54

info@hgp-koeln.de • www.elektrohaus-guenther.de/hgp

Carlo Gembler

Ingenieurbüro TGA

47574 Goch · Im Thöniskamp 1

Tel.: 0 28 23 / 87 99 777 · Fax: 0 28 23 / 87 94 045

kölnbrandschutz
staatlich anerkannte Sachverständige für die Prüfung des Brandschutzes

Corinna Laqua
Werheider Str. 14
51 069 Köln

WÄHLEN SIE SICHERHEIT!

koelnbrandschutz.de
Tel.: 0 22 1/32 090 32
Fax: 0 22 1/32 090 33

REPRO POINT

PLOTTEN • SCANNEN • DIGITALDRUCK
BANNER • WERBEPLANEN • PLAKATE
STOFFDRUCK • BAUSTELLENSCHILDER

Repro-Point KG
Colonia Allee 3 · 51067 Köln
Tel.: 0221 987 54 53 · Fax: 0221 987 54 54
nlkoeln@repro-point.de · www.repro-point.de

Ein würdiger, sakraler Ort: Den Hinterhöfen entwachsen

In Köln-Ehrenfeld errichtet die Türkisch-Islamische Union der Anstalt für Religionen e.V. (DITIB) eine neue Moschee

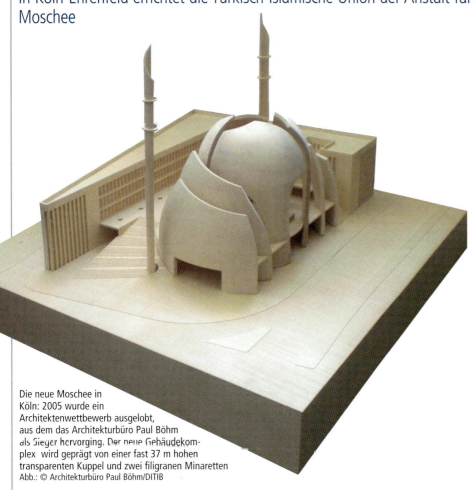

Die neue Moschee in Köln: 2005 wurde ein Architektenwettbewerb ausgelobt, aus dem das Architekturbüro Paul Böhm als Sieger hervorging. Der neue Gebäudekomplex wird geprägt von einer fast 37 m hohen transparenten Kuppel und zwei filigranen Minaretten
Abb.: © Architekturbüro Paul Böhm/DITIB

Die Türkisch-Islamische Union (DITIB) bietet seit 1984 als größter muslimischer Dachverband auf einem Gelände an der Venloer Straße vielfältige religiöse und soziale Dienste für die in ihr organisierten muslimischen Glaubensgemeinschaften an. Darüber hinaus ist sie Ansprechpartner für religiöse und soziale Fragen auf Bundes-, Landes- und Lokal-Ebene. Schon innerhalb des alten Gebäudes der DITIB war eine Moschee integriert, wenn auch nicht von außen als solche erkennbar. Durch einen repräsentativen Neubau werden ein würdiges Gotteshaus und ein muslimisches Gemeindezentrum geschaffen, das über die religiösen, sozialen und soziokulturellen Dienste hinaus auch Raum für vielfältige Aktivitäten und Kooperationen bietet.

Bis zum Abriss 2009 war die DITIB auf einem alten Fabrikgelände mit den über die Jahre gewachsenen Strukturen (Gebets- und Veranstaltungsraum, Räumlichkeiten für Bildungs-, Integrations- und Jugendarbeit, Schulungen, Seminare, wissenschaftliche Bibliothek, Verwaltung und Vorstand) untergebracht. Dieser marode und baufällige Gebäudekomplex bot der Vielzahl reli-

Durch das Zusammenspiel von geschwungenen Betonschalen und großzügigen Glasfronten zur Straßenseite erhält der Bau einen modernen und einladenden Charakter
Abb.: © Architekturbüro Paul Böhm/DITIB

giöser, sozialer und kultureller Veranstaltungen nicht mehr genügend Platz und machte damit einen Abriss und Neubau erforderlich. Darüber hinaus war die Hinterhofmoschee als solche nicht erkennbar und durch den Bauzustand, aber auch die gegebene Baustruktur, wenig einladend.

Nachdem eine jahrelange Diskussion um die Umsetzung des Ratsbeschlusses der Stadt Köln für eine Zentralmoschee scheiterte, entschied die DITIB, das bereits vorhandene Gelände umzugestalten. Aus diesem Grund wurde im Jahr 2005 mit Unterstützung des Bundes Deutscher Architekten (BDA) ein Architektenwettbewerb ausgelobt. Eine renommierte Fachjury aus über 20 Experten wählte das Kölner Architekturbüro Paul Böhm als Sieger aus. Der neue Gebäudekomplex fasziniert durch eine Kombination aus Beton, Glas und Holz und wird geprägt von einer fast 37 m hohen transparenten Kuppel, die durch großzügige Glasflächen leicht wirkt, und von zwei filigranen, 55 m hohen Minaretten eingefasst ist.

Durch das Zusammenspiel von geschwungenen Betonschalen und großzügigen Glasfronten erhält der Bau seinen modernen und einladenden Charakter. Bezüglich der Formensprache und der Materialwahl ist das Modell eine Entwicklung von der traditionellen Bauweise hin zur modernen. Auch in der einzigartigen Form der Minarette findet diese moderne Architektur ihre Fortführung. Der klar konzipierte Grundriss ist ebenso an der Fassade ablesbar: zurückhaltend an der Straßenansicht, sich öffnend zum Hofbereich. Der Gebetsraum wird etwa 10 Prozent des Gesamtkomplexes ausmachen. Die restliche Fläche der Mantelbebauung ist für religiöse, soziale und kulturelle Angebote sowie für eine kleine Ladenpassage vorgesehen.

Mit dem Neubau wird nicht nur ein modernes und funktionales Gemeindezentrum geschaffen, sondern darüber hinaus ein würdiges Gotteshaus. Gleichzeitig fügt sich die Moschee harmonisch in das Kölner Stadtbild sowie die örtliche Bebauung ein.

Die ursprüngliche Gesamtquadratmeterzahl von rund 16.000 m² vergrößerte sich durch zusätzliche Anforderung der Stadtverwaltung für Parkplätze und die Entscheidung für eine moderne Betriebstechnik zu einer Gesamtfläche auf etwa 20.000 m². Diese Extrafläche für Parkplätze, geothermische Heizanlagen und Betriebsmanagement für Photovoltaik-Anlagen vergrößert den Komplex nicht sichtbar, da sie unterirdisch gebaut wird. Die Grundsteinlegung erfolgte schließlich Ende 2009 im Rahmen eines feierlichen Programms, das Richtfest fand im Februar 2011 statt, und die Eröffnung soll Mitte 2012 erfolgen.

In den Bau fließen weder direkt noch indirekt Mittel von der EU, von Bund, Land oder Kommune. Die DITIB finanziert die Baukosten in Höhe von rund 25 Mio. Euro über Rücklagen, Mitgliedsbeiträge und Spenden.

Bauherr:
Türkisch-Islamische Union der Anstalt für Religionen e.V. (DITIB), Köln
Planender Architekt:
Architekturbüro Paul Böhm

Partner am Bau:
- S-I-B Ingenieurgesellschaft mbH
- Scheffer Metallbautechnik GmbH
- PTV AG
- Ingenieurbüro Finette + Schönborn
- Ingenieurgesellschaft Schönborn mbH
- Sachverständigenbüro HEISTER + RONKARTZ
- Vermessungsbüro Austerschmidt & Dieper
- J. Wolfferts GmbH
- Karlheinz Döhler GmbH & Co. KG

— Anzeige —

S-I-B Ingenieurgesellschaft mbH
Beisenstraße 39-41
45964 Gladbeck
Telefon: 0 20 43 / 93 91-10
Telefax: 0 20 43 / 93 91-20
e-mail: mail@sicher-im-betrieb.de

www.sicher-im-betrieb.de

Ausführende Firmen — Anzeige

SCHEFFER
Fenster + Fassaden

Aluminium- und Stahl-Glasfassaden · Doppelfassaden · Lichtdächer

Scheffer Metallbautechnik GmbH · Grüner Winkel 10 · 52070 Aachen · www.scheffer.de

---

PTV. Die Verkehrsoptimierer.
Software und Consulting für nachhaltige Lösungen!

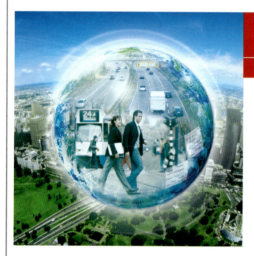

Optimieren Sie Verkehrssysteme mit erstklassigem Consulting und der Software PTV Vision. Setzen Sie Maßstäbe für nachhaltige Verkehrslösungen und zukunftsorientierte Konzepte.

Transport Consulting
- Strategische Verkehrsplanung
- Verkehrs- und Verkehrsleittechnik
- Fußgängeruntersuchungen
- Strategische und operative ÖPNV-Planung
- Verkehrserhebungen

PTV Vision Software
- VISUM, Verkehrsplanung und Information
- VISSIM, mikroskopische Simulation von Verkehrsfluss und Fußgängern

PTV AG Düsseldorf
Tel: 0211-938858-16
www.ptv.de

**H. V. Finette
A. Schönborn**
Ingenieurbüro für Betontechnologie
und Bauwerksuntersuchung

Wir sind die älteste, rein private Baustoffprüfstelle Deutschlands – seit 1963.
Zu unserem Leistungsspektrum gehören neben den klassischen Baustoffüberwachungs- und Prüftätigkeiten auch alle begleitenden Leistungen rund um Betontechnologie und Bauwerksuntersuchung.

**Betontechnologie
Bauwerksuntersuchung
Eigenüberwachung**

 Ingenieurbüro Finette + Schönborn
Bergheimer Weg 23
50 737 Köln
 Tel: 0221/59 93 964
Fax: 0221/59 92 294
 info@bau-ing.com
www.bau-ing.com

**Ingenieurgesellschaft
Schönborn mbH**

Wir bieten einen umfassenden Service rund um die Abdichtung und Instandsetzung von Betonbauten jeglicher Art.
Eine sachliche Beratung, zielorientierte Planung, kompetente Bauleitung sind Qualitätsstandards, die wir unseren Kunden garantieren.

**Betonabdichtung
Betoninstandsetzung
Begutachtung**

 Ingenieurgesellschaft Schönborn mbH
Carl-Schurz-Str. 130
50 374 Erftstadt
 Tel: 02235/68 48 71
Fax: 02235/68 48 73
 info@ig-schoenborn.de
www.ig-schoenborn.de

Klinik der kurzen Wege

Die Kliniken der Stadt Köln gGmbH investieren in einen Neubau für das Krankenhaus Köln-Merheim

Neben dem Hauptgebäude in Köln-Merheim entsteht ein Neubau, der über sieben Ebenen verfügt. Die unteren drei bilden einen Sockel, darüber sind zwei viergeschossige Kuben als versetzte Riegel angeordnet

Rund 70 Mio. Euro investiert die Kliniken der Stadt Köln gGmbH derzeit in den Ausbau des Krankenhauses Köln-Merheim. Ziel des städtischen Krankenhauses ist es, sich zu einem universitär orientierten Zentrum der Maximalversorgung weiterzuentwickeln und damit die Patientenversorgung deutlich zu verbessern. Die gegebene Gebäudestruktur beeinträchtigte jedoch die Umsetzung dieses Vorhabens: Trotz des Hauptgebäudes ist diese noch stark durch eine dezentrale Pavillonbauweise geprägt, die insbesondere wegen langer Wege nicht den Anforderungen einer optimalen medizinischen Ablauforganisation entsprach. Die Kliniken der Stadt Köln haben daher die Zusammenführung der vielen über das Gelände verstreuten Einrichtungen in einem Neubau veranlasst. Anfang des Jahres 2010 wurde mit den Bauarbeiten begonnen; 2012 soll die Inbetriebnahme erfolgen.

Nach einem Konzept des Generalunternehmers VAMED entsteht neben dem Hauptgebäude ein Neubau, der über sieben Ebenen verfügt. Die unteren drei bilden einen Sockel, in dem sich die Funktionsbereiche befinden. Darüber sind zwei viergeschossige Kuben als versetzte Riegel angeordnet, in denen die Bettenstationen untergebracht sind. Das neue Haus stellt eine Weiterführung des bereits bestehenden Gebäudes dar, daher wurden dessen Maßstäbe und Proportionen aufgenommen. Auf diese Weise erhält das Krankenhaus ein neues Gesicht, ohne dass der Neubau mit den vorhandenen Gebäuden konkurriert. Im Vordergrund der Baumaßnahme stehen die komfortable Unterbringung der Patienten, eine angenehme Arbeitsumgebung sowie vereinfachte Arbeitsabläufe für die Mitarbeiter und kurze Wege für die Logistik. Durch eine Trennung von öffentlichen und internen Fluren, kurze Wege innerhalb der Funktionsbereiche, zentrale Pflegestützpunkte und effiziente Raumanordnungen können Prozessabläufe optimiert werden.

Besonderer Wert wurde auf eine nachhaltige Bauweise und den Einsatz neuartiger Energiespartechniken gelegt. Durch ein neues, zum Patent angemeldetes Gebrauchsmuster für eine Kälte-Wärme-Kopplungsanlage soll der Energieverbrauch und CO_2-Ausstoß auf ein Minimum reduziert werden. Zudem verhindert eine mechanische Be- und Entlüftung der Pflegebereiche unkontrolliertes Lüften und damit unnötigen Energieverbrauch.

Zentraler Anlaufpunkt für Patienten und Besucher ist der neue lichtdurchflutete Haupteingang mit Café, Kiosk und Information. Er verbindet Neu- und Altbau auf harmonische Weise miteinander.

Der Neubau mit Pflegestationen, fünf Operationssälen, einem Parkhaus mit 650 Stellplätzen und einem Hubschrauberlandeplatz auf dem Dach kann als wichtiger Bestandteil zur Zukunftssicherung der Kliniken der Stadt Köln gezählt werden, mit dem die Qualität der Behandlung und Pflege weiter gesteigert werden soll.

Bauherr:
Kliniken der Stadt Köln gGmbH, Köln
Planender Architekt:
agn Niederberghaus & Partner GmbH, Ibbenbüren

Partner am Bau:
- VAMED Health Project GmbH
- Karlheinz Döhler GmbH & Co. KG

Investition in Gesundheit: Ausbau des Universitätsklinikums Bonn

Erschließungsmaßnahme Süd: Neubau eines Energie- und Medienkanals, Neubau des Parkhauses „Süd", Grundsanierung des Instituts für Experimentelle Hämatologie und Transfusionsmedizin, Neubau einer Modulbauklinik, Neubau der Kliniken Neurologie, Psychiatrie und Palliativmedizin

ERSCHLIESSUNGSMASSNAHME SÜD: NEUBAU EINES ENERGIE- UND MEDIENKANALS DN 3000

Da der alte begehbare Energiekanal, der im südlichen Bereich des Geländes des Universitätsklinikums Bonn (UKB) verlief, baulich stark sanierungsbedürftig gewesen war, bestand auf dem Venusberg dringender Handlungsbedarf. Zwei wichtige Gründe sprachen bei diesem Bauprojekt gegen eine Sanierung und für den Neubau eines Medien- und Energiekanals, der künftig mit insgesamt 11.000 m enthaltenen Energie- und Medienleitungen der infrastrukturellen Versorgung mit Heizungswärme, Dampf, Kälte, medizinischer und technischer Druckluft und Sauerstoff sowie voll entsalztem Wasser dient: Zum einen hatte sich der bereits bestehende Energiekanal in einem schlechten Bauzustand befunden. Zum anderen hatte sich eine Überschreitung seiner Kapazitätsgrenze abgezeichnet, die sich in naher Zukunft aus zusätzlichen Anbindungen von vorgesehenen Neubauten ergeben hätte: Das Ziel des Gesamtkonzepts war, neben der Trassenerneuerung, auch die auf dem Klinikgelände geplanten Neubauten einer Kindertagesstätte und des Deutschen Zentrums für neurodegenerative Erkrankungen (DZNE), die Zentrale Sterilisation sowie den Neubau Neurologie, Psychiatrie und Palliativmedizin (NPP) an die bestehende technische Infrastruktur des Universitätsklinikums anzuschließen. Das Universitätsklinikum Bonn hatte das Ingenieurbüro Dobelmann + Kroke GmbH mit der Vor-, Entwurfs- und Ausführungsplanung, der Vergabe sowie mit der Bauüberwachung der Betonröhre und der Schachtbauwerke beauftragt, die Planung und Bauleitung für den technischen Ausbau übernahm das Büro Ebert-Ingenieure GmbH. Die Baumaßnahme wurde durch das Konjunkturpaket II der Bundesregierung gefördert.

Aufgrund der geplanten Tiefenlage des Medienkanals von bis zu 15 m unter dem Gelände und des teilweise dicht gewachsenen, schützenswerten Baumbestandes, sah das Konzept des Ingenieurbüros Dobelmann + Kroke den Neubau in geschlossener Bauweise vor: Der rund 950 m lange Kanal wurde daher in acht Rohrvortriebsstrecken und neun ausgehobenen Baugruben bzw. Schachtbauwerken mit einem Rohrdurchmesser der Nennweite DN3000 ausgeführt. Auch die Vorgabe des Bauherrn, Geräuschimmissionen und die verkehrstechnische Belastung sowohl für das Klinikum als auch insbesondere für die Patienten möglichst gering zu halten, sprach für ein unterirdisches Vorgehen. Berücksichtigt werden mussten im Rahmen der Baumaßnahme eine Vielzahl von

Der Neubau des Energie- und Medienkanals wurde aufgrund der Tiefenlage und des schützenswerten Baumbestandes in geschlossener Bauweise vorgenommen: Der rund 950 m lange Kanal wurde in acht Rohrvortriebsstrecken und neun ausgehobenen Baugruben ausgeführt

Das Parkhaus „Süd" befindet sich im südlichen Einzugsbereich des Neurozentrums und ist eines von drei neuen Parkgebäuden, die das bislang mangelnde Parkraumangebot erweitern und die Verkehrssituation auf dem Klinikgelände verbessern sollen

in Betrieb befindlichen Ver- und Entsorgungsleitungen, welche sich bis zu 5 m unterhalb der Geländeoberkante befinden: Da der störungsfreie Betrieb und die Versorgung der Kliniken kontinuierlich sichergestellt werden musste, konnten diese weder umgelegt noch außer Betrieb genommen werden. Der Trassenneubau, dessen Gesamtkosten sich auf rund 13 Mio. Euro belaufen, wurde nach einer 21-monatigen Bauzeit im Oktober 2011 fertigstellt.

NEUBAU DES PARKHAUSES „SÜD"

Um das bislang mangelnde Parkraumangebot, das in der Vergangenheit immer wieder zu Verkehrsproblemen und -belastungen geführt hatte, zu erweitern und in Zukunft eine ausreichende Anzahl an Stellplätzen auf dem Klinikgelände anbieten zu können, hatte das Universitätsklinikum Bonn ein Verkehrsgutachten in Auftrag gegeben. Dieses sah den Neubau von insgesamt drei Parkhäusern vor, um die Anwohner und die Umgebung des Venusbergs verkehrstechnisch zu entlasten und zugleich die Verkehrssituation auf dem Klinikgelände zu verbessern. Nachdem das erste der Gebäude, das Parkhaus „Nord", bereits fertiggestellt und mittlerweile in Betrieb genommen ist, entsteht zurzeit das Parkhaus „Süd" im südlichen Einzugsbereich des Neurozentrums. Ab 2013 wird dann das letzte Parkhaus „Mitte" errichtet, um das Parkplatzangebot der Universitätsklinik Bonn zu vervollständigen. Erschlossen werden soll das Parkhaus „Süd" über die Sigmund-Freud-Straße, Zu- und Abfahrt liegen hier nebeneinander.

Den Neubau konzipierte das Universitätsklinikum Bonn, das die Entwurfsplanung erstellt hat, als offene Garage mit überwiegend nicht geschlossenen Außenwänden und ohne Überdachung, so dass das Gebäude als oberirdische Großgarage ohne künstliche Be- und Entlüftung einzustufen ist. Gebaut wird das Parkhaus von dem Generalunternehmer Huber Integralbau, dem auch die Erstellung der Ausführungsplanung und der Statik übertragen wurde. Auf insgesamt 14 Halbebenen stehen den Nutzern insgesamt rund 750 Pkw-Stellplätze zur Verfügung. 15 davon sind behindertengerecht gestaltet, diese befinden sich in den Ebenen 0 und +1 und können mittels zweier Personenaufzüge mit behindertengerechter Kabinenausstattung an der Nord- und an der Südseite des Gebäudes barrierefrei erreicht werden. Zwei komplette Halbebenen wurden als „Frauenparkzonen" ausgewiesen und bieten so den weiblichen Autofahrern größtmögliche Sicherheit.

Der Bauherr gab eine Stahlverbundbauweise mit Stahlstützen und Trapezblechen mit Aufbeton vor. Die Konstruktion stellt sich als offen und filigran dar: Eine Besonderheit ist die Glasfassade, die schon im Parkhaus „Nord" eingesetzt wurde und auch hier viel Sichtkontakt bietet. Energiesparende LED-Leuchtröhren sorgen für eine gute Belichtung

Bei dem neuen Parkgebäude handelt es sich um eine offene Großgarage mit überwiegend nicht geschlossenen Außenwänden und ohne Überdachung, die auf 14 Halbebenen Platz für rund 750 Pkw bietet

Öffentliche Bauten / Sanierung

Auf dem Gelände des Uniklinikums nördlich des Operativen Zentrums und südlich der HNO-Klinik wurde das Bauvorhaben Modulbauklinik realisiert, dessen Abnahme und Übergabe im Oktober 2011 erfolgten

des Gebäudekomplexes. Durch den Bau des zweiten Parkierungsgebäudes wird eine weitere Aufwertung der Universitätskliniken Bonn erzielt und der Ausbau des Geländes kontinuierlich vorangetrieben.

GRUNDSANIERUNG DES INSTITUTS FÜR EXPERIMENTELLE HÄMATOLOGIE UND TRANSFUSIONSMEDIZIN

Das Institut für Experimentelle Hämatologie und Transfusionsmedizin weist ein sehr breites Leistungsspektrum auf und kann als Institut der Maximalversorgung bezeichnet werden: Es übernimmt nicht nur verschiedene Leistungen für das Universitätsklinikum Bonn selbst, sondern auch für mehrere externe Krankenhäuser in der Region. Aus diesem Grund ist eine abschnittsweise Grundsanierung des aus dem Jahr 1967 stammenden Institutsgebäudes sowie die Einrichtung eines Reinraumkomplexes nach GMP-Richtlinien erforderlich. Die Umsetzung dieser Baumaßnahme wurde in Zusammenarbeit mit dem Bonner Architekturbüro Saul im Jahr 2008 begonnen; die Fertigstellung ist für 2014 vorgesehen. In einem 1. Bauabschnitt, der im Herbst 2007 fertiggestellt wurde, war bereits der Westbauteil aufgestockt worden. Die Tatsache, dass die Sanierungsmaßnahmen bei laufendem Institutsbetrieb stattfinden müssen und einige der Bauarbeiten daher nur nachts oder am Wochenende ausgeführt werden können, resultiert in einer längeren Gesamtbauzeit. Zudem wird durch einen nach Baubeginn verabschiedeten Vorstandsbeschluss nun zusätzlich eine Rohrpostanlage im Institutsgebäude installiert, um im Endausbau Bluttransporte im Klinikgelände effektiver zu ermöglichen. Aufgrund der hohen Installationsdichte, stellt dieses Vorhaben eine ganz besondere Herausforderung für die Fachplaner aller Gewerke dar.

NEUBAU DER MODULBAUKLINIK

Eine weitere Maßnahme zum Ausbau des Universitätsklinikums Bonn besteht im Neubau der Modulbauklinik, die verschiedene Funktionen – wie Ambulanzen, Tagesklinik, ambulantes Operieren, Intensivpflege und Pflegestationen – in einem Gebäude integriert. Realisiert wird das durch Mittel des Konjunkturpaketes II geförderte Bauvorhaben auf dem Gelände des Uniklinikums, nördlich des Operativen Zentrums und südlich der HNO-Klinik, auf einer Nutzfläche von rund 5.300 m². Mit der schlüsselfertigen Errichtung wurde im Juni 2010 der Generalunternehmer Ed. Züblin AG beauftragt, der im Planungsteam die Ingenieurleistungen der Tragwerksplanung, der Bauphysik – d.h. Schall- und Wärmeschutz – sowie des vorbeugenden Brandschutzes im Rahmen eines umfassenden Brandschutzkonzeptes erbrachte. Darüber hinaus waren auch die fest eingebaute Medizintechnik und die Möblierung des Klinikgebäudes Teil des Design-&-Build-Auftrags. Der Neubau, der über eine Bruttoge-

Die modern gestaltete Modulbauklinik verfügt über eine Bruttogeschossfläche von rund 10.500 m² und integriert verschiedene Funktionen – wie Ambulanzen, Tagesklinik, ambulantes Operieren, Intensivpflege und Pflegestationen – in einem Gebäude

schossfläche von etwa 10.500 m² verfügt, wurde in Stahlbeton-Skelettbauweise errichtet. Eine Teilunterkellerung und fünf oberirdische Geschosse bieten Raum für 102 Betten, vier Operationssäle und diverse Untersuchungs- und Behandlungsräume. Für die Gebäudetechnik wurde ein Staffelgeschoss vorgesehen. Um die zügige Bauerstellung zu ermöglichen, war mit Filigrandecken und Wänden gearbeitet worden; in den Patientenzimmern wurden vorproduzierte Fertignasszellen eingebracht. Die behördliche und technische Abnahme sowie die Übergabe des Gebäudes an das UKB erfolgten im Oktober 2011.

Der im südlichen Teil des Venusbergs geplante Neubau Neurologie, Psychiatrie und Palliativmedizin soll an die bestehende Neurochirurgie angrenzen und zusätzlich zu der neu entstehenden Palliativmedizin die Bestandsgebäude Neurologie und Psychiatrie ablösen

NEUBAU DER KLINIKEN NEUROLOGIE, PSYCHIATRIE UND PALLIATIVMEDIZIN

Im südlichen Teil des Venusbergs ist ein weiteres Klinikgebäude geplant: Auf einem fast 4.700 m² großen Baufeld soll ein Neubau für die Kliniken Neurologie, Psychiatrie und Palliativmedizin (NPP) errichtet werden. Dieser soll unmittelbar an die bestehende Neurochirurgie angrenzen und zusätzlich zu der neu am Universitätsklinikum Bonn entstehenden Palliativmedizin langfristig die Bestandsgebäude Neurologie und Psychiatrie ablösen. Aufgrund der Wand-an-Wand-Situation mussten die drei Bestandsbaukörper Neurochirurgie, Neurologie und Psychiatrie bei der Planung des Neubaus NPP zwingend mitberücksichtigt werden. Das Gebäude umfasst eine Gesamtnutzfläche von etwa 11.600 m² und soll Platz für verschiedene Funktionsbereiche bieten: Dazu zählen zum einen ein Untersuchungs- und Behandlungsbereich mit Arztdienst, Funktionsdiagnostik und Therapieräumen auf etwa 3.600 m² und zum anderen ein Pflegebereich mit 145 Betten für Neurologie, Psychiatrie, Gerontopsychiatrie und Palliativmedizin sowie eine psychiatrische und eine gerontopsychiatrische Tagesklinik auf einer Fläche von rund 6.000 m². Daneben stehen ca. 2.000 m² für logistische Bereiche, Forschungsflächen, Soziale Dienste sowie Leitungs- und Verwaltungsräume zur Verfügung. Das Projektvolumen, das sowohl die Baukosten als auch die Ersteinrichtung beinhaltet, beläuft sich auf insgesamt rund 69 Mio. Euro.

Bauherr:
Universitätsklinikum Bonn (AöR), Bonn

Planender Architekt
-Proj. „IHT Hämatologie, 2. BA":
Architekturbüro Saul, Bonn
-Proj. „Neubau Neurologie, Psychiatrie, Palliativmedizin NPP":
TMK Architekten, Düsseldorf

Partner am Bau:
- HIB Huber Integral Bau GmbH
- Hagedorn GmbH & Co. KG
- Ingenieurbüro Dobelmann + Kroke GmbH
- MBS Elektro-Planung GmbH
- Paul Mertgen GmbH & Co. KG
- Tragwerksplanung Dipl.-Ing. Hanisch + Heck
- Westerwald Elektrotechnik Hummrich GmbH
- SIGN & SHOP Werbeservice GmbH
- Jean Harzheim GmbH & Co. KG
- Karlheinz Döhler GmbH & Co. KG

Öffentliche Bauten / Sanierung

Ausführende Firmen Anzeige

PLANEN · BAUEN · BETREIBEN

HUBER

Effiziente Parkraumlösungen als Komplettdienstleistung
▸ maßgeschneidert
▸ modern
▸ langlebig

www.huber-integralbau.de

HAGEDORN
GmbH & Co. KG
Elektrotechnik · Informationstechnik

Mackestraße 30 · 53119 Bonn
Telefon 02 28 / 9 67 73-30 · Telefax 9 67 73-50
Notdiensttelefon 01 71 / 7 25 93 97 · 24 h-Bereitschaftsdienst
info@elektro-hagedorn.de

Ingenieurbüro Dobelmann + Kroke GmbH
Beratende Ingenieure

Seit nunmehr 50 Jahren setzt das Ingenieurbüro Dobelmann & Kroke die Aufträge seiner Kunden effektiv und zielgerichtet um. Die beratenden Ingenieure agieren in gemeinsam koordinierter Vorgehensweise und zeichnen sich durch innovatives Ideenmanagement aus. Damit ist für den Auftraggeber eine jederzeitige Informationslage sach- und personenbezogen abrufbar. Dies gewährleistet ein Höchstmaß an Sicherheit und Zuverlässigkeit.

BERATUNG – PLANUNG – ÜBERWACHUNG
- Siedlungswasserwirtschaft
- Kanalbau / Kanalsanierung
- Straßenbau / Verkehrsanlagen
- Verkehrstechnik
- Erschließungsmaßnahmen
- Leitungssysteme
- Vermessung

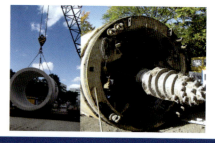

Uhlandstraße 17 | 53173 Bonn | Tel. 02 28/83 00 5-0 | Fax 02 28/83 00 5-20 | info@dobelmann-kroke.de | www.dobelmann-kroke.de

MBS – KOMPETENZ IN PLANUNG

IHR PLANUNGSBÜRO FÜR TECHNISCHE GEBÄUDEAUSSTATTUNG

- Bürogebäude, Geschäftszentren
- Seniorenzentren, Hotels
- Behindertenwerkstätten, Behindertenwohnhäuser
- Kommunales Bauwesen (Rathäuser, Schulen, etc.)
- Wohnhäuser mit gehobener Ausstattung
- Beleuchtungskonzeption für Innen und Außen
- Anlagenbau / Prozessleitsystem
- Innovation in Haustechnik, Heizung, Sanitär, Lüftung und Kälte

Sprechen Sie mit uns, wir beraten Sie gern!

MBS ELEKTRO-PLANUNG GMBH
Ziethenstraße 39
53773 Hennef
Telefon: +49 (0) 2242 / 934-0
Telefax: +49 (0) 2242 / 934-34
mail@mbs-elektroplanung.de
www.mbs-elektroplanung.de

MBS ELEKTROPLANUNG

Anzeige Ausführende Firmen

MERTGEN
Bauen als Komplettleistung

Ausführung der Mauerwerks- und Betonarbeiten!

- HALLENBAU / STAHLBAU
- INGENIEURBAU
- HOCHBAU
- BAU-KUNDENDIENST
- SF-GEWERBEBAU

Raiffeisenstraße 34 · 56587 Straßenhaus
Tel. 0 26 34 - 50 80 · www.mertgen.de

TRAGWERKSPLANUNG
DIPL.-ING. HANISCH + HECK

Nietzschestraße 6 · 50934 Köln
Tel.: 0221 - 42 13 61 · Fax: 0221 - 41 61 41
hanisch.heck@t-online.de

WESTERWALD ELEKTROTECHNIK HUMMRICH

Lindenstraße 53
57627 Hachenburg
Tel.: 02662 9518 0
Fax: 02662 51 34
info@ww-elektro.de
www.ww-elektro.de

Fachbetrieb für
- Stark- und Schwachstromanlagen
- Netzwerk- und Sicherheitstechnik
- Beleuchtungsanlagen

Überzeugende Lösungen

Außergewöhnliche Architektur in Vorzeigelage: brandtelf, Bonn / Ideale Kombination aus „Wohnen im Grünen" und Stadtleben: STIL QUARTIER, Köln / Bereicherung für die Domstadt: Gürzenich-Quartier, Köln

Langfristige Wirtschaftlichkeit, hoher Nutzerkomfort, außergewöhnliche Architektur und umsichtige städtebauliche Einbindung. Die Anforderungen an moderne Bürogebäude, Geschäftshäuser und den exklusiven Wohnungsbau sind hoch und deckungsgleich mit dem Anspruch der PARETO GmbH, dem Projektentwickler der Kreissparkasse Köln, an sich selbst. Drei Beispiele:

BRANDTELF, BONN

Man nehme einen erstklassigen Standort in begehrter Lage und anspruchsvoller Nachbarschaft und kombiniere diesen mit einer herausragenden architektonischen Konzeption. Dazu hochwertige Materialien und eine moderne technische Ausstattung. Zu guter Letzt gebe man noch die Beachtung von Nachhaltigkeitsaspekten hinzu. Was dabei herauskommt, ist eine Immobilie, die ihresgleichen sucht.

Genau so eine Immobilie ist brandtelf – ein modernes, fünfgeschossiges Büro- und Verwaltungsgebäude an der Bonner Museumsmeile, professionell umgesetzt von der Entwicklungsgesellschaft Heussallee GmbH & Co. KG, einer Kooperation von PARETO und der ebenfalls in Köln beheimateten Art-Invest Real Estate, nach einem Konzept des Kölner Architekturbüros Jürgensen & Jürgensen.

Auf rund 7.700 m² entstehen dort, wo einst die Landesvertretung Baden-Württemberg residierte, auf fünf oberirdischen Etagen und einem Untergeschoss ca. 12.000 m² Mietfläche sowie eine Tiefgarage für 135 Fahrzeuge. Die Nachbarschaft kann sich sehen lassen: Unweit der Unternehmenszentralen von Deutscher Telekom und Deutscher Post sowie von UN-Campus und gleich drei weltberühmten Museen ist brandtelf einer der begehrtesten Unternehmensstandorte in der Bundesstadt Bonn. Es überrascht daher wenig, dass der größte Teil der Büroflächen schon lange vor der Fertigstellung des Gebäudes vermietet werden konnte.

Das Objekt besticht durch ein außergewöhnliches Baukonzept, bei dem die harmonische Kombination der denkmalgeschützten ehemaligen Landesvertretung mit einem zeitgemäßen Neubau gelingt. Klare Linien mit großformatigen Fenstern, umgeben von Naturstein, bestimmen das äußere Bild. Im Inneren sorgen moderne technische Finessen, überdurchschnittliche lichte Raumhöhen sowie begrünte Innenhöfe und Terrassen für eine Wohlfühlatmosphäre, die ihren Namen verdient.

Für die Beachtung und Umsetzung der Nachhaltigkeitsaspekte wurde brandtelf von der Deutschen Gesellschaft für Nachhaltiges Bauen (DGNB) bereits in der Bauphase mit einem

brandelf, Bonn: ein modernes, fünfgeschossiges Büro- und Verwaltungsgebäude an der Bonner Museumsmeile. Geplante Fertigstellung: Sommer 2012 Abb.: Quelle Pareto GmbH

Vorzertifikat in Silber ausgezeichnet.

STIL QUARTIER, KÖLN

Auf dem Gelände des ehemaligen Offizierscasinos der belgischen Truppen „Kwartier Haelen" in Junkersdorf ist auf einer Fläche von rund 4.000 m² hochwertiger Wohnraum entstanden, der in Köln ebenso knapp wie begehrt ist. Die Entwicklungsgesellschaft nesseler PARETO GmbH, eine Kooperation der nesseler grünzig bau gmbh aus Aachen und der PARETO GmbH, hat nach einem Konzept von Stadtarchitekten Köln die ideale Kombination aus „Wohnen im Grünen" und den Annehmlichkeiten des Stadtlebens Wirklichkeit werden lassen: 14 hochwertige Eigentumswohnungen mit zwei, drei und vier Zimmern in zwei Mehrfamilienhäusern und je fünf Townhouses und Premium-Häuser mit großzügigen Gärten und Gartenhöfen sowie eine Tiefgarage mit ausreichend Pkw-Stellplätzen.

Die Townhouses bieten 150 m² Wohnfläche auf drei Ebenen, zwei Stellplätze unter dem Haus, Südterrasse, offenes Atrium im Erdgeschoss und eine Südloggia mit bodentiefen

Schiebefenstern. Auf Grundstücken von bis zu 320 m², mit vier bis sechs Zimmern und bis zu 200 m² Wohnfläche liefern die Gartenhäuser genügend Raum zur Entfaltung und Familienplanung. Terrasse und Garten sind zudem ein kleines Paradies für Hobbygärtner, Liegestuhlfans und Nachwuchs mit notorischem Bewegungsdrang. Zu jedem Haus gehört eine Garage. Die Wohnungen „Grande" und „Exklusiv" mit Wohnflächen zwischen 75 und 150 m², alleiniger Gartennutzung, Balkon oder – als Penthouse – mit großer Dachterrasse liefern exklusiven Wohnraum mit viel Entscheidungsspielraum, sowohl bei der Einrichtung als auch in Sachen Familienplanung.

Die Fassaden wechseln sich ab zwischen moderner Verklinkerung und einer rein weißen,

Gürzenich-Quartier, Köln: Auf dem Areal zwischen Augustinerstraße, Kleiner Sandkaul, Gürzenichstraße und Martinstraße sorgt künftig ein anspruchsvolles Gebäudeensemble mit ca. 1.900 m² Handelsfläche und ca. 9.200 m² Büroraum für eine architektonische und städtebauliche Bereicherung in Domnähe. Geplante Fertigstellung: Sommer 2013
Abb.: Quelle Pareto GmbH

STIL QUARTIER, Köln: ideale Kombination aus „Wohnen im Grünen" und den Annehmlichkeiten des Stadtlebens – 14 hochwertige Eigentumswohnungen in zwei Mehrfamilienhäusern und je fünf Townhouses und Premium-Häuser mit großzügigen Gärten und Gartenhöfen. Geplante Fertigstellung: Herbst 2012
Abb.: Quelle Pareto GmbH

mineralischen Putzoberfläche. Die nach hinten versetzten Penthouse-Wohnungen und die elegant anmutenden flachen Dächer vermitteln eine angenehme Zurückhaltung. Im Innern sorgen Raumhöhen von ca. 2,75 m, bodentiefe Fenster und offene Stahltreppen mit Holztrittstufen für ein befreiendes Raumgefühl. Unsichtbar ist der Klimaschutz: Geheizt wird mit modernen Gasbrennwertkesseln im Dachgeschoss. Warmwasser wird mit solarer Unterstützung erzeugt; die Wärmeverteilung erfolgt über eine Fußbodenheizung.

GÜRZENICH-QUARTIER, KÖLN

An einem der reizvollsten Orte der Stadt und in absoluter Citylage – zwischen dem „Gürzenich", Kölns traditionsreicher Festhalle im Zentrum der Altstadt, und der berühmten romanischen Kirche St. Maria im Kapitol – entsteht mit architektonischem und planerischem Fingerspitzengefühl das Gürzenich-Quartier. Auf dem rund 2.200 m² großen Areal zwischen Augustinerstraße, Kleiner Sandkaul, Gürzenichstraße und Martinstraße sorgt damit künftig ein anspruchsvolles Gebäudeensemble mit ca. 1.900 m² Handelsfläche und ca. 9.200 m² Büroraum für eine architektonische und städtebauliche Bereicherung in Domnähe.

Der vieleckige Gesamtkomplex sieht im Parterre Flächen für den Einzelhandel vor und schafft auf den darüberliegenden sechs unterschiedlich gestaffelten Geschossen repräsentative Büroräume. Die sandsteinfarbene Fassade greift die farbliche Gestaltung der umliegenden Bebauung auf. Für den Neubau strebt die Projektentwicklungsgesellschaft Gürzenich Quartier mbH eine Zertifizierung durch die Deutsche Gesellschaft für Nachhaltiges Bauen (DGNB) an.

Die „notwendige Erneuerung des Areals", wie es Kölns Baudezernent Bernd Streitber-

ger formulierte, basiert auf einem Entwurf des Kölner Architektur- und Planungsbüros ASTOC Architects & Planners, das als Sieger aus einem Architekturwettbewerb zur Neuplanung des Quartiers hervorging. Bei der Ausschreibung war es der Projektentwicklungsgesellschaft Gürzenich Quartier mbH, hinter der die beiden Kölner Unternehmen PARETO und die Metropol Immobiliengruppe stehen, besonders wichtig, dass der Entwurf die historische und städtebauliche Umgebung berücksichtigt. So passt sich das Gebäude, das einen Innenhof umschließt, in seiner Höhe den Giebeln der Häuser am Kölner Heumarkt an und integriert bestehende Gebäudeteile sinnvoll in den Gesamtkomplex.

Seinen Namen hat das neue Quartier von dem angrenzenden mittelalterlichen Repräsentationsbau „Gürzenich", der Mitte des 15. Jh. auf einem Grundstück der Patrizierfamilie „von Gürzenich" errichtet wurde. „Am Gürzenich" ist heute jedem Kölner ein Begriff und gilt nicht nur unter Einheimischen als eine der feinsten Adressen der Domstadt.

Gürzenich-Quartier, Köln: Der vieleckige Gesamtkomplex sieht im Parterre Flächen für den Einzelhandel vor und schafft auf den darüberliegenden sechs unterschiedlich gestaffelten Geschossen repräsentative Büroräume Abb.: Quelle Pareto GmbH

Projektentwickler:
PARETO GmbH, Köln

Partner am Bau:
- JÜRGENSEN & JÜRGENSEN ARCHITEKTEN
- Hubert Wolfgarten GmbH
- BPP VOLLMER Büro für Planung und Projektsteuerung
- Zechbau GmbH
- a+m Architekten Ingenieure
- Prof. Dr.-Ing. Jürgen Güldenpfennig Prüfingenieur für Baustatik
- Vermessungsbüro Austerschmidt & Dieper
- AWD Ingenieurgesellschaft mbH
- Ingenieurgesellschaft Schönborn mbH
- Ingenieurbüro Finette + Schönborn

— Anzeige —

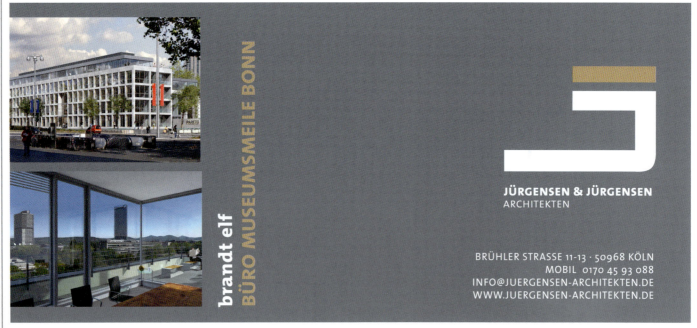

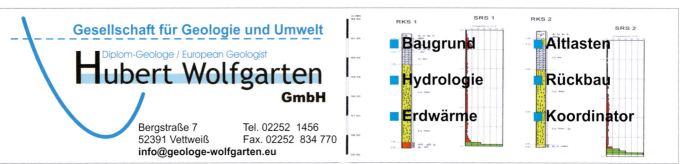

Anzeige Ausführende Firmen

BPP VOLLMER

Büro für Planung und Projektsteuerung

ROLF VOLLMER ARCHITEKT BDA	Planung
Cäcilienstraße 48 D-50667 Köln	Projektsteuerung
T +49 (0)221.2725596-0 F +49 (0)221.2725596-29	Controlling
office@bpp-vollmer.de www.bpp-vollmer.de	Wettbewerbsmanagement

**Zechbau GmbH
Niederlassung Bonn**
Königswinterer Straße 252
53227 Bonn
Tel.: 0228 / 46 70 57
Fax: 0228 / 46 96 57
info-bonn@zechbau.de

**Zechbau GmbH
Niederlassung Köln**
Hansaring 55
50670 Köln
Tel.: 0221 / 34 92-170
Fax: 0221 / 34 92-177
info-koeln@zechbau.de

www.zechbau.de

Modernes Leben am Rhein

In Köln-Ensen und Niederkassel-Mondorf entstehen zwei Neubaugebiete am Rheinufer

Auf dem rund 8.700 m² großen ehemaligen Gärtnereigelände in der Nähe des Ortszentrums von Niederkassel bei Bonn entsteht seit Oktober 2011 das Neubaugebiet „Mondorfer Gärten"

Weg vom Land, hinein in die City – so lautet ein allgemeiner Trend, den die NCC Deutschland GmbH aktuell beobachtet. Dennoch wollen die meisten Haus- und Wohnungsbesitzer trotz Stadtnähe nicht auf eine grüne Umgebung verzichten, sondern im Idealfall beides miteinander verbinden. Innerstädtische Lagen, wie die zweier neuer Projekte in der Region Köln/Bonn – „Im Rheinwinkel" in Köln-Ensen und „Mondorfer Gärten" in Niederkassel-Mondorf – sind daher für das deutschlandweit tätige Unternehmen besonders interessant.

IM RHEINWINKEL, KÖLN-ENSEN

Als Bauträger, Projektentwickler und Generalunternehmer einer Vielzahl von Projekten plant und errichtet NCC zurzeit auf einem ehemals gewerblich genutzten Grundstuck zwei Mehrfamilien- und 13 Reihenhäuser in Massivbauweise. Auf einer Fläche von fast 7.700 m², die NCC im Herbst 2010 erworben hatte, wurde im November 2011 mit dem Bau von 70 2- bis 4-Zimmer-Mietwohnungen mit rund 6.000 m² Wohnfläche inklusive Tiefgarage an der Kölner Straße begonnen. Im Herbst 2012 sollen diese fertiggestellt und anschließend im Paket an einen Investor übergeben werden. Im rückwärtigen Bereich entstehen zudem bis Herbst 2012 13 familienfreundliche Reihenhäuser mit Garage oder Außenstellplatz, die im Einzelvertrieb veräußert werden. Zwei Reihenhaustypen nach KfW-70-Standard mit einer Fläche von 120 bzw. 126 m² stehen zur Auswahl, beide voll unterkellert und mit Dachgeschossausbau, eine Variante mit einer großen, sonnigen Dachterrasse. Bei der Bestimmung des wirtschaftlich und ökologisch sinnvollsten Energiekonzepts entschied sich NCC für den Einsatz einer zentralen Holzpelletheizung in den Reihenhäusern, während die Energieversorgung der Mehrfamilienhäuser durch ein Blockheizkraftwerk erfolgt.

An einer ruhigen, privaten Wohnstraße gelegen, zeichnet sich „Im Rheinwinkel" neben einer abwechslungsreichen Architektur und der hohen Bauqualität insbesondere auch durch seine bevorzugte Lage mit hohem Freizeitwert aus: Die Rheinpromenade und Rad- sowie Wanderwege entlang des Flusses befinden sich in nur 150 m Entfernung; Schulen und Kindergärten sowie Nahversorgungseinrichtungen sind in unmittelbarer Umgebung vorhanden. Auch die optimale lokale und überregionale Verkehrsanbindung

Neben 13 Reihenhäusern werden in zwei Mehrfamilienhäusern 70 Wohneinheiten gebaut, die dank eines durchgängigen Aufzugs auch mit der Tiefgarage verbunden sind

Mit dem Bau der zwei Mehrfamilienhäuser mit insgesamt 70 2- bis 4-Zimmer-Mietwohnungen inklusive Tiefgarage wurde im Novemberr 2011 begonnen; im Herbst 2012 sollen sie fertiggestellt sein

An einer ruhigen, privaten Wohnstraße gelegen, zeichnet sich das Neubaugebiet „Im Rheinwinkel" durch seine ansprechende Architektur, hohe Bauqualität und seine bevorzugte Lage mit hohem Freizeitwert aus

wird von den Bewohnern geschätzt: Die Anbindung an die A59 sowie die A4 sind gut, und auch eine Straßenbahnhaltestelle mit direkter Anbindung zum Kölner Zentrum ist fußläufig erreichbar.

MONDORFER GÄRTEN, NIEDERKASSEL-MONDORF

Auf einem rund 8.700 m² großen ehemaligen Gärtnereigelände nah am Ortszentrum von Niederkassel bei Bonn, das NCC im April 2011 gekauft hatte, entsteht seit Oktober 2011 ein weiteres Neubaugebiet mit hervorragender Infrastruktur: Nach nur 500 m erreichen die zukünftigen Bewohner den Rhein und die nahen Freizeit- und Erholungsgebiete; Einkäufe des täglichen Bedarfs, Kindergärten und Grundschulen sind fußläufig erreichbar, und eine gute Verkehrsanbindung an Bonn besteht sowohl für Pkw als auch mit öffentlichen Verkehrsmitteln. Sowohl die öffentliche Erschließung als auch die Planung der Häuser und die Errichtung des Hochbaus erfolgten durch NCC. Der rechtskräftige Bebauungsplan, der unter Mitwirkung von NCC entwickelt wurde, sieht eine qualitativ hochwertige Bebauung vor: fünf Einzelhäuser mit einer Wohnfläche von 155 bzw. 202 m², zehn 134 bis 155 m² große Doppelhaushälften sowie zwei Zweifamilienhäuser mit 120 bis 132 m² großen Eigentumswohnungen werden bis Ende 2012 fertiggestellt. Zudem entstehen in zwei Mehrfamilienhäusern 13 2-, 3- und 4-Zimmer-Eigentumswohnungen mit einer Wohnfläche von 85 bis 119 m², von denen zehn bereits vor Baubeginn verkauft waren. Barrierefreiheit ist mit Blick auf den Bedarf an seniorengerechtem Wohnraum in Mondorf ein zentraler Aspekt gewesen, der bei der Planung der Wohnungen im Vordergrund stand. Dank eines durchgängigen Aufzugs, der auch die Tiefgarage mit den einzelnen Stockwerken verbindet, ist diese für insgesamt 13 Wohnungen gegeben. Alle Häuser nach KfW-70-Standard werden durch ein zentrales Blockheizkraftwerk im Contracting mit Energie versorgt. Das Neubaugebiet an der Havelstraße ist gleichzeitig die letzte innerörtliche Bebauung in einer solchen Größe in Mondorf.

Planender Architekt:
NCC Deutschland GmbH

Bauherr:
NCC Deutschland GmbH

Partner am Bau:
- U.S. Gerüsttechnik GmbH
- ESKA GmbH Eschmarer Sand-, Kies und Ausschachtungsgesellschaft mbH
- Matthias Frischke GmbH
- Fliesen Tschentke oHG
- A. W. Gallhöfer GmbH

Anzeige

Als Dienstleister im Gewerk Gerüstbau sind wir seit dem Jahr 2002 für Architekten, Bauunternehmen, Handwerker und private Bauherren im Rheinland und darüber hinaus tätig.
Unsere Leistung umfasst die Vermietung von Gerüstmaterialien, die Vermittlung von Gerüstaufträgen sowie die Beratung von Gesellschaften und beliebigen Dritten im Gerüstbau und im sonstigen Baugewerbe.

U.S. Gerüsttechnik GmbH

Siemensstraße 35 · 50259 Pulheim
Telefon 02238 . 96 48 11 · Telefax 02238 . 96 48 12
www.us-geruesttechnik.de · info@us-geruesttechnik.de

Ausführende Firmen Anzeige

ESKA GmbH

Eschmarer Sand-, Kies und Ausschachtungsgesellschaft mbH

- Erd- und Ausschachtungsarbeiten
- Abbrucharbeiten
- Containerdienst
- Bauschuttrecycling
- Bodenverwertung
- Kiesgruben / Schüttgüter
- Entsorgungsmanagement

Die Firma ESKA ist ein seit 1988 bestehendes, mittelständisches Unternehmen mit zurzeit über 45 qualifizierten Mitarbeitern.
Neben Erd- und Ausschachtungsarbeiten ist der Abbruch und Rückbau von Gebäuden sowie die Sanierung und Entsorgung von Altlasten ein wesentlicher Bestandteil unseres Leistungsspektrums. Die Entsorgung der Abfälle übernimmt unser Entsorgungsmanagement und Containerdienst. Zusätzlich betreibt die ESKA den Sand- und Kiesabbau in den Gruben Hennef und Troisdorf (Eschmar). Die gewonnenen und aufbereiteten Sand- und Kies-Produkte sowie sonstige Schüttgüter für den Straßen- und Tiefbau werden direkt ab Grube vertrieben bzw. bei Bedarf frei Baustelle von uns geliefert.

ESKA GmbH · Belgische Allee 50 · D-53842 Troisdorf
Telefon +49 (0) 22 41 / 9 32 67-0 · Telefax +49 (0) 22 41 / 9 32 67-26 · E-Mail: info@eskagmbh.de · www.eskagmbh.de

---

Heizung und Sanitär
Meisterbetrieb

Matthias Frischke GmbH

Oberkasseler Straße 23
53639 Königswinter-Oberdollendorf
Tel. 02223/24640 · Fax 02223/904392
matthias.frischke@online.de · www.matthias-frischke.de

- Komplette Haustechnik aus einer Hand
- Unverbindliche kostenfreie Beratung
- Kompetent und effizient – vom Angebot bis zum Ergebnis
- Zuverlässiger Kundendienst
- 24-Stunden-Hotline

Fliesen Tschentke oHG

Paul-Klee-Straße 9 · 50259 Pulheim
Tel.: (0 22 38) 5 49 85 · Fax: (0 22 38) 5 38 95
fliesentschentke@aol.com

Ein Garten in Sülz

Individuelles Raumgefüge, preiswert und in zeitloser Architektur – „Sülzterrassen"

Modellstudie Münstereifeler Straße
Abb.: krämer+weiß architekten

Aus dem Wunsch, ein „Eigenheim" gemeinsam mit Freunden zu verwirklichen, entwickelte sich die Baugruppe „Sülzterrassen". Das gewünschte Gebäude sollte u.a. möglichst nachhaltig und ökologisch gebaut werden, preiswert sein und eine zeitlose Architektur besitzen.

krämer+weiß architekten aus Köln entwickelten hieraus eine schlanke Gebäudetypologie, die aus zwei Maisonette-Typen besteht. Die Gartenmaisonette und die Dachmaisonette – beide mit vergleichbaren Qualitäten. Die Gartenmaisonette ist klassisch organisiert. Jede hat ihren direkten erdgeschossigen Zugang über eine vorgelagerte Eingangssituation vom öffentlichen Gehweg aus und im Innenhof eine der Wohnungsbreite entsprechende Gartenfläche. Die Wohn- und Kochbereiche sind größtenteils fließende Raumabfolgen im Erdgeschoss, die Schlaf- und Arbeitsräume bilden den introvertierten Bereich im Obergeschoss. Die darauf gestapelten Dachmaisonetten haben alle nicht einsehbare Dachterrassen von ca. 44 m² und werden über das zentrale Treppenhaus von den obersten Geschosswohnungen aus erschlossen. Hierüber gelangen die Bewohner entweder direkt in ihre Wohnungen oder, und das ist ein Novum, über ihre eigenen Dachterrassenflächen in die Wohn- und Kochbereiche. Sie steigen dann über eine interne Treppe hinab in ihre restlichen Wohnflächen. Die Maisonetten sind somit gestapelt, die Funktionen sind jedoch gespiegelt.

krämer+weiß architekten aus Köln entwickelten aus den Wünschen der Bauherrschaft eine schlanke Gebäudetypologie, die aus zwei Maisonette-Typen besteht – der Gartenmaisonette und der Dachmaisonette
Abb.: krämer+weiß architekten

„Spiegeln statt Stapeln" ist der hieraus abgeleitete Leitgedanke, der sich auch in den Fassaden wiederfindet. Die „mittigen" Obergeschosse unterscheiden sich deutlich in ihrer Gestalt von dem Erdgeschoss und den obersten Geschosswohnungen und lassen Funktion und Gestalt in der Fassade verschmelzen. Das Gebäude mit acht Maisonetten und 938 m² WF wird den KfW-Standard „Effizienzhaus 70" erreichen. Die Hauptwärmeversorgung wird durch eine neue Fernwärmeleitung, die das ganze Areal versorgt, gesichert.

Nach zwei Jahren der intensiven Auseinandersetzung ist nicht nur ein hochkomplexes individuelles Raumgefüge entstanden, in dem kaum eine Versorgungsleitung in klassischer Manier senkrecht durch das Gebäude verläuft, sondern auch eine funktionierende Gruppe, in der mitunter Pädagogen zu Architekten wurden und Architekten zu Pädagogen. Der Einzug in die „Sülzterrassen" wird im Sommer 2012 erfolgen.

> **Planender Architekt:**
> krämer+weiß
> architekten bdb, Köln

> **Partner am Bau:**
> - Kühnhausen Dübbert Semler
>   Öffentlich bestellte
>   Vermessungsingenieure

Spektakulärer Hotelbau direkt am Rheinufer

Der Neubau des AKR-art'otel im Rheinauhafen in Köln

Der von den Architekten nps tchoban voss GmbH & Co. KG, Hamburg, geplante Hotelbau beeindruckt mit hoher Lobby, gläsernen Aufzügen und lichtdurchfluteten Zimmern

Das Baugrundstück liegt im Kölner Rheinauhafen, an der Straße Holzmarkt 4. Durch die Lage am nördlichsten Kopf des Rheinauhafengebiets stellt das art'otel eine städtebauliche Dominante dar. Die Immobilie bildet zusammen mit dem bekannten Schokoladenmuseum eine prominente Torsituation zum Rheinauhafen und ist eine städtebauliche Landmarke mit signifikanter Fernwirkung.

Das Gebäude gliedert sich in zwei Baukörper, bei dem durch den mittig angelegten und transparenten Erschließungskern spannungsvolle Blickbeziehungen zum Rhein geschaffen werden. Daran schließen sich ein Nord- und ein Südflügel mit jeweils sechs Geschossen an. Das Hotel orientiert sich zum Rhein und zum Holzmarkt, an dem sich der repräsentative Haupteingang befindet. Südlich davon liegt separat die Ein- und Ausfahrt zur Tiefgarage mit 33 Stellplätzen.

Das Erdgeschoss des Hotels beinhaltet die „Public Areas", wie die Lobby, die Gastronomie und den Konferenzbereich. Lufträume im Atrium von bis zu ca. 19 m Höhe prägen die repräsentative Lobby, vermitteln einen großzügigen Raumeindruck und spannungsvolle Blickbeziehungen zum Rhein. Beginnend mit dem ersten Obergeschoss gibt es im Gebäude insgesamt 221 Hotelzimmer. Im fünften Obergeschoss befindet sich ein kleiner Wellnessbereich mit Zugang zur Dachterrasse.

Das wesentliche Gestaltungsmerkmal des Gebäudes ist die hochwertige und individuell gestaltete Fassade. Dabei erhielten die Obergeschosse eine Sichtbetonfassade mit in Pastellfarben getönten Fenstern. Darüber hinaus wird nicht nur die Fassade an den Stirnseiten und an der Ostseite Richtung Rhein durch Glaserker bereichert, auch die Hotelzimmer erfahren durch die begehbaren Glaserker zusätzliche Fläche und ein einzigartiges Raumgefühl. Die transparente Sockelfassade im Erdgeschoss und die ebenso lichte Fassade des vertikalen Erschließungsbereiches bilden einen gestalterischen Rahmen um die Betonfassade und vermitteln zugleich das Gefühl eines schwebenden Gebäudes. Ein optimal ausgerichtetes Beleuchtungskonzept verleiht dem Gebäude noch mehr Ausdruckskraft und rundet gleichzeitig das Gesamterscheinungsbild harmonisch ab. Im Kernbereich ermöglichen zwei Glaspanoramaaufzüge nicht nur eine optimale Erschließung innerhalb des Gebäudes, sondern bieten den Hotelgästen optimale Blickbeziehungen über den Rhein.

Projektentwicklung:
LIP Ludger Inholte Projektentwicklung GmbH & Co. KG, Hamburg

Partner am Bau:
- Werner Thoma Baugesellschaft
- FLOS GMBH
- GSTprofessional GmbH Großküchen-Service-Team GmbH
- Jean Harzheim GmbH & Co. KG
- Ingenieurgesellschaft Schönborn mbH
- Ingenieurbüro Finette + Schönborn
- Karlheinz Döhler GmbH & Co. KG

Anzeige Ausführende Firmen

Die Visionen von Bauherren und Architekten zu realisieren, dafür arbeiten wir. So auch bei dem art'otel im Kölner Rheinauhafen.

Der Rohbau, das Dach und die Fassade haben uns vor Herausforderungen gestellt, die wir gerne angenommen haben. Die Qualität unserer Arbeit ist erlebbar: SB 4-Sichtbeton als stilbildendes Element im Innern sowie im Fassadenbereich des art'otel. So gibt die Kunst des Bauens der Kunst von SEO eine Heimat. Wir freuen uns darauf, neue bauliche Herausforderungen anzunehmen. Denn die Kunst zu **bauen ist unsere Leidenschaft**.

www.thoma-bau.de

OPTIMIERT BAUEN.
AUS LEIDENSCHAFT.

Werner Thoma Baugesellschaft

Quality Hotel, Toensberg (Norwegen)

Flos S.P.A. ist ein mit Entwurf und Herstellung von designorientierten Leuchten befasstes italienisches Unternehmen mit Hauptsitz in Bovezzo/Brescia (Italien). Dort befinden sich die Produktion und die Konzeptabteilung, die mit namhaften Designern – wie beispielsweise Achille Castiglioni, Antonio Citterio, Jasper Morrison, F.A. Porsche oder Philippe Starck – zusammenarbeitet. Flos hat zurzeit mit zwölf Tochterunternehmen und sieben Flagship Stores einen weltweiten Absatzmarkt. 2005 wurde der Architectural-Bereich mit technischen Leuchten erweitert durch die Erwerbung der Mehrheit in der spanischen Firma Antares in Valencia. Seit 2007 steht der Name Flos Architectural für das technische Leuchtenprogramm. Die Fertigung aller Produkte basiert auf europäischem Standard. Die Erweiterung der Produktpalette erlaubt eine noch intensivere Projektplanung. Die Kombination von Technik- und Deko-Leuchten ermöglicht spannende Objektrealisierungen. Seit 2002 ist die Flos GmbH in Langenfeld Tochtergesellschaft von Flos S.P.A. und von Antares Iluminación. Mit modernster Software werden Lösungen für den Objekt- und Projektbereich geplant und berechnet – immer im Hinblick auf Design, Funktionalität und Wirtschaftlichkeit. Die lichtplanerische Unterstützung zählt dabei zum kostenlosen Service.

FLOS GMBH
Elisabeth-Selbert-Straße 4a
40764 Langenfeld
Tel. 0 21 73 / 10 93 70
Fax 0 21 73 / 10 93 77-0
info@flos-gmbh.de
www.flos.com

PLANUNG | REALISIERUNG | VERTRIEB | SERVICE

In enger Zusammenarbeit mit Investoren, Architekten, Ingenieurbüros und Betreibern, erarbeitet die GSTprofessional GmbH Hamburg energieeffiziente und wirtschaftliche Küchen- und Gastronomiekonzepte in der Hotellerie, Gastronomie und Gemeinschaftsverpflegung.

Durch unterstützende Tätigkeit bei der Planung und Optimierung des Küchenkonzeptes entstand, in Zusammenarbeit mit dem zukünftigen Nutzer, auch im art'otel Köln eine moderne Vollküche, in der besonderer Wert auf die optimalen Küchenabläufe sowie hohe Hygienestandards gelegt wurde.

GSTprofessional – kompetenter Partner für die professionelle Großküche

Großküchen-Service-Team GmbH
Friedrich-Ebert-Damm 202a · 22047 Hamburg
Telefon: 040 66859510 · Telefax: 040 66889522
gst@gst-professional.de · www.gst-professional.de

Draußen im Grünen und doch mittendrin

Das Baugebiet „Am Feldrain" als neue Adresse für hochwertiges Wohnen in attraktiver Lage in Köln-Sürth

Die Doppelhaushälften zeichnen sich durch offene Grundrisse und lichtdurchflutete Räume aus: Die Belichtung erfolgt dank Über Eck Fensteranlagen über jeweils zwei Seiten

Auf rund 60.000 m² wurden im Baugebiet „Am Feldrain" ein Einfamilienhaus-Quartier mit Doppel- und Reihenhäusern sowie ein Geschosswohnungs-Quartier kombiniert

Mit dem Baugebiet „Am Feldrain" haben die gesellschaftsrechtlich verbundenen Kölner Immobiliengesellschaften WBG (Wohnungsbaugesellschaft für das Rheinische Braunkohlenrevier GmbH) und GSG (GSG Wohnungsbau Braunkohle GmbH) ein hochwertiges Wohnquartier auf einer Gesamtfläche von ca. 60.000 m² erstellt. Das Gebiet weist eine gelungene Kombination hinsichtlich der baulichen Nutzung auf: Im unteren Teil liegt ein Einfamilienhaus-Quartier mit 87 attraktiven Doppel- und Reihenhäusern. Im oberen Teil befindet sich das Geschosswohnungs-Quartier mit sieben Stadthäusern und zwei Stadtvillen mit insgesamt 87 modernen Mietwohnungen und fünf Tiefgaragen.

Das Einfamilienhaus-Quartier besticht durch eine anspruchsvolle Architektur. Der letzte Bauabschnitt wurde im Sommer 2011 fertiggestellt und verkauft. Er bildet den Abschluss einer erfolgreichen Bauträgermaßnahme: Davon erhielten 17 Reihenhäuser, die durch das Architekturbüro Schmitz-Helbig, Köln, geplant wurden, den Kölner Architekturpreis, den Landesarchitekturpreis NRW und eine Anerkennung zum Deutschen Architekturpreis.

Die Doppelhaushälften zeichnen sich vor allem durch ihre offenen Grundrisse auf einer Wohnfläche von rund 150 m² aus. Aufgrund der ineinanderübergehenden Räume im Erdgeschoss entsteht ein großzügiger Raumeindruck. Die Belichtung der Räume erfolgt dank Über-Eck-Fensteranlagen über jeweils zwei Seiten. In die Außenwohnbereiche wurden neben Gärten zudem Dachterrassen im offenen und transparenten Staffelgeschoss integriert. Die Flachdächer tragen zur Verbesserung des Mikroklimas bei, denn sie sind mit einer extensiven Dachbegrünung ausgestattet. Dadurch werden 70 Prozent des anfallenden Niederschlagswassers wieder an die Atmosphäre abgegeben. Mit den klar strukturierten Fassaden und den hochwertigen Materialien strahlen die Gebäude eine Solidität aus, die den Anspruch an zeitgemäßes Wohnen erfüllt und auch noch in Jahrzehnten ihre Gültigkeit hat.

Die neun Mehrfamilienhäuser mit insgesamt 87 2- bis 4-Zimmer-Wohnungen bilden den städtebaulichen Übergang von den Einfamilienhäusern zu dem anschließenden Gewerbegebiet. Es handelt sich um drei- bis viergeschossige Punkthäuser, die die Belichtung der Räume über zwei Seiten ermöglichen. Hochwertige Materialien, wie Eichenparkett und Naturstein, Fußbodenheizung, zentral gesteuerte elektrische Rollläden und ein Aufzug von der Tiefgarage in alle Geschosse sind nur einige der Annehmlichkeiten, die dem Wunsch an modernes Wohnen nachkommen. Die Loggien sind jeweils solitär in den Gebäudeecken angeordnet, wodurch gegenseitige Einsichtmöglichkeiten vermieden werden. Auch der Gestaltung der Außenanlagen kommt eine besondere Bedeutung zu. Die Wohnungen im Erdgeschoss verfügen über großzügige Mietergärten. Gestalterisch hochwertige Nebengebäude bieten Platz für eine geordnete Unterbringung von Müll sowie Fahrrädern. In den geschützten hinteren Bereichen wurden Gemeinschaftsflächen und Spielmöglichkeiten für Kinder geschaffen.

Eine Besonderheit der Mehrfamilienhäuser: Die Loggien sind jeweils solitär in den Gebäudeecken angeordnet, wodurch gegenseitige Einsichtmöglichkeiten vermieden werden

Bauträger/Bauherr
- Proj. „87 Einfamilienhäuser" und „2 Stadtvillen":
GSG Wohnungsbau Braunkohle GmbH, Köln
- Proj. „7 Stadthäuser":
Wohnungsbaugesellschaft für das Rheinische Braunkohlenrevier GmbH, Köln

Planender Architekt
- Proj. „44 Einfamilienhäuser":
Architekturbüro Schmitz-Helbig, Köln

Partner am Bau:
- GE Elektro Esser e.K.
- ingenieurbüro soentgerath bautechnik
- Stracke Ingenieurgesellschaft mbH

Anzeige Ausführende Firmen

ELEKTRO ESSER
Installationstechnik · Beleuchtungstechnik
Kommunikationstechnik · Kundendienst

GE Elektro Esser e.K.
Inh. Horst Schumacher
Im Vogelsang 19 · 52441 Linnich

Telefon (0 24 62) 20 29 901
Telefax (0 24 62) 20 29 902
schumacher@geelektroesser.de

---

ingenieurbüro soentgerath
bautechnik

an sichelscheid 28 · 52134 herzogenrath
tel.: 0 24 07 / 30 41 · fax: 0 24 07 / 5 91 28
email: isb-soentgerath@t-online.de

isb
helmut soentgerath
dipl.-ing. (TH)

STRACKE INGENIEURGESELLSCHAFT MBH
INGENIEURBÜRO FÜR TRAGWERKSPLANUNG

Neuhöfferstraße 17 | 50679 Köln [Deutz] | Fon 02 21.981 54-0 | Fax 02 21.981 54-20
info@stracke-ing.de | www.stracke-ing.de

Produktinfo ◀

Der sichere Rundumschutz
Langlebige Metallzäune mit vielen Vorteilen

(epr) Kinder lassen bei schönem Wetter ihrem Spieltrieb freien Lauf. Doch schnell sind sie auf die gefährliche Straße gelaufen. Für den nötigen Schutz sorgt hier ein Gartenzaun aus Metall, der das Grundstück sicher umrahmt. Gegenüber einem Holz- oder Kunststoffzaun verrottet und verblasst dieses Material nicht. Ein feuerverzinkter Metallzaun ist pflegeleicht, hält jeder Witterung stand und ist besonders langlebig. Ob Gittermatten-, Drahtgitter- oder Maschendrahtzaun – die Gütegemeinschaft Metallzauntechnik bietet für jeden die passende Lösung. RAL-gütegesicherte Metallzäune und -tore gewährleisten eine einwandfreie Nutzungssicherheit sowie eine unabhängige Qualitätskontrolle. Mehr unter www.guetezaun.de.

Rundum abgesichert: Mit einem Gartenzaun aus Metall sind spielende Kinder auch in einem unbeobachteten Moment vor Gefahren außerhalb des Grundstücks geschützt
(Foto: epr/Heras Adronit/RAL)

Metallzäune bringen gegenüber anderen Materialien viele Vorteile mit: Sie verrotten und verblassen nicht. Aufwendiges Auftragen einer Schutzlasur oder jährliches Streichen sind nicht notwendig
(Foto: epr/LEGI/RAL)

Bauliche Investition in Bildung

Die Stadt Mülheim an der Ruhr saniert und erweitert die Karl-Ziegler-Schule, die Willy-Brandt-Schule und die Luisenschule

Es ist das größte Schulbauprojekt der Stadtgeschichte: Mit der Sanierung und Erweiterung der Karl-Ziegler-Schule, der Willy-Brandt-Schule und der Luisenschule realisiert die Stadt Mülheim das Vorhaben „3 Schulen, Mülheim" als Public-Private-Partnership-Projekt. Im Rahmen eines europaweiten Ausschreibungsverfahrens war die Bietergemeinschaft STRABAG Real Estate GmbH/Ed. Züblin AG als Sieger hervorgegangen. Die STRABAG SE bietet mit ihren Tochterunternehmen den gesamten Lebenszyklus-Service aus einer Hand:
Die Projektentwicklung und Koordination liefert die STRABAG Real Estate GmbH, die Ed. Züblin AG führt die Planung und den Bau aus, und die STRABAG Property and Facility Services GmbH übernahm sämtliche Betriebsleistungen über 25 Jahre seit Vertragsbeginn im Juni 2010.

KARL-ZIEGLER-SCHULE

Die Baumaßnahmen am Karl-Ziegler-Gymnasium wurden im November 2010 begonnen; die vertraglich vereinbarte Fertigstellung wurde auf Ende 2012 datiert. In drei Bauphasen werden rund 11.000 m² Bruttogeschossfläche saniert und 1.700 m² neu geschaffen.

Im 1. Bauabschnitt wurde zum einen die Sporthalle umfassend saniert – dabei wurde ein neuer Sportschwingboden eingesetzt und es wurden neue Geräte angeschafft –, zum anderen wurde eine neue Mensa errichtet: Um aus einem alten, zur Sporthalle gehörenden Flachbau eine großzügige Schulspeisung sowie Aufenthaltsräume für das Ganztagsschulprogramm zu gestalten, wurde das Gebäude bis auf das Kellergeschoss und die straßenseitige Außenwand rückgebaut. Die gewachsene städtebauliche Situation wurde belassen, das Gesamtbild des Baus zeigt sich auf der Straßenseite unverändert. Dagegen erhielt die Anlage zur Schule hin ein architektonisch neues Gesicht, hier wurden offene und helle Räume geschaffen, die den modernen pädagogischen Ansprüchen gerecht werden.
Der Schulkomplex besteht aus einem Altbau und einem aus den 1980er Jahren stammenden Alt-Neubau. Die Sanierungsmaßnahmen konzentrieren sich zunächst auf den südlichen Teil, sobald diese Bauarbeiten abgeschlossen sind, werden Ost- und Westteil erneuert. Die Vorgabe der Stadt, das Bauprojekt bei laufendem Schulbetrieb umzusetzen, macht diese schrittweise Vorgehensweise erforderlich. Für die jeweiligen Sa-

In drei Bauphasen werden am Karl-Ziegler-Gymnasium rund 11.000 m² Bruttogeschossfläche saniert und 1.700 m² neu geschaffen. Auf der Straßenseite zeigt sich das Gesamtbild des Baus unverändert, dagegen erhielt die Anlage zur Schule hin ein architektonisch neues Gesicht

nierungsbereiche stehen Container-Klassenräume auf dem Schulhof zur Verfügung. Um die Baulärmbelästigung so gering wie möglich zu halten, wurde der komplette Bauablauf auf den Schulalltag abgestimmt. Die Kernsanierung der Schulgebäude bezieht sich auf Fenster, Fußböden, Wände, Decken sowie die gesamte Haustechnik mit Heizung, Belüftung, Sanitär und Elektrotechnik. Der Osttrakt wird im Gegensatz zur Auslobung um ein Geschoss erhöht: Die Biege hatte im Vergabeverfahren dafür plädiert, keine zusätzliche Grundstücksfläche zu verbrauchen, sondern stattdessen den Bestand aufzustocken.
In der dritten Bauphase werden schließlich der Verwaltungstrakt und die Fachräume saniert.
Da die Schulen künftig im Höchstmaß wirtschaftlich und ökologisch beheizt werden sollen, entschied sich die Stadt Mülheim mit der Biege an dieser Schule für den Einsatz einer Pelletheizung.
2012 wird ferner auf dem Dach des Alt-Neubaus eine Photovoltaik-Anlage installiert. Die

Die Erhaltung der schulspezifischen Besonderheiten stand bei der Sanierung und Instandsetzung der Willy-Brandt-Schule im Vordergrund: Ein unter Denkmalschutz stehender Gebäudeteil wurde nach dem Originalbestand behutsam restauriert und teilweise neu hergestellt

Grün- und Freianlagen des Gymnasiums werden durch ein sogenanntes „grünes Klassenzimmer" erweitert – eine kleine Allee von Bäumen mit fest installierten Sitzgelegenheiten bietet dann zusätzlichen Raum zur Erholung.

WILLY-BRANDT-SCHULE

Bei der Sanierung und Instandsetzung der Willy-Brandt-Schule, die im Dezember 2010 begonnen wurde und im April 2012 fertiggestellt sein wird, stand die Erhaltung der schulspezifischen Besonderheiten im Vordergrund: Entlang der Oberhausener Straße galt es, einen unter Denkmalschutz stehenden Gebäudeteil nach dem Originalbestand behutsam zu restaurieren und teilweise neu herzustellen. Die gesamte Baurestaurierung fand in enger Abstimmung mit der Denkmalschutzbehörde der Stadt Mülheim statt, die die fachliche Aufsicht führte. Eine der wichtigsten Vorgaben war in diesem Zusammenhang die Erhaltung der Originalfenster, die die Ed. Züblin AG daher aufgearbeitet und mit einer Isolierverglasung ausgestattet hat. Die Türanlagen zu den einzelnen Klassenräumen

wurden nach historischem Vorbild modernisiert, ebenso wie die Klassenräume selbst sowie die Flurbereiche. Die Dacheindeckung des Bestandsgebäudes wurde nach denkmalpflegerischen Gesichtspunkten neu hergestellt. Nachdem die Schüler vorübergehend in Interims-Klassenräumen untergebracht waren, sind die Baurestaurierungsarbeiten im Wesentlichen abgeschlossen und das Bauteil steht für den Schulbetrieb wieder zur Verfügung.

Im Zuge der Sanierungsarbeiten wurde die komplette Haustechnik ausgetauscht. Die Beheizung der Schule erfolgt durch ein wirtschaftlich effizientes und ökologisch wirksames Blockheizkraftwerk (BHKW), mit dem gleichzeitig Strom zur Einspeisung erzeugt wird. Bis zum Spätherbst 2012 soll zudem ein dreigeschossiger Neubauteil fertiggestellt sein, der im Obergeschoss durch eine Brücke mit dem Bestandsgebäude verbunden ist. Auf 3.000 m² Bruttogeschossfläche bietet er im Erdgeschoss Platz für eine großzügige Mensa inklusive eines Küchen- und Ausgabebereichs und im Obergeschoss neue Klassenräume. Auf das Dach des Neubaus wurde eine Photovoltaik-Anlage aufgesetzt, die bereits in Betrieb genommen wurde. Auf Wunsch der Schule wurde der Bestand an Außenanlagen wieder in seinen ursprünglichen Zustand versetzt, dazu zählt auch ein kleiner Teich als Biotop.

Der dreigeschossige Neubauteil der Willy-Brandt-Schule ist im Obergeschoss durch eine Brücke mit dem Bestandsgebäude verbunden und bietet auf 3.000 m² Bruttogeschossfläche Platz für eine Mensa sowie neue Klassenräume

LUISENSCHULE

Großer Wert wurde bei der Erweiterung der Luisenschule auf die Erhaltung des in Tradition gewachsenen Gebäudekomplexes gelegt. Das Gymnasium befindet sich in einem Nachkriegsbau mit hochwertigen architektonischen Details. Entgegen der ursprünglichen Auftragsfassung des Auslobers, die vorsah, einen Neubau im Grünbereich der Schule zu errichten, hat die Strabag ein Konzept erarbeitet, das nur ein Minimum an zusätzlichen Bauflächen beansprucht. Auf diese Weise kann der vorhandene Schulgartenbereich erhalten bzw. wiederhergestellt werden. Der

Bei der Erweiterung der Luisenschule wurde der in Tradition gewachsene Nachkriegsbau mit hochwertigen architektonischen Details erhalten. Der moderne dreigeschossige Neubau wurde in der Höhe an das Bestandsgebäude angepasst und stellt sich als Campusabschluss dar

moderne dreigeschossige Neubau mit einer Bruttogeschossfläche von 2.700 m^2 wurde in der Höhe an die Bestandsgebäude angepasst und stellt sich als Campusabschluss dar, wodurch die Schule städtebaulich zu einer geschlossenen Anlage wird. Das Flachdach des Neubaues wurde mit einer Photovoltaik-Anlage ausgestattet, die bereits in Betrieb genommen wurde. Als Besonderheit sieht das Baukonzept der Biege die Überdachung des Atriums, des Innenhofbereichs des Gymnasiums, vor. Damit erhält die Luisenschule eine größere Aula/Mensa als ursprünglich angedacht war.

Mit möglichst geringen Eingriffen in den Bestand wird der alte Gebäudeteil bis zum nächsten Jahr saniert, auch hier wird die gesamte Haustechnik erneuert. Nachdem die Baumaßnahmen im Januar 2011 begonnen wurden, sollen sie Ende August 2012 abgeschlossen sein.

Auftraggeber:
Stadt Mülheim

Auftragnehmer bzw. Bauherr:
Bietergemeinschaft STRABAG Real Estate GmbH/Ed. Züblin AG (Biege)

Generalunternehmer:
Ed. Züblin AG

Auftragnehmer Betrieb:
STRABAG Property and Facility Services GmbH

Partner am Bau:
- Lanvermann GmbH & Co. KG
- WWD Dienstleistung GmbH
- Dipl.-Ing. Jürgen Kraft Öffentlich bestellter Vermessungsingenieur

— Anzeige —

Schulstraße 10
46325 Borken-Marbeck
Telefon 0 28 67/9 74 40
Telefax 0 28 67/9 74 44
info@lanvermann.de
www.lanvermann.de

- Heizung
- Sanitär
- Lüftung
- Klima
- Komplettsanierung
- Energieberatung
- Kundendienst
- Wartung

Wir sind Ihr Partner für ein optimales Gebäudemanagement

Technische und infrastrukturelle Dienstleistungen:
- Hausmeisterservice
- Gebäudereinigung
- Außen- und Grünanlagenpflege
- Winterdienst
- Materialverwaltung
- Sicherheitsdienste
- Pforten- und Empfangsdienste

WWD Dienstleistung GmbH
Esslinger Straße 7, 70771 Leinfelden-Echterdingen
Tel.: 0711 / 249 447-0, Fax: 0711 / 259 447-25
info@wwd-dienstleistung.de, www.wwd-dienstleistung.de

...Erwartungen übertreffen

Finanzierbare, qualitativ hochwertige Zuhause zum Wohlfühlen

Germania Carré in Köln-Porz / Einfamilienhäuser in Köln-Rath und Köln-Sürth

Zwischen Bahnhofstraße und Concordiaplatz, auf dem Areal der ehemaligen Germania-Spiegelglaswerke in Köln-Porz, realisierte die Wilma Wohnen West GmbH das Germania Carré

DAS GERMANIA CARRÉ IN KÖLN-PORZ

Nach dem Motto „Hier wil(l) ma(n) wohnen" verwirklicht die Wilma Wohnen West GmbH mit Sitz in Ratingen seit mehr als 30 Jahren Wohnbauprojekte in ganz Nordrhein-Westfalen. Auf dem Areal der ehemaligen Germania-Spiegelglaswerke, zwischen Bahnhofstraße und Concordiaplatz in Köln-Porz, realisierte Wilma das Germania Carré: Nur wenige hundert Meter von der Fußgängerzone „Porzcity" entfernt, wurden 91 Einfamilienhäuser in vier Bauabschnitten errichtet. Architektonisch und gestalterisch passen sich die neuen Bauten mit Wohnflächen von 130 – 160 m² an die benachbarten denkmalgeschützten Häuser der alten Germania-Siedlung an, die zwischen 1899 und 1903 entstanden. Zum Germania Carré zählen zudem 72 qualitativ hochwertige Genossenschaftswohnungen, die das Unternehmen Wilma Wohnen Rheinland GmbH in zwei Bauabschnitten für die Porzer Wohnungsgenossenschaft eG gebaut hat. Die zwei L-förmig angeordneten Gebäudekomplexe verfügen jeweils über vier Hauseingänge und einen großzügigen, begrünten Innenhof. Die Vielzahl der attraktiven Wohnungszuschnitte reicht vom Appartement bis zur 4-Zimmer-Wohnung mit Wohnflächen von 40 – 125 m². In Teilbereichen der Planung wurden seniorenfreundliche Grundrisse und Ausstattungsmerkmale berücksichtigt. Die gesamte Bebauung wurde ergänzt und im Juni 2011 abgeschlossen durch 14 großzügige, sonnige Eigentumswohnungen an der Glasstraße: Die Wohnanlage bietet den Bewohnern einen Aufzug und eine Tiefgarage; die Wohneinheiten wurden aufwendig ausgestattet mit hellen Bädern, Parkettböden, Fußbodenheizung sowie Balkonen oder Terrassen.

Architektonisch und gestalterisch passen sich die neuen Bauten des Germania Carrés an die benachbarten denkmalgeschützten Häuser der alten Siedlung an

KÖLN-RATH UND KÖLN-SÜRTH – WOHNEN MIT CHARAKTER IN ZENTRALER LAGE

In Rath an der Lützerather Straße entsteht ein neues Wohngebiet mit 20 hochwertigen massiven Doppelhäusern, die sich durch Großzügigkeit, helle und schön gestaltete Räume sowie alle Vorteile einer höchst modernen Haustechnik auszeichnen. Anspruchsvolles Wohnen, eingebettet in gewachsene Grünstrukturen, hat in Rath lange Tradition.

Auch im Stadtteil Sürth – der seinen Bewohnern viel Grünfläche und zahlreiche kinderfreundliche Einrichtungen bietet – setzt das Unternehmen aktuell ein Bauprojekt um. An der Bergstraße werden bis Ende 2012 28 Doppel- und Reihenhäuser errichtet. Familienfreundlich geplant und ansprechend sowie großzügig gestaltet, warten sie mit höchstem Wohnkomfort zum Wohlfühlen auf.

-Proj. „Germania Carré"
Bauherr:
Wilma Wohnen Rheinland GmbH, Ratingen
Planender Architekt:
Architekturbüro Finck
sgp architekten+stadtplaner, Bonn

-Proj. „EFH Köln-Rath und Köln-Sürth":
Bauherr:
Wilma Wohnen Köln-Bonn GmbH, Ratingen
Planender Architekt:
Architekturbüro Finck

Partner am Bau:
- **Parkett- & Fußbodentechnik Brake GmbH & Co. KG**
- **Vermessungsbüro Dipl.-Ing. Otmar Steden und Dipl.-Ing. Achim Magendanz**

Anzeige

M70 – stilvoll arbeiten in Exklusivität und Klasse

Generalsanierung und Umnutzung des ehemaligen Marienburger Kurbads in Köln

Das ehemalige Marienburger Kurbad bietet nach der Generalsanierung auf 1.300 m² flexible Nutzungsmöglichkeiten für Büro-, Kanzlei-, Praxis-, Fitness- oder Wellnessräume

Wo einst Sauna- und Badegäste Entspannung suchten, entsteht viel Raum für kreatives Schaffen – unter der Leitung der BAUCON Immobilien Management GmbH wird das Marienburger Kurbad in Köln umgenutzt. Das 1968 als zweigeschossiges Wohn- und Praxisgebäude mit Bäderbetrieb errichtete Objekt zeichnet sich zunächst durch seinen einzigartigen Standort aus. Der Stadtteil Marienburg, den prachtvolle Gründerzeit- und Jugendstilvillen auf riesigen Anwesen prägen, bietet sowohl viel Grünfläche und Naherholungsmöglichkeiten als auch die unmittelbare Nachbarschaft zum Zentrum der Metropole Köln.

Mitten in dem exklusiven Stadtteil ensteht ein repräsentativer Firmensitz, der höchste Ansprüche an Ambiente, Stil, hochmodernes Energiemanagement und maximale Flexibilität vereint. Das architektonische Konzept spielt mit dem reizvollen Kontrast zwischen dem alten Bestand, der während des Bauprozesses behutsam erhalten wurde, und der modernen Außenanmutung und Ausstattung.

Im ersten Schritt wurde das Bestandsgebäude bis auf seine tragende Substanz entkernt und generalsaniert. Ein großzügiger Aufbau eröffnet neue Möglichkeiten mit Blick auf die vielseitige Nutzbarkeit. Charakteristisch für das Gebäude ist die Deckenstruktur aus Stahlbeton mit regelmäßigen Stützen und Unterzügen, die als „Kaiserdecke" ausgebildet wurde und in der Grundrissentwicklung zu beachten war. Eine besondere Herausforderung war es, neben dem Erhalt der alten Struktur, flexible Nutzungsmöglichkeiten zu erschaffen: Entstanden sind großzügige, lichtdurchflutete Räume, die auf einer Gesamtfläche von 1.300 m² in bis zu sechs separate Einheiten gegliedert werden können. Durch die hohe Variabilität der Räume sind vielseitige Nutzungen wie z.B. Büro-, Kanzlei-, Praxis-, Fitness- oder Wellnessräume realisierbar.

Die Planung des auf Modernisierung alter Gebäude spezialisierten Architekturbüros sah die Vergrößerung der Fenster vor, um lichte Räume zu schaffen. In enger Abstimmung mit dem Statiker wurden die Fenster des Bestandsgebäudes vergrößert, wobei alle der Sonne zugewandten Verglasungen über vorgelagerte Schiebeläden mit Holzlamellen verfügen, die je nach Sonnenstand manuell verschoben werden können. Die neuen Fensterflächen in Verbindung mit den bis zu 3,40 m hohen Decken sorgen für ein besonderes Maß an natürlichem Licht und vermitteln ein großzügiges Raumgefühl, das durch weitläufige Terrassen fortgesetzt wird. Liebevolle Details und stilsicher zum Einsatz gebrachte hochwertige Materialien unterstreichen die Atmosphäre von Exklusivität und Klasse.

Das hochmoderne Energiekonzept führt zu einem enorm niedrigen Energieverbrauch. Durch den Einbau einer Gasabsorptionswärmepumpe mit hohem Wirkungsgrad in Verbindung mit einer kontrollierten Be- und Entlüftung kann die Fußbodenheizung sowohl zum Wärmen als auch zum Kühlen genutzt werden. Jede Einheit verfügt über eine gesonderte Belüftungseinheit und ermöglicht eine individuelle, bedarfsgerechte Regelung. So können die Energiekosten um ein Vielfaches reduziert werden.

Zu den Einheiten gehören insgesamt zwölf Stellplätze für Pkw, Stellplätze für Fahrräder sowie separate Kellerräume. Ein behinderten- und rollstuhlgerechter Aufzug führt direkt in die einzelnen Mietbereiche und verbindet das Kellergeschoss, den Atriumbereich sowie das Erd- und Obergeschoss.

Ein wesentlicher Aspekt war zudem die Sicherheit des Gebäudes: In allen Mieteinheiten sind Videosprechanlagen mit Monitoren zum Empfang des Türsignals installiert. Die

steuern die Außenbeleuchtung. Alle Haustüranlagen sind mit dreifach Verriegelung, Sicherheitsbeschlag und Kernziehschutz ausgestattet. Das gesamte Gebäude verfügt über eine Brandmeldeanlage, die direkt auf die Feuerwehr aufgeschaltet ist.

Nach einer Bauzeit von rund eineinhalb Jahren wird das Gebäude voraussichtlich im Herbst 2011 bezugsfertig sein.

> Planender und
> bauleitender Architekt:
> Ewen + Jung, Köln
>
> Projektentwicklung:
> BAUCON Immobilien Management GmbH, Köln
>
> Bauherr:
> Optima Immobilien GmbH, Leipzig

> **Partner am Bau:**
> - Karlheinz Döhler GmbH & Co. KG
> - Planungsbüro Blechschmidt
> - Prof. Dr.-Ing. Jürgen Güldenpfennig Prüfingenieur für Baustatik

allgemeine Beleuchtung in den Treppenhäusern wird über Präsenzmelder eingeschaltet; Zeitschaltuhren mit Dämmerungsschaltern

Neue Fensterflächen in Verbindung mit bis zu 3,40 m hohen Decken sorgen für viel natürliches Licht und vermitteln ein großzügiges Raumgefühl, das durch weitläufige Terrassen fortgesetzt wird

— Anzeige —

- Karlheinz Döhler GmbH & Co. KG
- Behrensstraße 37-39
- 50374 Erftstadt (Liblar)
- Telefon 0 22 35 / 46 14 66
- Telefax 0 22 35 / 4 50 49
- e-Mail info@doehler-betonbohren.de

www.doehler-betonbohren.de

KERNBOHRUNGEN SÄGEN FUGENSCHNEIDEN

IN BETON, STAHLBETON, MAUERWERK UND ASPHALT

Kernbohrungen bis Ø 1.200 mm
Sägen mittels Wandsäge bis 1,00 m Schnitttiefe
Sägen mittels Seilsäge
Sägen mittels Zirkelsäge bis Ø 9,00 m Öffnungsgröße
Sägen mittels Tauchseilsäge
Sägen mittels Tauchsäge
Fugenschneiden bis 0,50 m Schnitttiefe

- Heizung
    - Lüftung
        - Sanitär
            - Elektro

BLECHSCHMIDT
Denkwerkstatt für Gebäudetechnik

Planungsbüro Blechschmidt
Am Springborn 5 · 53474 Bad Neuenahr-Ahrweiler
Tel. 0 26 41 / 9 03 93 – 0 · Fax 0 26 41 / 9 03 93 – 29
info@blechschmidt-planung.de · www.blechschmidt-planung.de

Sanierung / Restaurierung 155

Architektenhäuser: schick, elegant und individuell

Stadthäuser „Am alten Bach", Neuss-Allerheiligen / Wohnviertel Park Linné, Köln-Braunsfeld

Stadthäuser „Am alten Bach": Doppelhaushälften

Der Bauträger Dornieden Generalbau GmbH mit Sitz in Mönchengladbach und Köln ist seit 1913 im Wohnungsbau aktiv und errichtet Ein- und Mehrfamilienhäuser in ganz Nordrhein-Westfalen. Das Unternehmen wird in der zweiten Generation von den Brüdern Michael und Martin Dornieden geführt. Die Kompetenz von Dornieden liegt in einer ideenreichen Architektur, einer soliden Bauausführung und einer kompetenten Beratung für die Erwerber. Dornieden Generalbau realisiert pro Jahr rund 250 Wohneinheiten mit einem Volumen von ca. 55 Millionen Euro. Im Folgenden werden zwei Wohnungsbauprojekte vorgestellt.

STADTHÄUSER „AM ALTEN BACH", NEUSS-ALLERHEILIGEN

Der symbolische Spatenstich am 1. Juni 2010 war der Auftakt für die Bebauung eines 37.000 m² großen Areals im Norden des Neubaugebiets Allerheiligen. Etwa 120 Eigenheime wird die Dornieden Generalbau GmbH hier sukzessive erstellen – verschiedene Haustypen und -formen, locker angeordnet in großen und kleinen Hausgruppen und mit harmonischer Architekturvielfalt. Bis Januar 2011 waren schon 19 Eigenheime mit bis zu 136 m² Wohnfläche, sonnigen Süd/West-Gärten sowie Stellplätzen oder Garagen entstanden.

Weitere 18 Häuser werden im Herbst 2011 an ihre Käufer übergeben.

Die Häuser überzeugen durch Architektur und Design innen und außen. Türen, Fenster und Bossenputz sind in edlem Grau und die Fassaden in hellen Farbtönen. Nach außen gezogene, teilverglaste Quader verleihen der Häuserzeile ihren besonderen Charakter und lassen viel Licht ins Hausinnere. Alle Eingangsbereiche sind edel mit Außenleuchte, Briefkasten und Klingel aus feinem Edelstahl und einer Hausnummer aus dezentem Acryl gestaltet. Dornieden Generalbau verwendet ausschließlich bekannte Markenprodukte vom Rohbau bis zur Innenausstattung und arbeitet für alle Gewerke mit geprüften Meisterbetrieben.

Die 2,5-geschossigen Häuser werden als massives Energiesparhaus errichtet. Sie verfügen über Wohnflächen von 110 bis 146 m² sowie Hausbreiten von 6 – 6,20 m. Damit sind die vielfältigen Raumbedürfnisse gedeckt – vom Single über Paare bis zur Familie.

WOHNVIERTEL PARK LINNÉ, KÖLN-BRAUNSFELD

Das neue Wohnviertel Park Linné wächst auf einer rund 5,3 ha großen Teilfläche der ehemaligen Sidol-Werke. Auf dem Grundstück wurden innerhalb von acht Monaten alle zuvor industriell genutzten Gebäude abgetragen und das Grundstück für die geplante Wohnbebauung vorbereitet. Nun bietet das

Stadthäuser „Am alten Bach": Reihenhäuser

Wohnviertel Park Linné

Gelände einen freien Blick von der Eupener Straße bis zur St.-Vitalis-Kirche im Stadtteil Köln-Müngersdorf. Den Masterplan für den neuen Wohnpark hat das Kölner Büro Schilling Architekten entwickelt. Das Markenzeichen der Projektentwicklung ist eine harmonische Verbindung von anspruchsvoller Architektur und erholsamen Grün. Insgesamt entstehen in unterschiedlichen Baufeldern, eingebettet in Park- und Erholungsflächen, 400 Wohneinheiten, darunter Stadtvillen, Hofhäuser, Lofts und Stadtwohnungen für gehobene Wohnansprüche.

Den Auftakt zum Park Linné bildet das Projekt Cortés mit 88 Wohnungen in einer klassisch modernen Architektur. Der Baustart war im Herbst 2011; die Bezugsfertigkeit ist für das Frühjahr 2013 geplant. Cortés entsteht auf einem rund 4.000 m² großen Grundstück südlich der geplanten Alleestraße, die – flankiert von den beiden denkmalgeschützten Torhäusern der ehemaligen Sidol-Werke – ins künftige Wohnquartier Park Linné führen wird.

Westlich von Cortés wird Dornieden Generalbau die Bebauung mit einem weiteren Gebäudekomplex aus fünf Mehrfamilienhäusern fortsetzen. Die rund 50 Mietwohnungen sind für den Verkauf an private Investoren und Enderwerber vorgesehen. Der Baustart ist hier im Sommer geplant.

Bauträger:
Dornieden Generalbau GmbH, Mönchengladbach/Köln

Partner am Bau:
- NORBERT KAMPS GmbH
- Parkett A-Z Marc Galbrecht
- Vermessungsbüro Austerschmidt & Dieper
- CEMEX Beton-Bauteile GmbH

Anzeige

NORBERT KAMPS GmbH
Blindeisenweg 8
41468 Neuss
Tel.: 0 21 31/5 23 67-0
Fax: 0 21 31/5 23 67-30
E-Mail: info@kampskies.com
Internet: www.kampskies.com

▲ Abbruch
▲ Sand & Kies
▲ Erdbewegung
▲ Containerdienst
▲ Garten / Landschaftsbau

GALBRECHT PARKETT

Marc Galbrecht Parkettlegermeister
Dr. Frank Galbrecht Diplom Chemiker

Eichenstr 93b · 41747 Viersen · Telefon 02162 351800
info@parkett-galbrecht.de

www.Parkett-Galbrecht.de

Inspirationen aus Holz in den schönsten Farben der Natur. Wir haben die optimal angepassten Lösungen für Objekt-, Industrie- und Privatböden. Neuverlegung und Renovierung von Parkett, Laminat und Vinyl.

Dieses Objekt wurde mit folgenden Partnern realisiert

Wohnungsbau

Büro- und Geschäftshaus Westgate

Green Building mit zentraler Lage und Blick auf den Kölner Dom

In zentraler Lage von Köln realisierte die Köster GmbH in diesem Jahr das Büro- und Geschäftshaus Westgate mit 17.400 m² flexibel nutzbaren Büroflächen. Weitere 2.700 m² stehen für Einzelhandel und Gastronomie zur Verfügung   Abb. (4): Quelle Köster GmbH

In zentraler Lage mit Blick auf den Kölner Dom: Darauf können sich die künftigen Mieter des Büro- und Geschäftshauses Westgate freuen. Außerdem profitieren sie von der hohen Energieeffizienz der Immobilie, die schon vor der Fertigstellung als Green Building zertifiziert wurde. Die Köster GmbH realisierte den Neubau für die MEAG, Vermögensmanager von Munich Re und ERGO. Mit der Planung des Gebäudes wurden die Düsseldorfer Architekten Hentrisch-Petschnigg Partner HPP beauftragt. In dem modernen Büro- und Geschäftshaus stehen 17.400 m² flexibel nutzbare Büroflächen und weitere 2.700 m² für Einzelhandel und Gastronomie zu Verfügung.

Standorte wie das Westgate am Rudolfplatz sind in der Kölner City selten. Die exponierte Lage bedeutet nicht nur für Architekten eine besondere Herausforderung, sondern auch für das ausführende Bauunternehmen. „Die Baustellenlogistik war sehr anspruchsvoll", erläutert Klaus Ottow, zuständiger Projektleiter der Köster GmbH. Das Osnabrücker Unternehmen errichtete den siebengeschossigen Rohbau inklusive Innenausbau. „Wir hatten keine Lagerfläche, und deshalb mussten Materiallieferungen just-in-time erfolgen." Mit bis zu 100 Bauspezialisten betonierte die Köster GmbH rund um die Uhr – insgesamt verarbeitete sie 20.000 m³ Beton. Dabei integrierte sie im Untergeschoss einen Teil der mittelalterlichen Grabenfangmauer. Ursprünglich hatte er die Aufgabe, den Druck der gewaltigen Stadtmauer abzufangen. Künftig wird diese Mauer den Besuchern einen Einblick in die Stadtgeschichte geben.

Ebenfalls im Untergeschoss erstellte die Köster GmbH den Zugang zu sechs Brunnen: Sie pumpen aus einer Tiefe von bis zu 30 m Wasser empor, das im Sommer das Gebäude kühlt und im Winter heizt. „Das Energiekonzept von Westgate basiert auf sogenannten Aquiferen", erklärt Klaus Ottow. Hierbei handelt es sich um Erdschichten, in denen extrem viel Grundwasser gespeichert ist – und mit ihm auch die Temperatur des Wassers. Klaus Ottow: „Dieser natürliche Speicher im Boden,

Die Köster GmbH errichtete das Gebäude so, dass jede Mieteinheit über das Atrium mit Glasaufzügen erreicht werden kann

der von Westgate genutzt wird, erstreckt sich unter dem gesamten Kölner Stadtgebiet zu beiden Seiten des Rheins." Nach der Fertigstellung verbraucht das Büro- und Geschäftshaus ca. 32 Prozent weniger Primärenergie und erzeugt ca. 53 Prozent weniger Kohlendioxid als vergleichbare Gebäude.

Generalunternehmer:
Köster GmbH, Osnabrück

Partner am Bau:
- NOE-Schaltechnik Georg Meyer GmbH + Co. KG
- Rosink GmbH Objekteinrichtungen
- CEMEX Beton-Bauteile GmbH
- J. Wollferts GmbH
- Kühnhausen Dübbert Semler Öffentlich bestellte Vermessungsingenieure

Oben: Durch klare Linien, Eichenholztische und Designelemente entsteht in einem Restaurant des Büro- und Geschäftshauses Wohlfühlambiente mit mediterranem Flair

Unten: Westgate bietet Raum für moderne Arbeitswelten. Die Ladeneinheiten sowie der Gastronomiebereich befinden sich im Erdgeschoss des Gebäudes

Gewerbebauten / Geschäftshaus

Ausführende Firmen Anzeige

Westgate Köln, realisiert mit Schalung und Schaltechnik von NOE

DIE SCHALUNG

NOE-Schaltechnik
Georg Meyer-Keller GmbH + Co. KG
Im Hasseldamm 8, 41352 Korschenbroich
Tel. +49 2161 67401, Fax +49 2161 671163
info@noe.de, www.noe.de

Rosink GmbH
Marienburger Str. 29
48529 Nordhorn
Tel. 05921-9731-0
Fax 05921-9731-10
kontakt@rosink.de
www.rosink.de

▶ Produktinfo

Neugierig auf innovative Zutrittslösungen? - Fingerscanner

(epr) Beim intelligenten Fingerscanner „ekey home" zahlen sich neugieriges Tasten und Anfassen direkt aus – im wahrsten Sinne des Wortes. Hat man nach dem Wocheneinkauf die Hände voller Plastiktüten, versteckt sich der Haustürschlüssel in der untersten Falte der Handtasche oder regnet es in Strömen, bietet der Fingerscanner großen Komfort. Ist er in der Haustür installiert, genügt ein Ziehen des Fingers über den Sensor, und der Eingang öffnet sich: Kein Verlieren oder Vergessen mehr, denn den Finger hat man immer zur Hand. Dies bietet den Bewohnern ein hohes Maß an Sicherheit und wird daher auch von kriminalpolizeilichen Beratungsstellen empfohlen.

Mehr unter www.ekey.net.

Vor der Haustür müssen Kinder nicht warten, sondern können direkt eintreten
(Foto: epr/ekey)

Der Fingerscanner speichert Fingerabdrücke ein und entscheidet auf dieser Basis automatisch, ob er die Eingangstür öffnet
(Foto: epr/ekey)

Eine Bühne für Filme wird zu einer Bühne für Bücher

Sanierung und Umnutzung des historischen Lichtspielhauses Metropol am Bonner Marktplatz

Das Metropol in Bonn: Der große Kuppelsaal des ehemaligen Lichtspielhauses wurde geöffnet, so dass die schöne Kuppel in allen Ebenen zur Geltung kommt; viele prägende Elemente aus der Kinoarchitektur blieben erhalten

Bei dem Umbau des historischen Kinos Metropol am Bonner Marktplatz in eine moderne Buchhandlung mit Erlebniswert stand insbesondere die Bewahrung des einzigartigen Gebäudecharakters im Fokus. Von Beginn an hatte der Bauherr, die METROPOL Immobilien Management GmbH, in enger Zusammenarbeit mit dem planenden Architekturbüro Thomas MICHAEL eine kulturnahe Nutzung unter Würdigung der prägenden Elemente aus der Kinoarchitektur favorisiert. Die denkmalgeschützte Natursteinfassade des aus dem Jahr 1928 stammenden Gebäudes und die Kuppeln im Foyer wurden restauriert und lichtinszeniert. Ebenso blieben die große Metropol-Lichtreklame über dem Eingang, der goldene Bühnenrahmen mit seinen seitlichen geschwungenen Art-Déco-Orgelprospekten und die Wandbemalung originalgetreu erhalten. Auch das alte Kassenhäuschen und die begehbaren Balkonlogen, auf denen die originalen Kinositze stehen, zählen zu den Elementen, die bewusst in den neuen Ladenraum integriert wurden. Der große Kuppelsaal wurde im Rahmen der Umbaumaßnahme geöffnet, so dass die schöne Kuppel nun in allen freigelegten und zusätzlich geschaffenen Ebenen zur Geltung kommt.

Eine eingezogene Ebene, die zusätzliche Verkaufsflächen bietet, bildet ein Gegenüber zu den bestehenden Galerien und schafft einen spannungsreichen Dialog zwischen Historie und Gegenwart. In einem Café können die Kunden mit Blick auf den Bonner Marktplatz verweilen. Innerhalb von 14 Monaten wurde die unwirtschaftliche Kulturimmobilie umgestaltet und zu einer Gewerbefläche umgenutzt. Der neue Mieter, die Buchhandelskette Thalia, eröffnete ihre Filiale Ende 2010. Auf diese Weise kann das ehemalige Lichtspielhaus somit auch weiterhin als große Bühne genutzt werden – lediglich das Medium hat sich geändert.

Planender Architekt:
MICHAEL Architekten, Köln

Bauherr:
Metropol Immobilienmanagement GmbH & Co. KG, Ratingen

Generalunternehmer:
Josef Klein GmbH, Niederkassel-Rheidt

Partner am Bau:
- BTS Gesellschaft für Betonbohr- und Betonsägetechnik mbH
- M-TEQ Technische Gebäudeausrüstung
- AWD Ingenieurgesellschaft mbH
- Ingenieurgesellschaft Schönborn mbH
- Ingenieurbüro Finette + Schönborn
- Kühnhausen Dübbert Semler Öffentlich bestellte Vermessungsingenieure

— Anzeige —

BETON - TRENNEN - SCHWERIN
Gesellschaft für Betonbohr- und Betonsägetechnik mbH

Unsere Leistungen beim Bau Metropol Bonn – Betonsägearbeiten
– Diamantkernbohrungen

Sacktannen Haus 10 · 19057 Schwerin
Tel. 0385 - 6470777 · BTS-Schwerin@t-online.de · www.bts-schwerin.de

„Energiediät"-Wohnen in Köln-Nippes
Zwei Neubauprojekte Neusser Straße – gehobener Standard, gesenkte Kosten

2011 von der Kölner GLOBAL-ACT GmbH errichtet: Energieeffizienz-Mehrfamilienhaus in der Neusser Straße 413 in Köln-Nippes

Auch mit seinen jüngsten Projektentwicklungen bleibt der Kölner Projektentwickler GLOBAL-ACT GmbH seinem Erfolgskonzept treu: der Realisierung von Eigentumswohnungen in nachgefragten urbanen Lagen, mit gehobenem Standard und Energieeffizienz-Konzept. In der Neusser Straße in Köln-Nippes zum Beispiel errichtete GLOBAL-ACT im Jahr 2011 22 komfortable Eigentumswohnungen in KfW-70-Energieeffizienz-Häusern.

Nippes, am nördlichen Rand der Innenstadt gelegen, hat sich längst vom Kölner Traditions- zum Trendviertel entwickelt. Eines der neuen Projekte von GLOBAL-ACT dort ist die Neusser Straße 413. Rechtwinklig-symmetrisch zur Straßenseite, großzügig geschwungen zur Gartenseite zeigt sich die Fassade des neu errichteten Mehrfamilienhauses. Bodentiefe Fenster strukturieren die Fassade und lassen viel Licht in die Räume. Ein besonderer Blickfang ist die versetzte Anordnung von Ober- und Staffelgeschoss, die dem Gebäude eine futuristische Note verleiht. Alle 15 Wohnungen verfügen über (Dach-)Terrasse, Balkon oder Loggia. Für Kinder gibt es einen privaten Spielplatz. Zum Haus gehören darüber hinaus – wichtig in dieser zentralen Lage – vier Carports und elf Stellplätze.

Besonderen Wert hat Ghaffar Ghaffari, Geschäftsführer der GLOBAL-ACT GmbH, auf die Ausstattung der Wohnungen gelegt. Die großzügig geschnittenen 2- bis 3-Zimmer-Eigentumswohnungen (50 – 114 m²) verfügen über einen gehobenen Standard mit Fußbodenheizung, Feinsteinfliesen, Eichenparkett und hochwertigen Bädern – und sind dennoch erschwinglich.

Zur Wirtschaftlichkeit trägt auch das Energiekonzept bei. Die Neusser Straße 413 ist als KfW-70-Energieeffizienzhaus konzipiert. Die Bewohner können sich auf niedrige Energiekosten freuen, denn die Wohnungen werden über eine Luft-Wasser-Wärmepumpe versorgt. Eine wärmegedämmte Gebäudehülle steigert noch die Energieeinsparung.

Zur Gartenseite zeigt sich die Fassade des neu errichteten Mehrfamilienhauses großzügig geschwungen

Die Kosten für Heizung und Warmwasser liegen beim KfW-70-Haus rund 40 Prozent niedriger als bei einem herkömmlichen Gebäude.

Ein ähnliches Neubauprojekt mit sieben Eigentumswohnungen hat GLOBAL-ACT in der Neusser Straße 683 realisiert. Beide Objekte wurden im Herbst 2011 fertiggestellt. GLOBAL-ACT-Geschäftsführer Ghaffar Ghaffari sieht sich angesichts der erfolgreichen Vermarktung der Wohnungen mit seinem Konzept bestätigt. „Vor allem das sehr gute Preis-Leistungsverhältnis, die hohen Energieeinspareffekte und die zentrale, verkehrsgünstige Lage, verbunden mit einer sehr guten Infrastruktur, überzeugen unsere Kunden."

Projektentwickler:
GLOBAL-ACT GmbH, Köln

Anzeige

Auf Bewährtes bauen, Neues entwickeln

Der Kölner Wohnprojektentwickler GLOBAL-ACT GmbH

Ausführende Firmen

Beispiel Neubau: Energiespar-Mehrfamilienhaus mit 15 Wohnungen in der Mönchsgasse in Köln-Weidenpesch

Seit mehr als zehn Jahren engagiert sich die GLOBAL-ACT GmbH erfolgreich als Entwickler hochklassiger Wohnimmobilien in der rheinischen Metropole Köln. Als einer der ersten lokalen Entwickler hat die GLOBAL-ACT GmbH schon vor Jahren den Trend zur „Renaissance der City als Wohnstandort" erkannt und realisiert neuen Wohnraum vornehmlich in attraktiven Innenstadt- oder angrenzenden Lagen.

„Der Wunsch, urban und exklusiv zu wohnen, ist bereits seit Jahren viel größer als das Angebot, und dieser Trend wird sich fortsetzen", unterstreicht Ghaffar Ghaffari, Geschäftsführender Gesellschafter der GLOBAL-ACT GmbH.

DIE LUST AM BESONDEREN

Für Eigennutzer befriedigt die GLOBAL-ACT GmbH mit ihrem Angebot die „Lust am Besonderen": den Wunsch nach anspruchsvollem und individuellem Wohnen – mittendrin, wo es in Köln am schönsten ist. Für Kapitalanleger bedeuten solche hochwertigen Wohnungen in nachgefragten Lagen eine sichere und nachhaltige Wertanlage, gerade in einer Metropole wie Köln, die wie nur wenige andere Städte mit einem weiteren Bevölkerungswachstum und damit einer Dynamisierung der Nachfrage rechnen kann.

Das Leistungsportfolio des mittelständischen Kölner Immobilienunternehmens reicht von der Projektentwicklung und Realisation über Beratung und Verkauf bis hin zur Unterstützung in Finanzierungs- und Fördermittelfragen.

Pro Jahr entwickelt GLOBAL-ACT rund 120 Wohnungen – sowohl in Neubauten, als auch durch hochwertige Modernisierung im Bestand. Im Bereich Revitalisierung erwirbt das Unternehmen sanierungswürdige Mehrfamilienhäuser in bevorzugten Wohnlagen. „Wir bringen solche Objekte auch energetisch auf den neusten Stand, schneiden Flächen neu zu und statten sie entsprechend den Wünschen unserer Zielgruppe neu aus. Wo es möglich ist, erweitern wir Wohnflächen zum Beispiel durch Dachausbau mit Lofts und schließen benachbarte Baulücken mit Neubauten."

ENERGIEEFFIZIENTES BAUEN

Als Bauträger realisiert das Unternehmen hochwertige, nachfragegerechte Neubauprojekte. „Wir setzen nicht auf die Wohnung ‚von der Stange', sondern auf ein individuelles und attraktives Zuhause für die Käufer", sagt Ghaffar Ghaffari.

Ob Nutzung von Erdwärme, Solarthermie, Luft-Wasser-Wärmepumpe oder andere Energiegewinnungstechniken – nachhaltiges, energieeffizientes Bauen gehört für das Kölner Unternehmen vor allem bei Neubauten schon nahezu zum Pflichtprogramm.

Attraktive Neubauwohnungen in Energieeffizienzhäusern realisiert die GLOBAL-ACT GmbH derzeit an zwei Standorten in Köln-Nippes sowie in Junkerdorf und Weiden.

Beispiel Modernisierung im Bestand: Mehrfamilienhaus mit 19 Wohnungen in der Beethovenstraße (Neustadt-Süd)

> **GLOBAL-ACT GmbH**
> Andernacher Straße 3
> 50968 Köln
> **Geschäftsführender Gesellschafter:**
> **Ghaffar Ghaffari**
> Phone +49 (221) 34 02 64 40
> Fax +49 (221) 34 02 64 49
> info@global-act.de
> www.global-act.de

Neues Ärztehaus für Röttgen

Versorgung im Bonner Westen wird gestärkt

Lageplan
Abb.: Architekturbüro Schommer, Bonn

Mit dem Abbruch der ehemaligen BP-Tankstelle hat es sich schon zu Jahresanfang 2011 abgezeichnet: Der Bonner Stadtteil Röttgen erhält ein neues städtebauliches Juwel. In optischer Verlängerung der bestehenden Bebauung an der Reichsstraße entsteht ein dreigeschossiger, 34 m langer Baukörper mit zurückliegendem Penthaus. Das vordere Gebäude wird als Ärztehaus ausgebaut, in dem sieben Arztpraxen unterschiedlicher Fachrichtungen arbeiten können. Im mit viel Glas transparent gehaltenen Erdgeschoss besteht außerdem genügend Platz für andere Anbieter aus dem Gesundheitsbereich. „Die Neuausrichtung des Ärztehauses bietet die einmalige Chance, einen zentralen Bereich von Röttgen stadträumlich neu zu ordnen", sagt der planende Architekt Karl-Heinz Schommer, der mit seiner Architektur schon internationale Anerkennung gefunden hat.

Von dem Konzept sind auch die Bauherren Rita und Issam Semaan begeistert, denn als Inhaber der benachbarten Ahorn-Apotheke kennen sie den Standort seit langen Jahren sehr genau. Röttgen hat einige Allgemeinmediziner und Internisten, aber nur wenige Fachärzte. Das soll sich mit dem Arztehaus ändern. „Wir möchten vor allem, dass ältere Patienten und Familien mit Kindern nicht mehr den Weg in die Stadt für einen Facharztbesuch unternehmen müssen", so die Eheleute Semaan.

Mit fast 4.500 m² Gesamtfläche umfasst das Bauvorhaben nicht nur ein Ärztehaus, sondern auch ein Mehrfamilienhaus mit 15 Wohnungen und einer Tiefgarage mit 25 Stellplätzen. Zahlreiche Parkplätze für Patienten sind auf dem Grundstück natürlich auch vorhanden. Hochwertige Materialien für den Innenausbau und die Fassade, ein

Fassade Ärztehaus
Abb.: Architekturbüro Schommer, Bonn

Wohnungsbau / Gewerbebauten

Von links: Rita Semaan, Dr. Issam Semaan, Norbert Weiß, Karl-Heinz Schommer Abb.: bbw

flexibles Flächenkonzept, eine energiesparende Bauweise mit Pelletheizung und Solarthermie sowie gestaltete Grünanlagen runden das Projekt ab.

Das Flächenangebot für Fachärzte beginnt mit der Kleinstpraxis mit 32 m² und reicht bis zur großen Gemeinschaftspraxis mit mehr als 230 m². Von einer erfolgreichen Vermarktung des Projektes geht auch Norbert Weiß aus, der die Bauherren in allen Projektfragen berät und die weitere Vermarktung übernommen hat. „Wir haben bereits zahlreiche Anfragen und sind sehr zuversichtlich, die Vermietung noch während der Bauphase abschließen zu können", so Weiß. Immerhin sind knapp die Hälfte der Ärztehausflächen schon zum Projektstart vermietet worden, wozu auch drei Facharztpraxen gehören. Mit den Bauarbeiten ist im Juni 2011 begonnen worden. Der Zeitplan mit dem beauftragten Generalunternehmer Nesseler Grünzig Bau aus Aachen sieht vor, dass das Ärztehaus ein Jahr später bezugsfertig den Bonner Westen bereichert. Weitere Informationen unter www.aerztehaus-roettgen.de.

Das Projekt gehört damit zu den zahlreichen Neubauten im Gesundheitsbereich der Köln/Bonner Region, die den Strukturwandel auch in der Medizinbranche verdeutlicht. Die autarke Einzelpraxis ist von gestern – die Zukunft wird sich verstärkt in kooperativen Strukturen finden, zu denen passende Immobilien entwickelt werden müssen. Das Ärztehaus in Röttgen ist daher ein bemerkenswertes Projekt, zeigt es doch, dass auch komplexere Immobilien in Stadtteillagen möglich sind.

Bauherr:
Eheleute Rita und Dr. Issam Semaan

Partner am Bau:
- Nesseler Grünzig Bau GmbH
- Diplom-Ingenieure Walter und Martin Pilhatsch

Anzeige

Wohnungsbau / Gewerbebauten

Neue Schatzkammern der Bildung

Verbesserung der Studienbedingungen durch ein neues Seminargebäude für die Universität zu Köln

Die Ostfassade des Seminargebäudes: Die Besonderheit der „schwebenden" Kuben liegt in ihrer gigantischen Spannweite – mit einer Länge von mehr als 20 m handelt es sich dabei im Grunde um eine Brückenkonstruktion   Abb: © Heiko Heinemann

Der Grundstein für ein neues Seminargebäude der Universität zu Köln wurde Anfang September 2009 gelegt. Der nach einem Entwurf des Architekturbüros Paul Böhm geplante Neubau entstand in attraktiver, zentraler Lage zwischen Philosophikum und Universitäts- und Stadtbibliothek. Seit seiner Inbetriebnahme im Oktober 2010 trägt er dazu bei, die Ausstattung der Universität mit Seminarräumen nachhaltig zu verbessern. Insbesondere die Umstellung der Diplom- und Magisterstudiengänge auf das Bachelor- und Masterstudium hatten den Studienablauf verändert und einen erhöhten Bedarf an Seminarflächen mittlerer Größe verursacht. Um den Studienbetrieb so schnell wie möglich aufnehmen zu können, galt es – unter Berücksichtigung der vorgegebenen finanziellen Richtlinien – innerhalb kürzester Bauzeit ein architektonisch ansprechendes Gebäude zu errichten. Der Neubau, der innerhalb von zwölf Monaten auf einem ehemals nahezu ungenutzten Platz entstand, dient nun als ein neues Zentrum des innerstädtischen Campus und bietet mit einer Bruttogrundfläche von etwa 3.000 m² auf vier Ebenen Raum für 900 Studierende aller Fakultäten. Jeweils sechs Lehrräume sind in herausgedrehten Kuben in den Stockwerken untergebracht, wodurch im Erdgeschoss zusätzliche überdachte Außenflächen entstanden, die bestuhlt sind und Gästen der Cafeteria im Sommer einen Blick ins Grüne bieten. Die Besonderheit dieser „schwebenden" Kuben liegt in ihrer gigantischen Spannweite: Mit einer Länge von mehr als 20 m handelt es sich dabei im Grunde um eine Brückenkonstruktion, die die Statiker entworfen haben.

Das gesamte Gebäude ist durch eine klare und konsequente Formensprache – ohne jeden Schnörkel – gekennzeichnet.

SPIEL DER MATERIALITÄTEN

Als Teil des Campus der Universität zu Köln und in unmittelbarer Nachbarschaft zu den umliegenden, mittlerweile denkmalgeschützten, Gebäuden lehnt sich der Neubau an die dort bestehende Materialität an und setzt so die Philosophie der schlichten Gestaltung fort: Beton, Glas und Holz dominieren das Erscheinungsbild.

Die Fassade ist aus gestocktem Sichtbeton erstellt, der durch die Beimischung eines hohen Anteils weißen Zements hell und freundlich wirkt. Um der Anforderung des Bauherrn an viel Tageslicht und Sicht in allen Seminarräumen Rechnung zu tragen, entschied man sich für den Einsatz von bodentiefen Fenstern. Die Flur- und Foyerbereiche zwischen den massiven Baukörpern und die Ostfassade des Erdgeschosses sind durch eine Stahl-Glas-Fassade gefasst. Dadurch wird gleichzeitig die Öffentlichkeit dieser Bereiche unterstrichen. Der obere Abschluss der Glasfassade wird als horizontale Glasabdeckung etwa 1 m bis auf das Dach geführt. Dagegen sind die Fenster in den Seminarräumen stark gegliedert und kontrastieren auf diese Weise mit den Fassaden der öffentlichen Bereiche. Um eine warme, freundliche Lernatmosphäre zu schaffen, wurden die Seminarräume mit einer akustisch wirksamen, teilweise hinterlüfteten Vertäfelung aus Lärchenholz und einem Stirn-

In den Obergeschossen befinden sich neben den Seminarräumen großzügige Flächen, die als Lese- und Wartebereiche dienen. Diese wurden mit kleinen, durchdachten Details ausgestattet: So bieten in die Fassade integrierte Pulte Arbeitsplätze mit Blick Richtung Westen   Abb: © Heiko Heinemann

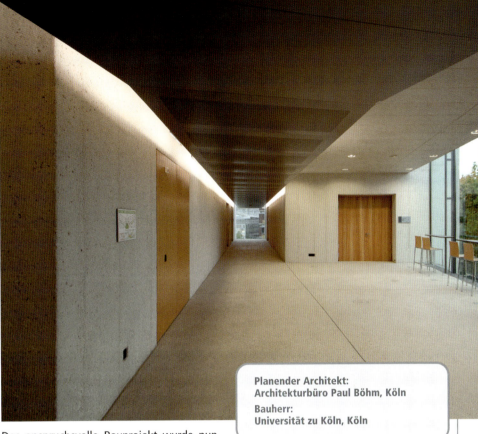

holzparkett versehen. Die Innentüren zu den Seminarräumen wurden entsprechend der Wandverkleidung dieser Räume aus Holz erstellt.

Das Innere des Neubaus ist offen gehalten: So fördern Blickverbindungen zwischen den zurückgestaffelten Geschossen und die von der Wand abgesetzte Treppe die Kommunikativität. Die einzelnen Etagen werden durch das zentrale Treppenhaus sowie einen Fahrstuhl miteinander verbunden. Neben den zahlreichen Seminar- und Büroräumen entstanden im Erdgeschoss ein Tagungsraum mit Stehkonvent, ein Infostand und eine Caféteria mit Außenbestuhlung, die sich aufgrund der großflächig eingesetzten Glasfassaden dem Außenraum öffnen und mit ihm zu verschmelzen scheinen.

Das erste und zweite Obergeschoss wurden nahezu baugleich erstellt. Sie bestehen jeweils aus in vier Baukörpern untergebrachten sechs Seminarräumen und den sich dazwischen ausweitenden Flächen als Lese- und Wartebereiche. Diese wurden mit kleinen, durchdachten Details ausgestattet: In die Fassade integrierte Pulte bieten Arbeitsplätze mit Blick Richtung Westen; Sitzbänke, die aus der Betonwand „herauswachsen" und mit eingelassenen Sitzflächen aus Massivholz ausgestattet sind, laden zum Verweilen ein.

Das anspruchsvolle Bauprojekt wurde nun auch offiziell geadelt: Ende 2011 wird das Konzept im Rahmen des deutschen Beitrags unter dem Motto „Baukultur made in Germany" – erstellt durch die Bundesarchitektenkammer (BAK) im Auftrag des Bundesinnenministeriums für Verkehr, Bau und Stadtentwicklung (BMVBS) und in Zusammenarbeit mit der Bundesingenieurkammer (BIngK) – auf der Internationalen Architekturbiennale von São Paulo 2011 präsentiert.

Planender Architekt:
Architekturbüro Paul Böhm, Köln
Bauherr:
Universität zu Köln, Köln

Partner am Bau:
- KUNKEL + Partner Beratende Ingenieure für Bautechnik, Prüfingenieur für Baustatik
- Sachverständigenbüro HEISTER + RONKARTZ
- J. Wolfferts GmbH
- Ingenieurgesellschaft Schönborn mbH
- Ingenieurbüro Finette + Schönborn

― Anzeige ―

KUNKEL + Partner
Beratende Ingenieure für Bautechnik
Prüfingenieur für Baustatik
Brandschutzsachverständige
www.kunkel-partner.de

Beratende Ingenieure für anspruchsvolle Aufgaben

Geschäftsleitung
Dr.-Ing. K. Kunkel
Dipl.-Ing. W. Thielen
M. Kunkel

Standorte
Tußmannstr. 61
40477 Düsseldorf
fon 0211 / 94 88 - 0
fax 0211 / 94 88 - 111

Bismarkstr. 76-78
57076 Siegen
fon 0271 / 77 257 - 0
fax 0271 / 77 257 - 50

Gutsmuthstr. 18
04177 Leipzig
fon 0341 / 490 45 - 0
fax 0341 / 490 45 - 33

Deutsches Zentrum für Luft- und Raumfahrt, Oberpfaffenhoven

Recklinghausen Arcaden   Foto: mfi

Aufgabengebiete
- Tragwerksplanung im Hoch- und Ingenieurbau
- Baurechtliche Prüfung - Prüfstatik
- Umbauten / Sanierung
- Industrie- und Anlagenbau
- Mobilfunkplanung / Bautechnik
- Bauphysik / Wärme + Schallschutz
- Brandschutz
- Bauüberwachung
- Sicherheits- und Gesundheitsschutzkoordinator
- Angebotsbearbeitung
- Leistungsverzeichnisse
- Wettbewerbe
- Beweissicherung / Gutachten
- Bestandsanalysen
- Instandsetzungsgutachten

Struktur aus Gemeinschaft, Kontext und Umwelt

Bürohaus „Altes Kesselhaus" im Leskanpark, Köln-Dellbrück / Wohnbebauung „Romeo e Giulietta", Köln-Weidenpesch / Wohnbebauung Max-Wallraf-Straße, Köln

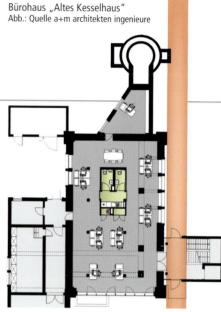

Bürohaus „Altes Kesselhaus"
Abb.: Quelle a+m architekten ingenieure

BÜROHAUS „ALTES KESSELHAUS"

Das alte Kesselhaus ist Bestandteil des Gewerbeareals Leskanpark in Köln-Dellbrück und diente ehemals der Versorgung des gesamten Geländes. Im Zuge der Umstrukturierung des Gewerbeparks ist das alte Industriegebäude zu einem Bürohaus umgenutzt worden. In die alte Hülle wurden fünf neue Büroeinheiten auf jeweils einer Ebene „eingehängt" und energetisch ertüchtigt.
Zukünftig entstehen fünf neue Büroeinheiten auf separaten Ebenen. Die offen gestalteten Büroeinheiten bieten viel Flexibilität auf 100 bis 140 m². Ein Sanitärblock ist frei eingestellt. Die Erschließung erfolgt über einen neuen, mit einer Glasfuge abgesetzten, an den Bestand angedockten Treppenhausturm mit Aufzug.

Wärmedämmverbundsystem und Glasfassade setzen den Anbau in Szene, ohne die Wirkung der alten, ziegelsichtigen Fassaden zu stören. Bestehende Fassadenöffnungen haben neue Fenster in Anlehnung an den Bestand erhalten. Im Atrium-Geschoss ist eine großzügige Dachterrasse mit herrlichem Domblick entstanden.

NEUE WOHNBEBAUUNG „ROMEO E GIULIETTA"

In Köln-Weidenpesch wird ein bestehendes Wohnquartier, das geprägt ist durch eine Straßen begleitende Bebauung, mit einer neuen Wohnbebauung ergänzt. Anstatt die Blockecke mit einem Winkel zu schließen, werden bewusst zwei separate Baukörper geschaffen, um den Bewohnern mehr Licht und Raum zu bieten. Die Baukörper nehmen städtebaulich die Straßenfluchten und Geschosshöhen auf. Die Lücke erzeugt eine spannungsreiche Beziehung zueinander.

Es entstehen ein Punkthaus und eine Gebäudezeile, die in Organisation und Grundrissstruktur sehr unterschiedlich, aber in der Formensprache verwandt sind. Wie ein Paar, Romeo und Julia, stehen zwei Individuen nebeneinander, die durch Gemeinsamkeiten einander verbunden sind.

Eine gemeinsame Tiefgarage zwischen den Kellergeschossen verbindet die Häuser. In den Regelgeschossen wird den Interessenten eine große Bandbreite von verschiedenen Wohnungsgrundrissen geboten. Modern geschnittene Penthäuser in den Staffelgeschossen runden das Angebot ab.

Alle Wohnungen erhalten große Freibereiche durch Balkone und Terrassen. Die Fassaden sind modern gestaltet. Die weiße Fassadenfarbe und dunkle Paneele in Holzstruktur prägen die Wirkung der Fassade.

ABRISS, DANN NEUBAU: WOHNBEBAUUNG MAX-WALLRAF-STRASSE

Der Standort der Neuplanung liegt im Kölner Westen an der Nahtstelle eines gewachsenen Wohnquartiers zu hochwertigen Bürostandort, unweit des Nahversorgungszentrums Braunsfeld an der Aachener Straße, von der

Wohnbebauung „Romeo e Giulietta": Die Baukörper nehmen städtebaulich die Straßenfluchten und Geschosshöhen auf. Die Lücke erzeugt eine spannungsreiche Beziehung zueinander
Abb.: Quelle a+m architekten ingenieure

Wohnbebauung „Romeo e Giulietta": Wie ein Paar, Romeo und Julia, stehen zwei Individuen nebeneinander, die durch Gemeinsamkeiten einander verbunden sind Abb.: Quelle a+m architekten ingenieure

über eine gute Stadtbahnverbindung die Kölner Innenstadt in fünf Minuten zu erreichen ist.

Auf dem Grundstück wurde ein in die Jahre gekommenes Büro-Hochhaus abgerissen, um einem neuen Städtebau zu weichen, der die gewachsene Struktur des angrenzenden Wohnquartiers aufgreift und ergänzt. Der eigenwilligen Bogenform des südlichen Nachbars wird ein nach Westen offener U-förmiger Baukörper entgegen gesetzt, der den Hof des Nachbars baulich begrenzt, sich an der Wegeführung der inneren Erschließungsstraße von Süden orientiert und für sich einen neuen Hof ergibt. Drei zeilenförmige Ge-

Wohnbebauung Max-Wallraf-Straße: Auf dem Grundstück wurde ein in die Jahre gekommenes Büro-Hochhaus abgerissen, um einem neuen Städtebau zu weichen, der die gewachsene Struktur des angrenzenden Wohnquartiers aufgreift und ergänzt Abb.: Quelle a+m architekten ingenieure

bäuderiegel im Westen des Grundstücks bilden den Abschluss der Wohnbauten zum „Birkenwäldchen" und erlauben einen offenen und luftigen Gesamteindruck der Neuplanung.

Die Erschließung der Häuser berücksichtigt jeweils die Lage im Baublock, so dass allen Wohnungen eine große Bandbreite verschiedenartiger Grundrisse zugeordnet ist und eine maximal mögliche Belichtungsfläche verbleibt. Allen Wohnungen ist eine Terrasse, Dachterrasse oder Balkon nach Süden oder Westen zugeordnet.

Eine ringförmige Mischverkehrsfläche sichert die Erschließung aller Häuser. Der PKW-Verkehr wird bereits an der Max-Wallraf-Straße in eine Tiefgarage mit 69 Plätzen abgeleitet. Ebenerdige Stellplätze ergänzen das Stellplatzangebot.

Die viergeschossigen Wohnhäuser erhalten eine durchgehend einheitliche Architektursprache, um eine Quartierszugehörigkeit zu betonen. Ein Staffelgeschoss bildet den oberen baulichen Abschluss, das Erdgeschoss ist als Sockelgeschoss mit einer kräftigen Klinkerstruktur ausgebildet. Die Aufteilung der Fassade spielt zwischen Regelmäßigkeit und Spannung durch die Anordnung von Fenstern und farbiger Paneele.

Planender Architekt:
a+m architekten ingenieure,
Köln

Partner am Bau:
- GMG Gebäudetechnik Mantel GbR
- Vermessungsbüro Austerschmidt & Dieper
- AWD Ingenieurgesellschaft mbH
- Ingenieurbüro Finette + Schönborn
- Kühnhausen Dübbert Semler Öffentlich bestellte Vermessungsingenieure

Anzeige

Denkmalgeschützte Gebäude behutsam revitalisiert

Umbau und Sanierung des Gereonshauses / Um- bzw. Neubau des COMEDIA Theaters in Köln

Für das COMEDIA Theater wurde das historische Gebäude der ehemaligen Feuerwache Nr. 4 Cöln Süd saniert

DAS GEREONSHAUS

Als der seit vielen Jahren im Stadtteil Marienburg ansässige Kölner Teil des Deutschen Städtetags – der größte kommunale Spitzenverband – sich dazu entschied, seine Hauptgeschäftsstelle in die Innenstadt zu verlegen, wurde B² Blunck Baumanagement 2010 durch RKW Architekten mit der Revitalisierung des Gereonshauses und den Leistungsphasen 6 – 9 beauftragt. Da die Revitalisierung von Bestandsimmobilien stets einer Vielzahl von Kompetenzen bedarf, im Rahmen derer verschiedenste Anforderungen beachtet und umgesetzt werden müssen, haben sich Inhaber Carsten Blunck und sein Team – neben Neu- und Umbau, Sanierung und Modernisierung von Gewerbe- und Büroimmobilien – auf diesen besonderen Bereich spezialisiert.

Das Gereonshaus sollte sowohl zur eigenen als auch für eine Fremdnutzung saniert und umgebaut werden, um die Geschäftsräume der bislang im Haus des Deutschen Städtetages angesiedelten befreundeten Verbände und Institutionen ebenfalls im Zentrum Kölns unterbringen zu können. Auf einer Gesamtfläche von rund 9.800 m² verfügt das bekannte Gebäude im Bankenviertel neben den notwendigen Büroflächen zusätzlich über Tagungs- und Seminarräume und kann somit den dienstleistungsorientierten Bedürfnissen des Deutschen Städtetages gerecht werden. Zu den Leistungen, die B² Blunck Baumanagement innerhalb eines Jahres für den Bauherrn erfüllte, gehörten der Gesamtumbau des Gebäudes sowie die Revitalisierung aller Flächen, die Neuerstellung der gesamten haustechnischen Anlage – d.h. der Einsatz einer neuen Heizung, neuer Elektroinstallationen, neuer Lüftungsanlagen und eine ergänzende Ausstattung mit Kälteanlagen –, die Betoninstandsetzung aller Deckenflächen und nicht zuletzt eine umfangreiche Brandschutzsanierung des gesamten Gebäudes sowie die Umsetzung eines neuen Brandschutzkonzeptes. Dabei waren im Rahmen der Revitalisierung der Bestandsimmobilie unterschiedlichste Anforderungen zu beachten: Zum einen galt es, die gesamten Baumaßnahmen bei laufendem Betrieb des Erd- und des vierten Obergeschosses umzusetzen. Zum anderen musste der bestehende Denkmalschutz der Fassade gewahrt werden.

Das denkmalgeschützte Gereonshaus wurde ursprünglich in den Jahren 1909/1910 er-

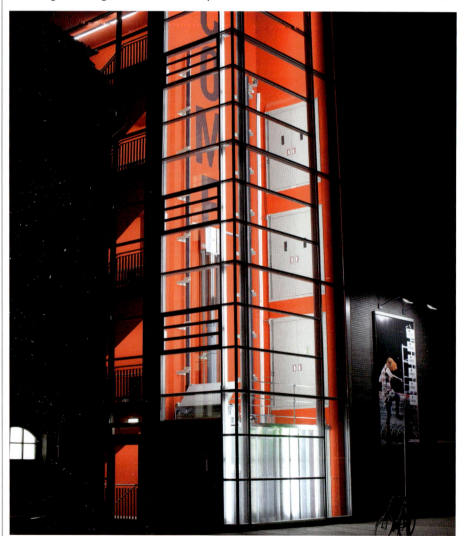

… und durch einen Neubau erweitert: Die aus dem Zweiten Weltkrieg stammende Baulücke neben dem Altbestand bot ausreichend Raum für die Ergänzung durch zwei Theatersäle und Nebenräume

Sanierung / Restaurierung

Die von der Denkmalbehörde geforderte Trennung zwischen Alter Feuerwache und neuem Gebäude wird durch eine transparente Glasspange, in der sich nun ein Aufzug befindet, umgesetzt

richtet, nach seiner Zerstörung während des Krieges wieder aufgebaut bzw. erweitert und zuletzt in den 1980er Jahren modernisiert. Sämtliche Räumlichkeiten sind nun optimal an die Bedürfnisse des neuen Eigentümers angepasst worden. Die anrechenbaren Kosten betrugen 8.800.000 Euro.

KINDERKULTURHAUS IM COMEDIA THEATER

Eine „kulturelle Forschungsstation", ein neues Zentrum für Kinder und Jugendliche sollte das COMEDIA Theater in Köln werden. Aus diesem Grund entschied sich die Comedia Colonia Theater gGmbH, die Räumlichkeiten der ehemaligen Feuerwache Süd in der Vondelstraße zu sanieren und durch einen Neubau erweitern zu lassen. Die aus dem Zweiten Weltkrieg stammende Baulücke neben dem Altbestand bot ausreichend Raum für die Ergänzung durch zwei Theatersäle. Nach einem von OXEN + partner Architekten konzipierten Projekt realisierte B^2 Blunck Baumanagement in rund eineinhalb Jahren einen Neubau mit zwei Theatersälen sowie die dazugehörige Hinterbühne, Künstlergarderoben und Werkstätten. Durch den Ausbau sollte im Bereich Kinder- und Jugendtheater neben den Vormittags-Schulvorstellungen auch ein Familien- und Abendspielplan über die gesamte Woche etabliert und das Repertoire erweitert werden können.

Der architektonische Stil des neuen Gebäudes ist mit seiner Materialität und seiner Formensprache modern und klar. Daneben steht das historische Gebäude und Denkmal, die Feuerwache Nr. 4 Cöln Süd, die 1904 errichtet und 100 Jahre lang genutzt wurde. Unterschiedliche Fensterformen sowie die Materialvielfalt der Ziegel- und Schiefereindeckung im Dach lassen den Jugendstil von außen erkennen. Die unter Denkmalschutz stehende Fassade wurde im Rahmen der Baumaßnahme wiederhergestellt. Der grundlegende Gedanke, den das Architekturbüro bei diesem Bauprojekt verfolgte, war ein gleichwertiges Nebeneinander von Alt- und Neubau. Von der Denkmalbehörde wurde jedoch eine Trennung zwischen Alter Feuerwache und neuem Gebäude gefordert. Um diesem Anspruch gerecht zu werden, gleichzeitig aber die beiden Bauten optisch miteinander verschmelzen zu lassen, entschied man sich für den Einsatz einer transparenten Glasspange. Ebenso gab die Behörde die Erhaltung des Charakters der ehemaligen Wagenhalle vor, die zu einem Gastronomiebereich umgebaut werden sollte. In den Räumen im Erdgeschoss verweisen daher verschiedene Relikte, wie beispielsweise die ehemaligen Rutschstangen sowie Fliesen an den Wänden, auf die ursprüngliche Nutzung. Auch die historische Turnhalle im Dachgeschoss wurde originalgetreu restauriert und dient nun als Probebühne. Die Räumlichkeiten im Obergeschoss sind zu Probe- und Schulungsräumen ausgebaut worden. Im neuen COMEDIA Theater finden nun fünf Bereiche – Kindertheater und Junges Theater, die COMEDIA Theaterwerkstatt, das COMEDIA Schauspieltraining und das COMEDIA Kabarett&Comedy – auf 4.800 m^2 unter einem Dach Platz. Die Gastronomie in der ehemaligen Wagenhalle mit Bar, Café und Restaurant ergänzt das kulturelle Angebot sinnvoll.

Ausschreibung, Vergabe, Kostencontrolling, Bauüberwachung:
B^2 Blunck Baumanagement, Köln

Planender Architekt
-Proj. „Gereonshaus":
RKW Rhode Kellermann Wawrowsky GmbH & Co. KG, Düsseldorf

-Proj. „COMEDIA Theater":
OXEN + partner architekten, Hürth-Efferen

Bauherr
-Proj. „Gereonshaus":
Deutscher Städtetag, Köln,
vertreten durch die
WVG Immobilienverwaltungs GmbH & Co. KG

-Proj. „COMEDIA Theater":
Comedia Colonia Theater gGmbH, Köln

Partner am Bau:
• Vermessungsbüro Austerschmidt & Dieper
• J. Wolfferts GmbH
• Karlheinz Döhler GmbH & Co. KG

Anzeige

• Glasreinigung
• Bauendreinigung
• Unterhaltsreinigung
• Teppichreinigung
• Fassadenreinigung

Porzer Straße 11
51107 Köln
Tel.: 02 21 - 8 01 98 38
Fax: 02 21 - 89 06 09 90
Mobil: 0170 - 5 86 49 71
firmenverbundpetry@t-online.de

Wir sind in allen Bereichen für Sie da   und haben immer eine Hand für Sie frei!

Sanierter Bibliotheksbau übertrifft Original

Um- und Ausbau der Universitäts- und Landesbibliothek Bonn

Die Universitäts- und Landesbibliothek Bonn direkt am Bonner Rheinufer: Die Rheinfront ist komplett verglast und mit schmalen Metallstreben gegliedert, die ein filigranes Muster bilden

„Manchmal lässt sich auch ein Original noch übertreffen" – mit diesen Worten beschrieb die Architekturkritikerin Ingeborg Flagge die Universitäts- und Landesbibliothek Bonn: Von 2004 – 2008 war der schlichte Bau, der zurückhaltende Schönheit mit Zweckmäßigkeit verband, von Grund auf ertüchtigt und so weit wie möglich in seinen ursprünglichen Zustand zurückversetzt worden.

Die Ausstattung der Innenräume erfolgte in strenger Anlehnung an die ehemalige Einrichtung; sie wirkt modern, funktional und edel zugleich

DER URSPRÜNGLICHE BIBLIOTHEKSBAU AUS DEM JAHR 1960

Das ursprüngliche Bibliotheksgebäude, das direkt am Bonner Rheinufer liegt, war in den Jahren 1957 – 1960 errichtet worden. Charakteristisch sind drei additiv zusammengesetzte kubische Baukörper, die sich aufgrund der flächigen Fassadengestaltung und großen Fensterzonen durch größtmögliche Transparenz und Leichtigkeit auszeichnen. Die Rheinfront ist komplett verglast und mit schmalen Metallstreben gegliedert, die ein filigranes Muster bilden. Die klare und elegante Anmutung wird durch ein silbergraues Fassadenmosaik unterstrichen. Die Straßenfront ziert noch heute eine Säulenreihe aus zahlreichen Betonstützen, die dem Bau einen repräsentativen Charakter verleiht. Ebenso wie die Fassadengestaltung ist auch das Bibliotheksinnere geprägt von geradliniger Schlichtheit. Von dem erhöhten Eingangsbereich kann nahezu der gesamte Flachbau mit den verschiedenen Nutzungsbereichen überblickt werden. Bereits nach einigen Jahren waren Umbauten erforderlich, die auf bautechnische Mängel und Materialermüdung zurückzuführen waren. Insbesondere der Ersatz des silbrig schimmernden Fassadenmosaiks – das nach und nach abgebröckelt war – im Jahr 1978 durch eine Vorhangfassade aus Alublechen änderte den Anblick des Bibliotheksgebäudes vollkommen. Um solche grundlegenden Eingriffe in das Erscheinungsbild zu verhindern, wurde der Bau im Jahr 2000 unter Denkmalschutz gestellt.

SANIERUNG, UM- UND AUSBAU

Anfang 2002 wurde das Architektenbüro Becker + Partner vom BLB NRW mit den Architektenleistungen für den Um- und Erweiterungsbau der Bibliothek beauftragt. Die drei Hauptaufgaben der Baumaßnahme bestanden in der Errichtung von zwei neuen Magazingeschossen unter dem Vorplatz, in der vollständigen Erneuerung der Technik und des mangelhaften Brandschutzes sowie der Wiederherstellung der Fassade. Dabei sah sich das Architekturbüro besonderen Herausforderungen gegenüber: Zum einen musste jeder geplante Schritt die strengen Vorgaben des Denkmalschutzes erfüllen und vorher abgestimmt werden, zum anderen galt es, die gesamte Baumaßnahme im laufenden Betrieb der Bibliothek auszuführen.
Die Bauarbeiten begannen mit einem Erweiterungsbau 2004, da der Raum für Archiv- und Magazinflächen bereits seit langem knapp geworden war. Ziel war es, die repräsentative Rasenfläche vor der straßenseitigen Front der Bibliothek zu erhalten, daher wurde das zweigeschossige Magazin unterirdisch errichtet.

DIE INNENRÄUME

Nach der Fertigstellung des Neubaus wurden die Innenräume instand gesetzt. Da der Deckenspiegel dem Erscheinungsbild in den 1960er Jahren entsprechen sollte, wurde dieser gemäß seiner ursprünglichen Gliederung ausgeführt. Dafür wurde die Originaldecke aus Raminmassivholzleisten, die teilweise noch vorhanden war, kartografiert, demontiert, aufgearbeitet und anschließend wieder montiert. Da wegen der Brandlasten im Lesesaal keine neue Decke aus Raminmassivholzleisten eingebaut werden durfte, entschied man sich dort für eine Alu-Sonderpaneeldecke, die in strenger Anlehnung an die Originaldecke hergestellt wurde. Die

Charakteristisch für den Bibliotheksbau sind drei additiv zusammengesetzte kubische Baukörper, die sich aufgrund der flächigen Fassadengestaltung und großen Fensterzonen durch größtmögliche Transparenz und Leichtigkeit auszeichnen

Dank der Errichtung des zweigeschossigen Magazins unter der Erde, konnte die repräsentative Rasenfläche vor der straßenseitigen Front der Bibliothek erhalten werden

Schwierigkeit bestand darin, Struktur und Farbton der Oberflächen so zu wählen, dass sie dem Charakter der alten Decke entsprachen. Diffizil gestaltete sich auch die Suche nach einer denkmalschutzgerechten Lösung für den schwarzen, weiß geäderten Marmorboden im Foyer, da hier beschädigte Platten ersetzt werden mussten. Erst nach mehrmonatiger Recherche konnte ein Handwerksbetrieb gefunden werden, der nach dem Muster des ursprünglichen Bodens neue Werksteinplatten so herstellte, dass Original und Nachbau kaum zu unterscheiden sind.

Das Innenleben der Bibliothek mutet modern, funktional und edel zugleich an. Die Ausstattung der Innenräume erfolgte in strenger Anlehnung an die ehemalige Einrichtung.

DIE FASSADE

Auch die Fassade musste im Rahmen der Sanierungsmaßnahme erneuert werden. Die Aluminium-Paneele, die das silberne Marmormosaik ersetzt hatten, wurden wieder entfernt. Stattdessen brachte man einen helltonigen Putz auf, der durch einen besonderen Glimmerzusatz das Sonnenlicht so ähnlich reflektiert wie das ursprüngliche Mosaik. Ausgetauscht wurden auch die Fenster, die einen zusätzlichen Sonnenschutz erhielten. Die verspielt geometrische Aufteilung der Fassadenelemente im Bereich des Lesesaals, die an Bilder von Piet Mondrian erinnern, wurde von den Originalfassaden übernommen.

Eine vorrangige Aufgabe im Rahmen des Bauprojekts war es, den Brandschutz auf den Stand der heutigen Vorschriften zu bringen. Das Gebäude, das zuvor im Bereich der Altbaumagazine nur aus einem Brandschutzabschnitt bestanden hatte, wurde daher in vier voneinander unabhängige Brandabschnitte aufgeteilt.

Im Jahr 2009 wurde die Baumaßnahme fertiggestellt: Dank der guten Zusammenarbeit aller Beteiligten war es gelungen, die historische Substanz weitestgehend zu erhalten und gleichzeitig die Erfordernisse der Gegenwart und das gestiegene Raumbedürfnis zu erfüllen.

> **Planender Architekt:**
> **Architekten Becker + Partner, Pulheim**
> **Bauherr:**
> **Bau- und Liegenschaftsbetrieb NRW, Köln**

Bauvertrag: Auf was sollte der Handwerker achten?

Von Bernd Ebers
Rechtsanwalt und Notar in Limburg/Lahn

Erst dann, wenn es zum Rechtsstreit kommt, werden die Fehler offenkundig, die vorher gemacht wurden, obwohl sie vermeidbar waren. Diese Fehler können sich, falls es zum Rechtsstreit vor Gericht kommt, zum Nachteil des Handwerkers auswirken. Der folgende Beitrag will auf Fehler, die häufig gemacht werden, hinweisen und Wege aufzeigen, wie diese Fehler vermieden werden können.

DIE STUNDENLOHNARBEITEN GEBEN HÄUFIG ANLASS ZUM STREIT

Ein Beispiel:

Verschiedene handwerkliche Leistungen können nur in Stundenlohnarbeiten ausgeführt werden. Wenn diese Stunden dann in Rechnung gestellt werden, kommt es häufig zum Streit.

Im Keller des neu errichteten Einfamilienwohnhauses zeigen sich Feuchtigkeitsflecken an den Wänden. Der zu Rate gezogene Architekt vermutet, dass die Außenisolierung schadhaft ist und/oder die Drainage. Ein Aufspüren/Beseitigen des/der Fehler/s macht es erforderlich, rund um das Haus herum bis zur Kellersohle freizugraben. Das Haus liegt an einem Hang, die Außenanlagen sind soweit fertig, die Arbeiten können nur per Hand und nicht mit Bagger – auch nicht mit einem kleinen – ausgeführt werden.

Der Bauhandwerker nimmt den Auftrag an. Er weist nicht darauf hin, dass diese Arbeiten nur im Stundenlohn ausgeführt werden können. Als er später seine Rechnung erstellt, verweigert der Bauherr die Zahlung mit der Begründung, dass Stundenlohnarbeiten nicht vereinbart worden seien, sowie, dass die Anzahl der in Rechnung gestellten Stunden überhöht sei, und schließlich, dass der eingesetzte Stundenlohn zu teuer sei. Der Bauhandwerker muss jetzt vor Gericht klagen. Er muss darlegen und beweisen, dass die Arbeiten nur im Stundenlohn haben ausgeführt werden können und, dass die Anzahl der berechneten Stunden auch tatsächlich angefallen und notwendig waren und dass die Höhe des Stundensatzes angemessen ist.

Den Beweis dafür, dass die Arbeiten nur im Stundenlohn haben ausgeführt werden können, wird der Bauhandwerker führen können, indem er sich auf die Einholung eines Sachverständigengutachtens oder auf die Aussage eines Sachverständigen beruft, was auch gilt, soweit es um die Höhe des Stundensatzes geht. Soweit es aber um die Anzahl der in Rechnung gestellten Stunden geht, hilft dem Bauhandwerker hier weder das Gutachten noch die Aussage eines Sachverständigen, denn der Sachverständige kann hier nur schätzen. Mit einer Schätzung aber führt der Bauhandwerker keinen Beweis. Beweis könnte der Bauhandwerker führen, indem er seine Mitarbeiter, die damals die Arbeiten ausgeführt haben, als Zeugen benennt. Ob die Mitarbeiter des Bauhandwerkers sich in einem Prozess noch im Einzelnen daran erinnern können, an welchem Tag sie wie viele Stunden gearbeitet haben, erscheint mehr als fraglich. In diesem Fall könnte lediglich der Richter, dem diese Möglichkeit gegeben ist, nach freiem Ermessen schätzen.

Mein Ratschlag:

Zunächst vor der Ausführung der Arbeiten schriftlich anbieten, welche einzelnen Arbeiten zu welchem Preis im Stundenlohn ausgeführt werden und sich dies vom Bauherrn unterschreiben lassen, also eine Vereinbarung in schriftlicher Form herbeiführen und sodann – ganz wichtig – Stundenlohnnachweise führen in Form von Rapportzetteln oder Tagesberichten und sich auch diese und zwar zeitnah, abzeichnen lassen und zwar vom Bauherrn, von dessen Architekten oder vom Bauleiter.

EIN GROSSES ÄRGERNIS BIETEN OFT DIE BEREITS GELEISTETEN – ALLERDINGS SCHLECHT GELEISTETEN – VORARBEITEN, AUF DIE DIE WEITEREN ARBEITEN AUFBAUEN

Auch hierzu ein Beispiel:

Der Schreiner erhält die Baupläne und die Baubeschreibung und wird aufgefordert, ein Angebot abzugeben über die Anfertigung, Lieferung und Einbau von Zargen und Türen. Er gibt sein Angebot ab und erhält den Auftrag.

Daraufhin beginnt er, Zargen und Türen in der Werkstatt zu fertigen. Als er dies dann später vor Ort einbauen will, stellt er fest, dass die Maße, wie aus den Plänen ersichtlich, von den Maurern und Verputzern nicht eingehalten wurden, die Türöffnungen sind teilweise zu hoch, und die Wände sind in unterschiedlicher Stärke verputzt, so dass die Türen teilweise zu klein und die Zargen teilweise zu schmal sind.

Dennoch baut der Schreiner Zargen und Türen ein, die vorhandenen Mängel kaschiert er dadurch, indem er zusätzliche Zierleisten anbringt. Als der Schreiner mit dem Einbau fertig ist und seine Rechnung erteilt, verweigert der Bauherr die Abnahme der Werkleistung mit der Begründung, die Arbeiten seien mangelhaft ausgeführt worden, die Rechnung zahlt er nicht. Ein Rechtsstreit erscheint aussichtslos, denn die Mängel sind tatsächlich vorhanden und eine Abnahme ist bisher nicht erfolgt.

Mein Ratschlag:

Falls die Arbeiten des Vorunternehmers mangelhaft sind, dies schriftlich anzeigen – es besteht eine so genannte Hinweispflicht. Sodann mit dem Bauherrn oder dessen Architekten oder Bauleiter die Dinge im Einzelnen erörtern und Möglichkeiten aufzeigen, wie die Mängel der Vorarbeiten beseitigt werden können und hierüber – schriftlich – ein Nachtragsangebot abgeben und sich dieses gegenzeichnen lassen. Erst dann, wenn klar ist, wie die Arbeiten letztendlich ausgeführt werden und dies auch – schriftlich – vereinbart ist, mit der Ausführung der Arbeiten beginnen.

MERKE:

Im Falle eines Prozesses muss in der Regel derjenige, der etwas behauptet, dies auch beweisen. Beweise sind oft schwer zu führen, daher vorzeitig entsprechende Vereinbarungen nachweisbar, also schriftlich, herbeiführen, dies vermeidet oft Prozesse.

Prozesse sind teuer, sie dauern lange; ob man einen Prozess gewinnt, weiß man nicht, und selbst dann, wenn man gewonnen hat, hat man noch nicht sein Geld.

Ev. Gemeindezentrum und attraktiver Mietraum unter einem Dach

Neubau des Ernst-Flatow-Hauses mit Gemeindezentrum und 25 Mietwohnungen in Ehrenfeld

Der großzügige, zweigeschossige Einschnitt des Ernst-Flatow-Haus mit dem neuen Gemeindezentrum und den 25 Mietwohnungen unterstreicht architektonisch den Bezug zur gegenüberliegenden Friedenskirche

Am Fröbelplatz, im Kern des zentral gelegenen Stadtteils Ehrenfeld, ließ die Evangelische Kirchengemeinde Ehrenfeld innerhalb von rund zwei Jahren das Ernst-Flatow-Haus errichten, eine hochwertige Immobilie mit 25 attraktiven Mietwohnungen. Ausgangspunkt für diesen Neubau war der Wunsch der Kirchengemeinde nach einem zeitgemäßen Gemeindezentrum mit Blick auf die aus dem Jahr 1876 stammende, historische Friedenskirche. Realisiert wurde das Bauprojekt nach einem Entwurf des Architekturbüros Lepel & Lepel, das den von der Kirchengemeinde ausgelobten Wettbewerb gewonnen hatte. Die Immobilie zeichnet sich durch eine hohe architektonische Qualität und ein variables Wohnungsangebot aus, das sich in Richtung eines ruhigen, begrünten Innenhofs orientiert: Maisonette-, Geschoss- und Penthousewohnungen mit zwei bis sechs Zimmern, die mit einem hofseitig gelegenen Balkon bzw. einer Terrasse ausgestattet sind.

Dank des Einbaus eines Aufzugs ergibt sich ein barrierefreier Zugang zu den Wohnungen sowie der Tiefgarage mit 32 Parkplätzen, wodurch auch die Bedürfnisse von Familien mit Kindern, Senioren und Behinderten berücksichtigt werden können. Das Ziel des Bauherrn war es, Wohnraum für unterschiedliche Gesellschaftsgruppen anzubieten, der sowohl ein hohes Maß an kommunikativem Zusammenleben als auch an individuellem Rückzug ermöglicht. Die Gemeinderäume im Erdgeschoss sollen als Dreh- und Angelpunkt der Wohnanlage dienen. Die funktionalen und inhaltlichen Beziehungen zwischen der Friedenskirche und den Gemeindeeinrichtungen werden architektonisch projiziert und nach außen erkennbar gemacht: Der Eingang in das Gemeindehaus gegenüber der Kirche definiert die Ecksituation des Grundstückes durch einen großzügigen zweigeschossigen Einschnitt und Durchgang. Dadurch entsteht ein direkter erkennbarer Bezug zum Kirchenbau.

Das Gebäude ist energiesparend geplant und mit modernster Brennwerttechnik ausgerüstet, auf dem Dach wurde zudem eine thermische Solaranlage zur Brauchwassererwärmung montiert. Die Errichtung der Wohnanlage ist ein erster Bauabschnitt eines Gesamtkonzepts, der später durch einen weiteren Wohnriegel mit Kindergarten ergänzt werden soll.

Die Maisonette-, Geschoss- und Penthousewohnungen sind mit einem hofseitig gelegenen Balkon bzw. einer Terrasse ausgestattet

> **Planende Architekten:**
> Lepel & Lepel Architektur Innenarchitektur, Köln
> **Bauherr:**
> Evangelische Kirchengemeinde Ehrenfeld vertreten durch Antoniter Siedlungsgesellschaft ASG, Köln

> **Partner am Bau:**
> • GSV Bau Inh. Georg Langner

Anzeige

ALLES UMS BAUEN

GSV Bau
Inh. Georg Langner

Heidestraße 27a · 51147 Köln · Tel.: 0 22 03 / 92 42 700 · Fax: 0 22 03 / 92 42 701
gsv-bau-langner@t-online.de

Komfortables Wohnen in historischer Denkmalschutzsubstanz

Restaurierung des denkmalgeschützten Gutes „Steinneuerhof" in Köln-Rondorf

Das Gut Steinneuerhof: Auf dem rund 14.000 m² großen Grundstück der vierflügeligen Anlage entstehen 13 exklusive Eigentumswohnungen als Reihenhäuser sowie drei Etagenwohnungen
Abb.: Quelle Immoconsult

Das Gut Steinneuerhof wurde ursprünglich um 1850 errichtet und im Jahr 1980 unter Denkmalschutz gestellt. Die vierflügelige Anlage in Köln-Rondorf, die bis heute nahezu unverändert erhalten ist, besteht aus einem Herrenhaus, einer großen und einer kleinen Scheune sowie einem Seitentrakt, dem Gesindehaus. Nach der Aufgabe des landwirtschaftlichen Betriebs dienten die Stallungen als Lagerräume für das Grünflächenamt der Stadt Köln, und die große Scheune wurde zur Trauerhalle des städtischen Friedhofs im Steinneuerhof umgebaut. Da beide Nutzungen vor Jahren aufgegeben worden waren, initiierte die Immoconsult GmbH Gesellschaft für Baubetreuung und Immobilienvermittlung eine umfassende Restaurierung und Umnutzung des historischen Gutshofes in engem Einvernehmen mit dem Amt für Denkmalpflege. Beim Verkauf des Hofes, der von der Stadt Köln ausgeschrieben worden war, erhielt die STH Steinneuerhof GmbH & Co. KG den Zuschlag.

In Zusammenarbeit mit dem Kölner Architekturbüro Stephan Otto werden auf dem rund 14.000 m² großen Grundstück 13 exklusive Eigentumswohnungen als Reihenhäuser mit Terrassen und Gärten sowie drei Etagenwohnungen mit Terrasse, Balkon bzw. Dachterrasse errichtet. Dabei bleiben sowohl die Außenwände der Anlage als auch die Dachkonstruktionen weitestgehend erhalten und werden in Abstimmung mit der Denkmalpflege saniert und verstärkt. Eine begrünte Garage mit 30 Pkw-Stellplätzen, externe Abstellräume, Fahrradräume und ein Hausmeisterraum ergänzen die hochwertig ausgestatteten Wohneinheiten, die auf drei bis sechs Zimmern über eine Fläche von 86 bis 265 m² verfügen. Hohe Decken, Lufträume und freie Giebel bestimmen die moderne Innenarchitektur, die jeder Käufer individuell mitgestalten kann. Auch das Anlegen des großzügigen und ruhigen Innenhofs erfolgt in Abstimmung mit der Denkmalbehörde: Die vorhandene Pflasterung wird erhalten, der Innenbereich begrünt und ein Kinderspielplatz errichtet.

Da sich das Gut Steinneuerhof inmitten eines unverbaubaren Landschaftsschutzgebietes – in der Nähe zu den beliebten Kölner Wohngegenden Hahnwald, Marienburg und Rodenkirchen – befindet, ist die Umgebung ländlich geprägt. Dennoch ist das Stadtzentrum nicht weit entfernt und die Anbindung sowohl an die öffentlichen Verkehrsmittel als auch an das Autobahnnetz gut. Alle Geschäfte des täglichen Bedarfs, eine ärztliche Versorgung und Schulen stehen in fußläufiger Reichweite zur Verfügung. Auf diese Weise bietet das optimal im Kölner Süden gelegene architektonische Kleinod den Wohnungseigentümern eine ideale Verbindung aus anspruchsvollem Wohnen im historischen Ambiente, grüner Umgebung und Stadtnähe.

Abb.: Quelle Immoconsult

Initiator:
Immoconsult GmbH
Gesellschaft für Baubetreuung und Immobilienvermittlung, Köln

Bauträger:
STH Steinneuerhof GmbH & Co. KG, Köln

Planender Architekt:
Architekturbüro Stephan Otto, Köln

Partner am Bau:
- H. Langemann GmbH & Co. KG
- Ingenieurbüro I. Rietmann
- Stüttgen Tischlerei GmbH
- Dipl.-Ing. Dieter, Dipl.-Ing. Karsten Dembowski Öffentlich bestellte Vermessungsingenieure

Anzeige Ausführende Firmen

SEIT 1912
H. LANGEMANN
BAUUNTERNEHMUNG

Tel 02 21_17 25 37   www.bauunternehmung-langemann.de

architekturbüro stephan otto
architekt aknw

- architektur
- projektentwicklung
- immobilien
- sachverständiger für grundstücksbewertung

cleverstr. 18　　t: 0221/9732013　　architekt@stephanotto.de
50668 köln　　　f: 0221/9732020　　www.stephanotto.de

INGRID RIETMANN Dipl.-Ing. für Garten- und Landschaftsplanung VDI

Grün- und Freiflächenplanung • Wohnumfeldgestaltung • Landschaftsplanung & Rekultivierung • Spiel- und Sportstättengestaltung

Ingenieurbüro I. Rietmann
Siegburger Straße 243a · 53639 Königswinter
Tel.: 02244 / 6936 und 912626 · Fax: 02244 / 912627
e-Mail: info@buero-rietmann.de, www.buero-rietmann.de

Ihr Spezialist für:
Küchen • Individuelle Innenausbau
CNC-Bearbeitung • Denkmalschutzfenster

Stüttgen
——— Tischlermeister ———

Stüttgen Tischlerei GmbH · Claudius-Dornier-Straße 10 · 50829 Köln (Gewerbegebiet)
Telefon 02 21- 59 34 76 · Telefax 02 21- 59 29 20 · info@stuettgen-tischlerei.de

Verantwortungsvolle Stadtentwicklung für Köln

Baufeld 10 – Neubau Bürogebäude im Rheinauhafen / Butzweilerhof – Neubau von 99 Einfamilienhäusern

Das neue Gebäude auf dem Baufeld 10 im Rheinauhafen (oben) bietet sehr flexibel aufteilbaren Büroraum (links), der zu einem großen Teil natürliches Tageslicht erhält

BAUFELD 10 – BÜROGEBÄUDE IM RHEINAUHAFEN

An der Marina des Rheinauhafens entsteht zwischen den fünfzehnstöckigen Kranhäusern der Neubau für das Bürogebäude Baufeld 10.

Aus der städtebaulichen Situation heraus entwickelte sich eine Gebäudekubatur, die sich nach oben skulptural auflöst und so einerseits homogen wirkt und andererseits auf die spezifischen Sichtachsen im Rheinauhafen eingeht. Durch Integrieren aller Technikelemente wird das Dach zur fünften Fassade, die dem Blick aus den Kranhäusern angemessen ist. Über den Haupteingang an der mittleren Rheinauhafenpromenade erschließen sich die Büro- und Gewerbeetagen, in den Obergeschossen. Der flexibel gestaltete Grundriss erlaubt eine Belegung mit Zellenbüros, Großraumbüros und Open-Space-Bereichen oder einer Mischung dieser Bürotypologien. Im Erdgeschoss bieten sich Läden, Büros und Konferenzräume aber auch ein Café als mögliche Nutzungen an.

Die lebendige, an einen Barcode erinnernde, Fassadengliederung unterliegt einem geordneten Rhythmus, der in einer vorderen und einer hinteren Ebene das Bild einer geschossübergreifenden Vertikalität erzeugt. Es entsteht der Eindruck von Tiefe, der durch die helleloxierten Elementrahmen in der vorderen Ebene und die dunkleren, opaken sowie transparenten Elementausfachungen in der hinteren Ebene noch verstärkt wird. Der transparente Anteil der Fassade liegt von außen betrachtet bei 42 Prozent und von innen bei 50 Prozent. Außenliegende, tageslichtlenkende Lamellen gewährleisten den Sonnenschutz und verhindern unerwünschte Blendeffekte innerhalb der Büros. Sie vermindern dabei auch gleichzeitig den Kunstlichtbedarf und stellen einen wichtigen Bestandteil des Nachhaltigkeitskonzeptes dar. Darüber hinaus zeichnet sich das zukunftsorientierte und ökologische Gebäude- und Technikkonzept durch eine optimierte Nutzung passiver Elemente und die bedarfsgerechte und „einfache" Regelung über moderne Gebäudeleittechnik aus. Durch die kompakte Bauweise ergibt sich ein günstiges Verhältnis von Fläche zu Volumen, das durch die ausgewogenen Anteile an transparenten und hoch wärmegedämmten, opaken Flächen unterstützt wird und zu einem geringen Heizwärmebedarf führt. Die Kühlung wird primär durch den Einsatz der Betonkerntemperierung erreicht.

Das „Baufeld 10" kann nach dem Motto „keep it simple" als herausragend wirtschaftliches und innovatives Gebäude betrachtet werden, dessen Primärenergiebedarf 45 Prozent unter der Energieeinsparverordnung liegt.

WOHNEN AM BUTZWEILERHOF – INMITTEN EINES LEBENDIGEN STÜCKS KÖLNER GESCHICHTE

Der heutige Stadtteilname kommt aus dem 17. Jh. und stammt ab von dem im Nordwesten von Köln liegenden Ort „Potzweyler". Erst Anfang des 20. Jh. wurde der heute zu Ossendorf gehörende Butzweilerhof durch den bis zum Zweiten Weltkrieg zweitgrößten deutschen Flughafen bekannt. Noch heute existiert das unter Denkmalschutz stehende im Bauhausstil errichtete Flughafengebäude in Einklang mit der in den Jahren 2007 bis 2010 neu entstandenen Wohnbebauung.

Diese 99 Einfamilienhäuser harmonieren architektonisch mit den vorhandenen denkmalgeschützten Strukturen und entsprechen hohen ökologischen Ansprüchen. Sie sind als KfW-Effizienzhaus-70 errichtet und darüber hinaus mit einer kontrollierten Wohnraumlüftung ausgestattet. Damit ist eine optimierte Energienutzung und -ausbeute gewährleistet. Die Erwerber schätzen diese Ausstattung, insbesondere wegen der immer weiter steigenden Energiepreise.

Ein weiteres Plus dieser Wohnanlage sind die Außenanlagen. Die kubenartige Architektur findet sich auch in der Gestaltung der Gärten wieder. So wurden Eibenblöcke im Bereich der Vorgärten angelegt, um die Hauseingänge zu fassen; jeweils andersfarbig blühende Zierobstbäume wurden je Wohnreihe angepflanzt und um das bunte Mix von blauen, gelben und braunen Abfalltonnen zu vermeiden, wurden sogar die Mülleinstellboxen gleich gestaltet. Um dieses einheitliche Erscheinungsbild über Jahre hinweg zu erhalten, traf der Veräußerer Vereinbarungen mit den Erwerbern über die Außengestaltung der Gebäude und Gärten im Rahmen der Kaufverträge.

Grundsätzlich entstanden zwei Haustypen – Reihenendhäuser ohne Staffelgeschoss mit ca. 108 m² und Mittelhäuser mit Staffelgeschoss mit ca. 145 m² Wohnfläche. Die Arbeitsgemeinschaft Esser Planungsgesellschaft und Klaus Steinhauer plante moderne Eigenheime mit höchstem Wohnkomfort. Großzügige Grundrisse, lichtdurchflutete Räume, Terrasse mit Garten und gleich gestaltetem Gartenhäuschen und last but not least für die Pkw eine Garage mit Carport. Der Bauträger msk-colonia überließ den Erwerbern dennoch viel Raum für Sonderwünsche.

Der nachhaltigen Grundrissplanung zu verdanken waren sogar Grundrissänderungen erlaubt. Soll es eine abgetrennte Küche oder

Das Bürogebäude auf dem Baufeld 10 bietet im Inneren viele Nutzungsmöglichkeiten (oben) und kann nach Mieterwunsch entsprechend in verschiedene Büroformen und Gemeinschaftsflächen aufgeteilt werden

doch lieber eine offene werden, noch ein zusätzliches Arbeitszimmer; aus dem großen Zimmer zwei kleinere Kinderzimmer und der Hobbyraum im Keller, das Staffelgeschoss jetzt schon ausbauen oder erst wenn der Nachwuchs da ist, welche Farbe soll die Eingangstür haben etc. Jeder Erwerber konnte sich wie ein Bauherr fühlen, mitplanen und mitgestalten, dennoch aber zu einem wesentlich günstigeren Preis, als hätte er wirklich selbst gebaut.

Wohnen am Butzweilerhof ist nicht Wohnen von der Stange. Wohnen am „Butz" ist modern, technisch auf sehr hohem Stand und

Die Wohnanlage Butzweilerhof bietet ein einheitliches Erscheinungsbild, das sich an den Bauhausstil anlehnt und durch entsprechende Verträge auch in der Zukunft gesichert ist

vor allem individuell. Wohnen am „Butz", da trifft Historie auf die Moderne und das hat Charme für alle Bewohner und auch die Besucher, die seit Ende des Jahres 2010 nun auch mit der Stadtbahn Linie 5 das neue, alte Gebiet bequem erreichen können.

Bauherr:
moderne Stadt Gesellschaft zur Förderung des Städtebaues und der Gemeindeentwicklung mbH, Köln

Generalunternehmer:
Bauwens Construction GmbH & Co. KG, Köln

Planung
-Proj. „Baufeld 10 im Rheinauhafen": Planung GATERMANN + SCHOSSIG Architekten Generalplaner, Köln
-Proj. „butzweiler plus":
ARGE Esser Planungsgesellschaft und Klaus Steinhauer, Köln

Partner am Bau:
- Fliesen Baltes
- Berndt Verkehrstechnik GmbH
- Corall Ingenieure – Ingenieure & Sachverständige für den vorbeugenden Brandschutz
- ABI Andernacher Bimswerk GmbH & Co. KG
- Jacbo Pfahlgründungen GmbH
- Betonbohr- und Sägeservice WORMS GmbH
- Kölner Marmorwerke GmbH
- K & M Bauelemente GmbH
- ABBS Deutschland GmbH
- Ingenieurbüro Finette + Schönborn
- Kühnhausen Dübbert Semler Öffentlich bestellte Vermessungsingenieure
- Karlheinz Döhler GmbH & Co. KG

Anzeige

Fliesen · Platten · Mosaik · Marmor

Fliesen-Baltes

Ihr Fliesenleger macht's persönlich.

Seit über 40 Jahren bekannt durch Qualität und Leistung!

Fliesen Baltes | Blücherstraße 10 | 51643 Gummersbach | Telefon: 02261-22363 | www.fliesenbaltes.de

Ausführende Firmen Anzeige

IHR KOMPETENTER PARTNER FÜR DEN VORBEUGENDEN BRANDSCHUTZ

Corall Ingenieure - Ingenieure & Sachverständige für den vorbeugenden Brandschutz

Unsere kompetente und nachhaltige Beratung garantiert zuverlässige und langfristige Lösungen, denn als Partner unserer Kunden kennen wir deren Bedürfnisse und Anforderungen. Bei uns treffen Sie auf Planungssicherheit und eine ganzheitliche Projektabwicklung. Kostenoptimierte Lösungen sowie eine direkte und zeitoptimierte Kommunikation sichern stets den Erfolg Ihres Projektes.
Erfahren Sie mehr unter: www.corall-ingenieure.de, 0 21 59 - 69 62 9-0, 40670 Meerbusch.

Füllscheuerweg 21 · 56626 Andernach · Tel. 0 26 32 20 06-0 · Fax 0 26 32 20 06-35 · www.abi-beton.de

SCHNECKENBOHRPFÄHLE ...

VERTRAUEN IST GUT. JACBO IST BESSER.

Jacbo Pfahlgründungen GmbH
> Niederlassung Köln
Auenweg 185, 51063 Köln
Telefon: 02 21/80 19 18-0
Telefax: 02 21/80 19 18-17
E-Mail: koeln@jacbo.de

> www.jacbo.de

Betonbohr- und Sägeservice
WORMS GmbH

Meckenheimer Straße 30
53919 Weilerswist (Metternich)
Telefon 0 22 54 / 55 23
Telefax 0 22 54 / 8 13 74

heinz_worms@web.de
www.heinzworms.de

Wir lösen Ihre Betonbohr- und Sägeprobleme

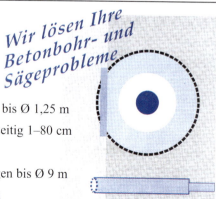

Kernbohrungen bis Ø 1,25 m

Wandsägen einseitig 1–80 cm

Seilsägen

Großlochseilsägen bis Ø 9 m

Fugenschneiden

Betonpressen

Anzeige Ausführende Firmen

NATÜRLICH NATURSTEIN
NATÜRLICH KÖLNER MARMORWERKE

Erleben Sie unsere Vielfalt an Steinen aus aller Welt für Fassaden, Innenausbau und Aussenflächen ...seit 125 Jahren!

Kölner Marmorwerke GmbH
Bergisch Gladbacher Straße 1067 · 51069 Köln-Dellbrück
Tel. 0221 6 89 24-0 · Fax 0221 6 89 24-70
www.koelnermarmorwerke.de

K & M Bauelemente GmbH
Am Handwerkerhof 3
45701 Herten
Telefon 0 23 66 / 18 13 - 0
Telefax 0 23 66 / 18 13 - 18
info@km-bauelemente.com

ABBS Deutschland GmbH
Friedrichstr. 55
42551 Velbert

Tel: 02051/803160
info@abbs-deutschland.de
www.abbs-deutschland.de

ABBS NV
Staatsbaan 4C1
B-3210 Lubbeek

ABBS Nederland BV
Duizeldonksestraat 1a
NL-5709 CA Helmond

ABBS BRANDSCHUTZ

Wir bauen Anlagen nach internationalen Richtlinien:
VDS; FM; NFPA; Bosec 2011; LPCB
z. B.: in Deutschland, Belgien, Niederlande, Luxemburg, Polen, Rumänien, Frankreich, Italien

- Sprinkleranlagen
- Schaumanlagen
- Innenwandhydrantenanlagen
- Außenhydrantenanlagen
- Gaslöschanlagen
- Wartungen + Service

Komplexe Bauprojekte mit hohem Anspruch

UN-Campus: die zurzeit größte laufende Baumaßnahme des Bundes in Bonn / Fachhochschule Südwestfalen: Erweiterungsgebäude in Meschede / Neubau Finanzamt Leverkusen / Neubau Feuerwache Dinslaken

UN-Campus. 2. BA: das ehemalige Alte Abgeordnetenhochhaus wird für das Sekretariat der Klimarahmenkonvention, UNFCCC, für die Vereinten Nationen hergerichtet und saniert
Abb. (2): Quelle Bundesamt für Bauwesen und Raumordnung

2. BAUABSCHNITT UN-CAMPUS, BONN

Am 10. Oktober 2011 wurde Richtfest für den 2. Bauabschnitt für den UN-Campus in Bonn gefeiert. In diesem Bauabschnitt wird das ehemalige Alte Abgeordnetenhochhaus für das Sekretariat der Klimarahmenkonvention, UNFCCC, für die Vereinten Nationen hergerichtet und saniert. Die Baumaßnahme mit Kosten von rund 70 Mio. Euro betreut das Bundesamt für Bauwesen und Raumordnung (BBR) im Auftrag der Bundesanstalt für Immobilienaufgaben. Verantwortlich für die Generalplanung ist das Büro RKW Rhode Kellermann Wawrowsky Architektur + Städtebau aus Düsseldorf; Projektsteuerer sind Assmann Beraten+Planen GmbH aus Dortmund.

Das Gebäudeensemble umfasst neben dem ehemals für parlamentarische Zwecke genutzten Alten Abgeordnetenhochhaus mit darunterliegendem ehemaligen Luftschutzbunker den Südflügel, Fraktionssäle und Fraktionsflügel und einen Verbindungsbau. Für das UNFCCC werden in einem ersten Schritt auf einer Bruttogeschossfläche von insgesamt rund 22.500 m² 265 Büros, Konferenzräume und eine Handbibliothek hergerichtet sowie ein Personeneingangs- und ein Logistikgebäude neu gebaut.

Kaum ein aktuelles Assmann-Projekt ist, auch aufgrund seiner hohen Nachhaltigkeitsansprüche, in den Projektsteuerungsaufgaben so komplex wie dieses Bauvorhaben: Bestandssanierung, Teilneubau, Abbruchmaßnahmen, Schadstoffsanierung, Sicherheitskonzepte, Nachhaltigkeitsaspekte, internationale Nutzung und öffentliche Auftragsvergabe. Die Fertigstellung ist für Mai 2012 geplant.

Wesentlicher Schwerpunkt bei der Konzeption für das Alte Abgeordnetenhochhaus ist die Planung als bauökologisches Modellvorhaben: der nachhaltige Umbau des Bestandes, die Minimierung des Energieverbrauchs und umfassende Nutzung erneuerbarer Energien. Am Beispiel der Herrichtung des Alten Abgeordnetenhochhauses soll demonstriert werden, dass bei einer Gebäudesanierung ein deutlicher Beitrag zum Klimaschutz geleistet werden kann. Das bedeutet insbesondere die Verminderung des Einsatzes fossiler Brennstoffe und der damit verbundenen Emissionen von Luftschadstoffen und den Einsatz ökologischer Baustoffe und Bauelemente. Weitere umzusetzende bautechnische Anforderungen unter Berücksichtigung denkmalschutzrechtlicher Belange sind der vorbeugende Brandschutz, der Hochwasserschutz, die Umsetzung der Sicherheitsbelange und die Optimierung der inneren Erschließung auch in Hinblick auf Barrierefreiheit. Das Anliegen insgesamt trägt der

besonderen klimaschutzpolitischen Bedeutung des zukünftigen Nutzers UNFCCC – beispielgebend für einen Bestandsumbau unter den Gesichtspunkten der Nachhaltigkeit – Rechnung. Im Rahmen einer Machbarkeitsstudie werden derzeit konkrete Überlegungen für einen weiteren Ergänzungsneubau für rund 330 weitere Beschäftigte des kontinuierlich wachsenden UNFCCC auf dem UN-Campus angestellt.

2002 hatten der Bund, das Land Nordrhein-Westfalen und die Bundesstadt Bonn die Vereinbarungen zur Ansiedlung von Organisationen der Vereinten Nationen in Bonn beschlossen. Das Ziel dieser Vereinbarung ist die gebündelte Unterbringung der UN-Organisationen im ehemaligen Plenarbereich, Bundeshaus und Langen Eugen im räumlichen Zusammenhang mit dem Internationalen Kongress- und Veranstaltungszentrum Bundeshaus Bonn (IKBB, jetzt: WCCB). Im Juli 2006 war als 1. Bauabschnitt das Neue Abgeordnetenhaus „Langer Eugen" den Vereinten Nationen übergeben worden. Mit dem 2. Bauabschnitt erfolgt nun ein weiterer wichtiger Schritt zur Vollendung des UN-Campus in Bonn.

FACHHOCHSCHULE SÜDWESTFALEN: ERWEITERUNGSGEBÄUDE IN MESCHEDE

Im November 2009 war Baubeginn, Mitte September 2010 Richtfest, und bereits im Oktober 2011 wurde dem Bau- und Liegenschaftsbetrieb NRW Soest als Bauherrn der neue Gebäudekomplex schlüsselfertig übergeben. Jetzt stehen der expandierenden Fachhochschule Südwestfalen für ihre Lehre und Forschung rund 2.900 m² weitere hochwertige Mietfläche zur Verfügung. Allein 900 m² groß ist der Hörsaal, der bis zu 500 Studierenden Platz bietet. Er ist das Kernstück des neuen Gebäudekomplexes. Und man kann ihn in drei kleinere Säle unterteilen.

Die Fachhochschule Südwestfalen ist auch an ihrem Hauptsitz in Iserlohn sowie in Hagen und Soest präsent. Für insgesamt rund 1.400 Studierende bietet die Fachhochschule am Hochschulstandort Meschede im bestehenden und neuen Gebäude die Studiengänge Elektrotechnik, International Management with Engineering und Maschinenbau an. Weiterhin können die Studentinnen und Studenten die Studiengänge Wirtschaft, Wirtschaftsingenieurwesen-Maschinenbau, Wirtschaftsingenieurwesen-Elektrotechnik und den weiterbildenden Verbundstudiengang Technische Betriebswirtschaft absolvieren. Der Standort Meschede der FH Südwestfalen erlebt einen Studierenden-Ansturm, seit vor einigen Jahren ein schicker Neubau die alten „Baracken" abgelöst hatte. Nun wird der Neubau bereits erweitert – und man weiß schon jetzt, dass auch diese Erweiterung wohl nicht reichen wird.

Die bestehenden Gebäude und die Erweiterung werden optisch gut harmonieren, denn die Fassaden werden gleich gestaltet sein – mit großen Glasflächen, Holzelementen und Sichtmauerwerk im rhythmischen Wechsel. Der Gebäudeentwurf der Planer von der BLB-Niederlassung Soest sieht auch diverse Lerninseln vor, denn viele Studierende wünschen sich heute Orte, wo sie sich in der vorlesungsfreien Zeit in kleineren Lerngruppen zum Arbeiten zusammensetzen können. Die multifunktionalen

Fachhochschule Südwestfalen, Erweiterungsgebäude in Meschede: Die bestehenden Gebäude und die Erweiterung harmonieren optisch gut, denn die Fassaden sind gleich gestaltet – mit großen Glasflächen, Holzelementen und Sichtmauerwerk im rhythmischen Wechsel Abb.: Foto Helle Dortmund

neuen Flächen werden nicht nur durch die Hochschule, sondern auch für externe Veranstaltungen genutzt werden können.

Der Umwelt zuliebe setzt der BLB NRW für die neuen Labor-, Seminar- und Büroräume in Meschede auf ein intelligentes Kühlungskonzept. An warmen Sommertagen strömt nachts Luft durch das Gebäude. Die so gekühlten Wände und Decken senken dann tagsüber die Temperatur der Raumluft.

NEUBAU FINANZAMT LEVERKUSEN

Der Bau- und Liegenschaftsbetrieb Nordrhein-Westfalen (BLB NRW) und die LEG Stadtentwicklung hatten 2008 den notariellen Kaufvertrag für ein Grundstück im Leverkusener Stadtteil Manfort geschlossen, um im südlichen Bereich des Innovationsparkes Leverkusen (IPL) ein neues Bürogebäude für die ca. 300 Beschäftigten des Finanzamtes Leverkusen zu bauen. Mit 15 Mio. Euro Investitionsvolumen plante und errichtete der BLB NRW ca. 7.750 m² Mietfläche. Das im August 2011 fertiggestellte Bürogebäude mit einer BGF von 9.471 m² ist im Bereich Max-Delbrück-Straße/Marie-Curie-Straße und Gustav-Heinemann-Straße entstanden. Es ersetzt das in den 1920er, 1950er und 1970er Jahren errichtete Gebäude in Leverkusen-Opladen. Am alten Standort wäre der Sanierungsaufwand so groß gewesen, dass ein Neubau die beste Lösung darstellte: Die Mietflächen wurden den aktuellen Verhältnissen angepasst und optimiert.

Der BLB hat für Neubauten Energieeffizienz-Vorgaben formuliert, die auch bei diesem Neubau konsequent umgesetzt wurden. So wird das gesamte Gebäude durch Geothermie beheizt. Dafür wurden im Bereich der Parkplätze 16 geothermische Tiefenbohrungen mit bis zu 150 m Tiefe angelegt. Die so gewonnenen Temperaturen werden im Winter zur Beheizung und im Sommer zur Kühlung eingesetzt und sorgen über die Betonkernaktivierung in Geschossdecken für ein ausgewogenes Gebäudeklima. Die tageslichtabhängige Beleuchtungssteuerung erfolgt im gesamten Gebäude über Präsenzmelder.

Der Entwurf der schmersahl | biermann | prüßner Planungsgesellschaft mbH & Co. KG aus Bad Salzuflen folgt dem städtebaulichen Masterplan mit einem quadratischen, vierschossigen Solitärgebäude, das als Büro-Zweibund ausgebildet ist und einen ebenfalls quadratischen Innenhof umschließt. Die hochtransparente Eingangsfassade unterstreicht den öffentlichen Charakter, da sie bereits von Weitem Einblicke in die Eingangshalle erlaubt. Die Gebäudeecke zum Verkehrskreisel ist kreisförmig ausgespart. Der durch unterschiedlich lange horizontale Fensterbänder rhythmisch gegliederte Baukörper erhielt eine mehrgeschossige transparente Glasfassade. Sie unterstreicht den öffentlichen Charakter des Gebäudes. Die zentrale Eingangshalle dahinter erstreckt sich über alle Geschosse und ermöglicht dem Besucher eine leichte Orientierung. Alle Büroflächen sind modular aufgebaut. Trockenbauwände schaffen Flexibilität in der Raumanordnung; durchgehende Brüstungskanäle ermöglichen individuelle Medien- und Heizungsanschlüsse. Besprechungs- sowie Schulungsräume liegen zum Innenhof nach Norden, um sommerliche Überhitzungen auszuschließen.

Assmann Beraten+Planen war mit der Grundlagenermittlung im Rahmen der Erstellung des Raum- und Funktionsprogramms sowie mit der Ausschreibung und Vergabe der Planungs- und Bauleistungen beauftragt worden. Außerdem führte Assmann die Projektsteuerung und Qualitätssicherung durch, die nicht zuletzt zur Einhaltung des Zeitplans bei den Bauarbeiten beitrug.

Neubau Finanzamt Leverkusen: Der Entwurf folgt dem städtebaulichen Masterplan mit einem quadratischen, viergeschossigen Solitärgebäude, das als Büro-Zweibund ausgebildet ist und einen ebenfalls quadratischen Innenhof umschließt. Die hochtransparente Eingangsfassade unterstreicht den öffentlichen Charakter, da sie bereits von Weitem Einblicke in die Eingangshalle erlaubt Abb.: Foto Helle Dortmund

Öffentliche Bauten / Sanierung

Neubau Feuerwache Dinslaken: Neben den Räumen für die Einsatzkräfte der Berufsfeuerwehr sowie der Freiwilligen Feuerwehr der Stadt Dinslaken beherbergt die neue Wache eine ganze Reihe besonderer Einrichtungen, wie Atemschutzwerkstatt, Schlauchwäsche, KFZ-Werkstatt und -waschhalle. Darüber hinaus können kontaminierte Einsatzfahrzeuge und Personal direkt vor Ort desinfiziert werden. Für die Ausbildung stehen eine Atemschutzübungsanlage, ein Übungshof mit Übungsturm sowie ein Sportplatz zur Verfügung
Abb.: Assmann Beraten+Planen, Dortmund

NEUBAU FEUERWACHE DINSLAKEN

Nach mehreren Anläufen war es durch ein PPP-Modell im Dezember 2007 gelungen, den Startschuss für den lang diskutierten Neubau der Feuer- und Rettungswache Dinslaken zu geben. Nach erfolgreicher Machbarkeitsstudie konnte im Sommer 2009 das anspruchsvolle Wettbewerbsverfahren abgeschlossen und bereits im Oktober 2009 der Grundstein gelegt werden. Dies bildete auch den Auftakt zur Konversion eines innerstädtischen Industrieareals. Neben den Räumen für die Einsatzkräfte der Berufsfeuerwehr sowie der Freiwilligen Feuerwehr der Stadt Dinslaken beherbergt die neue, nach einem Entwurf der pbs architekten Gerlach Krings Böhning Planungsgesellschaft mbH aus Aachen entstandene Wache eine ganze Reihe besonderer Einrichtungen, wie Atemschutzwerkstatt, Schlauchwäsche, KFZ-Werkstatt und -waschhalle. Darüber hinaus können in der Rettungswache kontaminierte Einsatzfahrzeuge und Personal direkt vor Ort desinfiziert werden. Für die Ausbildung aller Feuerwehren des Kreises stehen erstmalig im Kreis Wesel eine Atemschutzübungsanlage, ein Übungshof mit Übungsturm sowie ein Sportplatz zur Verfügung. Die Einsatzkräfte können dabei auf modernste Technik zurückgreifen, um für zukünftige Herausforderungen gerüstet zu sein. In den geräumigen Hallen der Feuer- und Rettungswache finden insgesamt über 30 Einsatzfahrzeuge ihren Platz.

Der langgezogene Komplex mit der zur Straßenseite auffällig geschwungenen, roten Wand war schon während der Errichtung ein „Hingucker". Das dahinterliegende, klar funktional gegliederte Gebäude bietet den Feuerwehrleuten optimierte räumliche Bedingungen. Bei der Konzeption und Ausführung des Gebäudes wurde großer Wert auf einen hohen wirtschaftlichen und energietechnischen Standard gelegt.

In Dinslaken bislang einmalig, hat die Stadt im Rahmen eines PPP-Projekts nicht nur die Planungs- und Bauleistung, sondern auch den Betrieb und die Finanzierung des Gebäudes für einen Zeitraum von 25 Jahren in fremde Hände gelegt. Dabei liegen Grundstück und Gebäude im Eigentum der Stadt.

Assmann Beraten+Planen war von Anfang an dabei. Von der Machbarkeitsstudie bis zu der Durchführung des komplexen Wettbewerbsverfahrens konnte das Unternehmen ihr gesamtes Know-how frühzeitig einbringen. Für das Controlling während der Bauphase machte sich die Leistungserbringung aus einer Hand bezahlt. Mit dem Wissen aus den vorangegangenen Projektabschnitten und den Erfahrungen im Bereich der Projektsteuerung konnte die Einhaltung der qualitativen und terminlichen Zielsetzungen bei gleichzeitig mehrkostenfreier Umsetzung zuverlässig in sichere Bahnen gelenkt werden.

Nach zwei harten Wintern wurde das Bauvorhaben bei Gesamtkosten von 19 Mio. Euro brutto im Februar 2011 nach rund 20-monatiger Bauzeit fertiggestellt.

-Proj. „2. BA UN-Campus, Bonn"
Projektleitung:
Bundesamt für Bauwesen und Raumordnung (BBR), Bonn
Projektsteuerung:
Assmann Beraten+Planen GmbH, Dortmund

-Proj. Erweiterungsgebäude Fachhochschule Südwestfalen"
Bauherr/Entwurfsplanung:
Bau- und Liegenschaftsbetrieb NRW (BLB NRW), Soest
Ausführungsplanung und Ausschreibung sowie Planung der Technischen Ausrüstung:
Assmann Beraten+Planen GmbH, Dortmund

-Proj. „Finanzamt Leverkusen"
Bauherr:
Bau- und Liegenschaftsbetrieb NRW (BLB NRW), Köln
Projektsteuerung:
Assmann Beraten+Planen GmbH, Dortmund

-Proj. „Feuerwache Dinslaken"
Bauherr:
Stadt Dinslaken
Beratungsleistungen PPP, Qualitätssicherung in der Errichtungsphase u.a.:
Assmann Beraten+Planen GmbH, Dortmund

Partner am Bau:
• CEMEX Beton-Bauteile GmbH

– Anzeige –

Diplom-Ingenieure
Walter und Martin Pilhatsch
Öffentlich bestellte Vermessungsingenieure
(ÖbVI), Beratende Ingenieure
Rüngsdorfer Straße 6, 53173 Bonn
Telefon +49 (0) 228 30 86 2-0
Telefax +49 (0) 228 30 86 2-49
E-Mail info@pilhatsch-geo.de

www.pilhatsch-geo.de

VERMESSUNGSBÜRO
RUHMHARDT · LÜHRING · SONNTAG
Öffentlich bestellte Vermessungsingenieure

Westfeldgasse 3 · 51143 Köln
Tel.: 0 22 03 - 98 78-0 · Fax: 0 22 03 - 98 78 66
Mail: vermessungsbuero@ruhmhardt.de
www.vermessung-rls.de

Vermessungsbüro
Dipl.-Ing. Otmar Steden
Dipl.-Ing. Achim Magendanz
Öffentlich bestellte Vermessungsingenieure

Von-Liebig-Str. 13   Telefon 0 22 26 - 37 04
53359 Rheinbach   Telefax 0 22 26 - 120 80
                           info@steden-magendanz.de
                           www.steden-magendanz.de

Dipl.-Ing. Jürgen Kraft
Öffentlich bestellter Vermessungsingenieur

Eppinghofer Straße 25
45468 Mülheim an der Ruhr

Telefon: 02 08 - 45 95 20
Telefax: 02 08 - 45 95 220

E-Mail: oebvi-j-kraft@t-online.de

Diplom-Ingenieur **Dieter Heuß**
Diplom-Ingenieur **Karsten Dembowski**

Öffentlich bestellte
Vermessungsingenieure

Am Rheinbrauhaus 10
51143 Köln-Porz
Telefon (0 22 03) 9 55 51-0
Telefax (0 22 03) 9 55 51-17
info@vermessung-dembowski.de

Kühnhausen
Dübbert
Semler

Öffentlich bestellte
Vermessungsingenieure

Graf-Geßler-Straße 5
50679 Köln (Deutz)

Telefon 0221 - 980 28-0
Telefax 0221 - 980 28-33

vermessung@kds-koeln.de

Gastautoren

Jürgen Roters   8
Oberbürgermeister der Stadt Köln
Historisches Rathaus Rathausplatz
50667 Köln
Tel. 0221/22130110

Jürgen Nimptsch   9
Oberbürgermeister
der Stadt Bonn
53103 Bonn
Tel. 0228/772001

Bernd Streitberger   14
Dezernent für Stadtentwicklung,
Planen und Bauen der Stadt Köln
Willy-Brandt-Platz 2
50679 Köln
Tel. 0221/22125901

Werner Wingenfeld   20
Stadtbaurat der Stadt Bonn
Stadthaus, Berliner Platz 2
53111 Bonn
Tel. 0228/772005

Dipl.-Ing. Thomas Kempen   10
Beratender Ingenieur BDB,
Vorsitzender des Landesverbandes
Bund Deutscher Baumeister,
Architekten und Ingenieure e.V.
NRW
Ritterstraße 20
52072 Aachen
Tel. 0241/889900

Vermessungsbüro
Austerschmidt & Dieper
Öffentlich bestellte Vermessungsingenieure
Mitglieder der Ingenieurkammer Bau NW
Sachverständige für Grundstücksbewertung

Am Malzbüchel 1 - 50667 Köln
Tel.: (0221) 92416-0 - Fax.: 92416-77
E-Mail: vermessung@sead.de
Internet: www.sead.de

Dipl.-Ing.   11
Bernhard Spitthöver
Vorsitzender des VBI-Landesver-
bandes Nordrhein-Westfalen
Budapester Straße 31
10787 Berlin
Tel. 030/260620

Dr. Daniel Arnold   12
Deutsche Reihenhaus AG
Vorstandsvorsitzender
Regionalbeauftragter Nordrhein-
Westfalen des ZIA Zentraler
Immobilien Ausschuss e.v.
Poller Kirchweg 99
51105 Köln
Tel. 0221/3403090

Bernd Ebers 174
Rechtsanwalt und Notar
Walderdorffstraße 20
65549 Limburg
Tel. 06431/981310

Redaktionelle Mitarbeit

Gebäudewirtschaft 38
der Stadt Köln
Kaufmännisches Management
Willy-Brandt-Platz 2 (Stadthaus)
50679 Köln
Tel. 0221/22120107

KVB 46
Kölner Verkehrs-Betriebe AG
Scheidtweilerstraße 38
50933 Köln-Braunsfeld
Tel. 0221/5473338

Constrata Ingenieur- 68
Gesellschaft mbH
Oberntorwall 16-18
33602 Bielefeld
Tel. 0521/400750

KölnBäder GmbH 68
Kämmergasse 1
50676 Köln
Tel. 0221/1782462

Medfacilities GmbH 76
Ein Unternehmen der
Uni Klinik Köln
Gleueler Straße 70
50931 Köln
Tel. 0221/47887964

hammeskrause architekten 87
freie architekten bda
Krefelder Straße 32
70376 Stuttgart
Tel. 0711/60174827

Lindener + Partner 88
GmbH & Co. KG
Hansaring 102 - 104
50670 Köln
Tel. 0221/160530

Marquardt 94
Architekten GmbH
Bahnhofstraße 28
53123 Bonn
Tel. 0228/650516

WvM Immobilien + 100
Projektentwicklung GmbH
Sachsenring 6
50677 Köln
Tel. 0211/93129022

LIG Lammerting 108
Immobilien Gruppe
Aachener Straße 563-565
50933 Köln
Tel. 0221/995000

Gemeinnützige 114
Wohnungsgenossenschaft
Köln-Sülz eG
Anton-Antweiler-Straße 1
50937 Köln
Tel. 0221/94367038

Deutsche Reihenhaus AG 118
Poller Kirchweg 99
51105 Köln
Tel. 0221/3403090

Günther Fischer Gesell- 124
schaft für Baubetreuung mbH
RingColonnaden
Richard-Wagner-Straße 9-11
50674 Köln
Tel. 0221/27161616

Türkisch-Islamische Union 128
der Anstalt für Religion e.V. (DITIB)
Subbelrather Straße 17
50823 Köln
Tel. 0221/5798284

Kliniken der 131
Stadt Köln gGmbH
Neufelder Straße 34
51067 Köln
Tel. 0221/89070

UKB Universitäts- 132
klinikum Bonn
MediStructura GmbH
Sigmund-Freud-Sraße 25
53127 Bonn
Tel. 0228/28716940

PARETO GmbH 138
Der Projektentwickler
der Kreissparkasse Köln
Neumarkt 12-14
50667 Köln
Tel. 0221/399810

NCC Deutschland GmbH 142
Bonner Straße 172-176
50968 Köln
Tel. 0221/65031024

Krämer + Weiß 145
Architekten BDB
Marsilstein 6
50676 Köln
Tel. 0221/2791120

LIP Ludger Inholte 146
Projektentwicklung
GmbH & Co. KG
ABC-Straße 19
20354 Hamburg
Tel. 040/34962830

WBG Wohnungsbau- 148
gesellschaft für das
Rheinische Braunkohlen-
revier GmbH
Aachener Straße 340-346
50933 Köln
Tel. 0221/13997101

Strabag 150
Real Estate GmbH
Siegburger Straße 229c
50679 Köln
Tel. 0221/8243156

Wilma Bau und 153
Entwicklungsgesellschaft
West mbH
Pempelfurtstraße 1
40880 Ratingen
Tel. 02102/156177

BAUCON Immobilien 154
Management GmbH
Große Telegraphenstraße 6-8
50676 Köln
Tel. 0221/924200

Dornieden 156
Generalbau GmbH
Karstraße 70
41068 Mönchengladbach
Tel. 02161/930940

Köster GmbH 158
Leiter Marketing
Sutthauser Straße 280
49080 Osnabrück
Tel. 0541/9982206

Thomas Michael Architekt 161
Sachsenring 51a
50677 Köln
Tel. 0221/2907960

Global-Act GmbH 162
Andernacher Straße 3
50968 Köln
Tel. 0221/34026440

Eheleute Dr. Issam 164
und Rita Semaan
Merler Allee 91
53125 Bonn
Tel. 0228/7482930

Architekturbüro 166
Paul Böhm
Auf dem Römerberg 25
50968 Köln
Tel. 0221/9370150

a + m Architekten 168
Ingenieure
Göbenstraße 9
50672 Köln
Tel. 0221/9515050

B² Blunck 170
Baumanagement
Leidenschaft & Kompetenz
Hohenzollernring 48
50672 Köln
Tel. 0221/4602090

Architekten 172
Becker + Partner
Aurikelweg 161
50259 Pulheim
Tel. 02238/570678

Lepel & Lepel 175
Architektur, Innenarchitektur
Eupener Straße 74
50933 Köln
Tel. 0221/2405505

Immoconsult GmbH 176
Gesellschaft für Bau-
betreuung und Immobilien-
vermittlung
Antwerpener Straße 55
50672 Köln
Tel. 0221/5105587

Bauwens Construction 178
GmbH & Co. KG
Gereonstraße 43-65
50670 Köln
Tel. 0221/40084192

Gatermann + Schossig 178
**Architekten Generalplaner
Bauplanungsgesellschaft
mbH & Co. KG**
Richartzstraße 10
50667 Köln
Tel. 0221/9258210

Moderne Stadt 178
Gesellschaft zur Förderung
des Städtebaues und der
Gemeindeentwicklung mbH
Brückenstraße 17
50667 Köln
Tel. 0221/2059401

Assmann 184
Beraten+Planen GmbH
Baroper Straße 237
44227 Dortmund
Tel. 0231/754450

Architekten

Architekten Schönborn 106
Dillenburger Straße 75
51105 Köln
Tel. 0221/840067

Dipl.-Ing. 126
**Möller + Partner
Architekten GbR**
Machabäerstraße 67
50668 Köln
Tel. 0221/124004

Jürgensen & Jürgensen 140
Architekten GbR
Brühler Straße 11-13
50968 Köln
Tel. 0170/4593088

a+m Architekten 141
Ingenieure
Göbenstraße 9
50672 Köln
Tel. 0221/9515050

BPP - Vollmer 141
**Büro für Planung und
Projektsteuerung**
Cäcilienstraße 48
50667 Köln
Tel. 0221/27255960

Dipl.Ing. Stephan Otto 177
Architekt aknw
Cleverstraße 18
50668 Köln
Tel. 0221/9732013

Ingenieurbüros

VBI Verband 11
Beratender Ingenieure
Budapester Straße 31
10787 Berlin
Tel. 030/260620
www.vbi.de / vbi@vbi.de

Heister + Ronkartz 36
Brandschutzsachverständige
Weserstraße 3
41836 Hückelhoven
Tel. 02433/951710

AWD Ingenieur- 37
gesellschaft mbH
AWD Ingenieure Köln / Berlin
Salierring 47-53
50677 Köln
Tel. 0221/899910

M-TEQ Technische 45
Gebäudeausrüstung
Schanzenstraße 7A
51063 Köln
Tel. 0221/9649060

G H K GmbH 60
**Ingenieurbüro für
Planungs- und
Baumanagement**
Mülheimer Freiheit 88-92
51063 Köln
Tel. 0221/78876630

ZERNA Ingenieure 60
Gesellschaft mbH
Niederlassung Köln
Cäcilienkloster 6
50676 Köln
Tel. 0221/2977060

Büchting + Streit AG 62
Beratende Ingenieure VBI
Gunzenlehstraße 22
80689 München
Tel. 089/5461500

GuD CONSULT GmbH 63
Dudenstraße 78
10965 Berlin
Tel. 030/7890890

TransTecBau 63
Friedrich-Lehner-Weg 1
30167 Hannover
Tel. 0511/39951000

GEFA Ingenieure GmbH 65
Technische Gesamtplanungen
Gürzenichstraße 25
50667 Köln
Tel. 0221/2581101

Graner + Partner 65
Ingenieure
Lichtenweg 15-17
51465 Bergisch Gladbach
Tel. 02202/936300

Marx Ingenieur- 65
gesellschaft mbH
Erlenstraße 65
46149 Oberhausen
Tel. 0208/699780

Ingenieurteam 65
Dr. Hemling & Gräfe GmbH
Mechternstraße 46
50823 Köln
Tel. 0221/9515650

SK ArcheoConsult 66
Kapuzinergraben 38
52062 Aachen
Tel. 0241/4015752

Ingenieurbüro 72
Möller + Meyer Gotha GmbH
Siebleber Straße 9
99867 Gotha
Tel. 03621/87920

inco Ingenieurbüro GmbH 73
Alexanderstraße 69-71
52062 Aachen
Tel. 0241/474670

Ingenieurbüro Grage 73
**Gesellschaft für Tragwerks-
planung mbH**
Bielefelder Straße 9
32051 Herford
Tel. 05221/12390

HERMES Systeme GmbH 74
MSR- & Automatisierungstechnik
Visbeker Straße 55
27793 Wildeshausen
Tel. 04431/93600

Ingenieurbüro Göbel 81
Bensberger Straße 252
51503 Rösrath (Forsbach)
Tel. 02205/80010

ihp integrierte 84
**haustechnische Planungen
Ingenieurgesellschaft mbH**
Sattlerweg 8
51429 Bergisch Gladbach
Tel. 02204/92390

IMV Ingenieurbüro 85
**für Medizin- und
Versorgungstechnik**
Dipl.-Ing. W. Schorn
Uersfeld 24
52072 Aachen
Tel. 0241/123230

Prof. Dr.-Ing. 85
Jürgen Güldenpfennig
Prüfingenieur für Baustatik
Schloßparkstraße 9
52072 Aachen
Tel. 0241/14014

Pechuel-Loesche, 91
Münch, Kegel
Beratende Ingenieure VBI
Probsteigasse 46
50670 Köln
Tel. 0221/9128310

Geotechnisches Büro 92
Norbert Müller, Dr. Wolfram
Müller und Partner
Beratende Geologen
und Ingenieure
Bockumer Platz 5a
47800 Krefeld
Tel. 02151/58390

Dr. Tillmanns & 98
Partner GmbH
Ingenieurbüro
Kopernikusstraße 5
50126 Bergheim
Tel. 02271/8010

Dipl.-Ing. Alexander 105
Pirlet Prüfingenieur
für Baustatik
Dr.-Ing. Jörg Rößeler
Ingenieurbüro für Brandschutz
Cäcilienstraße 48
50667 Köln
Tel. 0221/9257750

Stracke Ingenieur- 105+149
gesellschaft mbH
Ingenieurbüro für Tragwerksplanung
Neuhöfferstraße 17
50679 Köln (Deutz)
Tel. 0221/ 981540

Vermessungsbüro 106+188
Ruhmhardt Lühring Sonntag
Öffentlich bestellte
Vermessungsingenieure
Westfeldgasse 3
51143 Köln
Tel. 02203/98780

Vermessung M-R-D Köln 107
Öffentlich bestellte
Vermessungsingenieure
Koelhoffstraße 1
50676 Köln
Tel. 0221/924740

Planungsbüro 111
Dipl.-Ing. Birgit Lenz
Schanzenstraße 21
51063 Köln
Tel. 0221/71900350

HW Ingenieur Consult 116
Gesellschaft für Baube-
treuung mbH
Joseph-von-Fraunhofer-Straße 4
53501 Grafschaft-Ringen
Tel. 02641/911800

Carlo Gembler 127
Ingenieurbüro TGA
Im Thöniskamp 1
47574 Goch
Tel. 02823/8799777

HGP GmbH 127
Heribert Günther Planung
Ingenieurbüro für Elektrotechnik
Franz-Hitze-Straße 3
50672 Köln
Tel. 0221/515051

kölnbrandschutz 127
Corinna Laqua
Werheider Straße 14
51069 Köln
Tel. 0221/3209032

Mull und Partner 127
Ingenieurgesellschaft mbH
Hauptniederlassung Köln
Widdersdorfer Straße 190
50825 Köln-Ehrenfeld
Tel. 0221/1709170

S-I-B Ingenieur- 129
gesellschaft mbH
Beisenstraße 39-41
45964 Gladbeck
Tel. 02043/939110

H. V. Finette - 130
A. Schönborn
Ingenieurbüro für Betontechnologie und Bauwerksuntersuchung
Bergheimer Weg 23
50737 Köln
Tel. 0221/5993964

Ingenieurgesellschaft 130
Schönborn mbH
Carl-Schurz-Straße 130
50374 Erftstadt
Tel. 02235/684871

PTV Planung Transport 130
Verkehr AG Düsseldorf
Büropark La Vie
Gladbecker Straße 5
40472 Düsseldorf
Tel. 0211/93885816

Ingenieurbüro 136
Dobelmann + Kroke GmbH
Beratende Ingenieure
Uhlandstraße 17
53173 Bonn
Tel. 0228/830050

MBS Elektro- 136
Planung GmbH
Ziethenstraße 39
53773 Hennef
Tel. 02242/9340

Hubert Wolfgarten GmbH 140
Bergstraße 7
52391 Vettweiß
Tel. 02252/1456

BPP - Vollmer 141
Büro für Planung und
Projektsteuerung
Cäcilienstraße 48
50667 Köln
Tel. 0221/27255960

Ingenieurbüro 149
Soentgerath
Bautechnik
An Sichelscheid 28
52134 Herzogenrath
Tel. 02407/3041

Blechschmidt 155
Denkwerkstatt für
Gebäudetechnik
Planungsbüro Blechschmidt
Am Springborn 5
53474 Bad Neuenahr-Ahrweiler
Tel. 02641/903930

KUNKEL + Partner 167
Beratende Ingenieure
für Bautechnik
Prüfingenieur für Baustatik
Brandschutzsachverständige
Tußmannstraße 61
40477 Düsseldorf
Tel. 0211/94880

Ingenieurbüro 177
Ingrid Rietmann
Dipl.-Ing. für Garten- und Landschaftsplanung VDI
Siegburger Straße 243 a
53639 Königswinter-Uhtweiler
Tel. 02244/912626

Corall Ingenieure GmbH 182
Hochstraße 18
40670 Meerbusch
Tel. 02159/696290

I.R.C. Ingenieurbüro 192
für Gebäudetechnik
Hohenstaufenring 55
50674 Köln
Tel. 0221/3109096

Ingenieurbüro für Akustik und Bauphysik

Graner + Partner 65
Ingenieure
Lichtenweg 15-17
51465 Bergisch Gladbach
Tel. 02202/936300

Ingenieurbüro für Altlasten, Baugrund und Geotechnik

Dr. Tillmanns & 98
Partner GmbH
Ingenieurbüro
Kopernikusstraße 5
50126 Bergheim
Tel. 02271/8010

Ingenieurbüro für Arbeitssicherheit

S-I-B 129
Ingenieurgesellschaft mbH
Beisenstraße 39-41
45964 Gladbeck
Tel. 02043/939110

Ingenieurbüro für Archäologie

SK ArcheoConsult 66
Kapuzinergraben 38
52062 Aachen
Tel. 0241/4015752

Ingenieurbüro für Baubetreuung

Pechuel-Loesche, 91
Münch, Kegel
Beratende Ingenieure VBI
Probsteigasse 46
50670 Köln
Tel. 0221/9128310

HW Ingenieur Consult 116
Gesellschaft für Bau-
betreuung mbH
Joseph-von-Fraunhofer-Straße 4
53501 Grafschaft-Ringen
Tel. 02641/911800

Ingenieurbüro für Baukonstruktionen

Pechuel-Loesche, 91
Münch, Kegel
Beratende Ingenieure VBI
Probsteigasse 46
50670 Köln
Tel. 0221/9128310

Ingenieurbüro für Bautechnik

ZERNA Ingenieure 60
Gesellschaft mbH
Niederlassung Köln
Cäcilienkloster 6
50676 Köln
Tel. 0221/2977060

Ingenieurbüro 149
Soentgerath
Bautechnik
An Sichelscheid 28
52134 Herzogenrath
Tel. 02407/3041

Ingenieurbüro für Bauwesen

Büchting + Streit AG 62
Beratende Ingenieure VBI
Gunzenlehstraße 22
80689 München
Tel. 089/5461500

Ingenieurbüro für Betontechnologie und Bauwerksuntersuchung

H. V. Finette - 130
A. Schönborn
Ingenieurbüro für
Betontechnologie und
Bauwerksuntersuchung
Bergheimer Weg 23
50737 Köln
Tel. 0221/5993964

Ingenieurbüro für Bodengutachten

Ingenieurteam 65
Dr. Hemling & Gräfe GmbH
Mechternstraße 46
50823 Köln
Tel. 0221/9515650

Ingenieurbüro für Brandschutz

Ingenieurbüro Göbel 81
Bensberger Straße 252
51503 Rösrath (Forsbach)
Tel. 02205/80010

Planungsbüro 111
Dipl.-Ing. Birgit Lenz
Schanzenstraße 21
51063 Köln
Tel. 0221/71900350

S-I-B Ingenieur- 129
gesellschaft mbH
Beisenstraße 39-41
45964 Gladbeck
Tel. 02043/939110

Ingenieurbüro für Garten- und Landschaftsplanung

Ingenieurbüro 177
Ingrid Rietmann
Dipl.-Ing. für Garten- und Land-
schaftsplanung VDI
Siegburger Straße 243 a
53639 Königswinter-Uhtweiler
Tel. 02244/912626

Ingenieurbüro für Gebäudeautomation

HERMES Systeme GmbH 74
MSR- & Automatisierungstechnik
Visbeker Straße 55
27793 Wildeshausen
Tel. 04431/93600

Ingenieurbüro für Gebäudetechnik

Ingenieurbüro Göbel 81
Bensberger Straße 252
51503 Rösrath (Forsbach)
Tel. 02205/80010

– Anzeige –

I. R. C. INGENIEURBÜRO FÜR GEBÄUDETECHNIK
Hohenstaufenring 55 · 50674 Köln
Tel 0221 - 310 90 96 · Fax 0221 - 310 90 97
info@irc-ib.de · www.irc-ib.de

Ingenieurbüro für Geoinformationen

Vermessungsbüro 188
Austerschmidt & Dieper
Öffentlich bestellte
Vermessungsingenieure
Am Malzbüchel 1
50667 Köln
Tel. 0221/924160

Ingenieurbüro für Geologie

Hubert Wolfgarten GmbH 140
Bergstraße 7
52391 Vettweiß
Tel. 02252/1456

Ingenieurbüro für Geotechnik und Altlasten

Geotechnisches Büro 92
Norbert Müller, Dr. Wolfram
Müller und Partner
Beratende Geologen
und Ingenieure
Bockumer Platz 5a
47800 Krefeld
Tel. 02151/58390

Ingenieurbüro für Haustechnik

Ingenieurbüro 72
Möller + Meyer Gotha GmbH
Siebleber Straße 9
99867 Gotha
Tel. 03621/87920

I.R.C. Ingenieurbüro 192
für Gebäudetechnik
Hohenstaufenring 55
50674 Köln
Tel. 0221/3109096

Ingenieurbüro für Heizung-Lüftung-Klima-Sanitär-Elektro

Blechschmidt 155
Denkwerkstatt für
Gebäudetechnik
Planungsbüro Blechschmidt
Am Springborn 5
53474 Bad Neuenahr-Ahrweiler
Tel. 02641/903930

Ingenieurbüro für Infrastrukturplanung

TransTecBau 63
Friedrich-Lehner-Weg 1
30167 Hannover
Tel. 0511/39951000

Ingenieurbüro für Rückbau

Ingenieurteam 65
Dr. Hemling & Gräfe GmbH
Mechternstraße 46
50823 Köln
Tel. 0221/9515650

Ingenieurbüro für Sachverständige

HW Ingenieur Consult 116
Gesellschaft für Baubetreuung mbH
Joseph-von-Fraunhofer-Straße 4
53501 Grafschaft-Ringen
Tel. 02641/911800

Ingenieurbüro für SiGeKo

S-I-B 129
Ingenieurgesellschaft mbH
Beisenstraße 39-41
45964 Gladbeck
Tel. 02043/939110

Ingenieurbüro für Technische Gebäudeausrüstung

M-TEQ Technische 45
Gebäudeausrüstung
Schanzenstraße 7A
51063 Köln
Tel. 0221/9649060

Ingenieurbüro für Technische Gebäudeausstattung

MBS Elektro- 136
Planung GmbH
Ziethenstraße 39
53773 Hennef
Tel. 02242/9340

Ingenieurbüro für Technische Gesamtplanung

GEFA Ingenieure GmbH 65
Technische Gesamtplanungen
Gürzenichstraße 25
50667 Köln
Tel. 0221/2581101

Ingenieurbüro für Tief- und Straßenbau

Ingenieurbüro 136
Dobelmann + Kroke GmbH
Beratende Ingenieure
Uhlandstraße 17
53173 Bonn
Tel. 0228/830050

Ingenieurbüro für Tragwerk

AWD 37
Ingenieurgesellschaft mbH
AWD Ingenieure Köln / Berlin
Salierring 47-53
50677 Köln
Tel. 0221/899910

Ingenieurbüro für Tragwerksplanung

Ingenieurbüro Grage 73
Gesellschaft für
Tragwerksplanung mbH
Bielefelder Straße 9
32051 Herford
Tel. 05221/12390

Pechuel-Loesche, 91
Münch, Kegel
Beratende Ingenieure VBI
Probsteigasse 46
50670 Köln
Tel. 0221/9128310

Stracke 105+149
Ingenieurgesellschaft mbH
Ingenieurbüro für
Tragwerksplanung
Neuhöfferstraße 17
50679 Köln (Deutz)
Tel. 0221/ 981540

Ingenieurbüro für Umweltberatung

Mull und Partner 127
Ingenieurgesellschaft mbH
Hauptniederlassung Köln
Widdersdorfer Straße 190
50825 Köln-Ehrenfeld
Tel. 0221/1709170

Ingenieurbüro für Verkehrsplanung

PTV Planung Transport 130
Verkehr AG Düsseldorf
Büropark La Vie
Gladbecker Straße 5
40472 Düsseldorf
Tel. 0211/93885816

Ingenieurbüro für Vermessung

Vermessungsbüro 106+188
Ruhmhardt Lühring Sonntag
Öffentlich bestellte
Vermessungsingenieure
Westfeldgasse 3
51143 Köln
Tel. 02203/98780

Vermessung M-R-D Köln 107
Öffentlich bestellte
Vermessungsingenieure
Koelhoffstraße 1
50676 Köln
Tel. 0221/924740

Ingenieurbüro für Vermessung, Planung und Projektsteuerung

Marx 65
Ingenieurgesellschaft mbH
Erlenstraße 65
46149 Oberhausen
Tel. 0208/699780

Ingenieurbüro für Versorgungstechnik

inco Ingenieurbüro GmbH 73
Alexanderstraße 69-71
52062 Aachen
Tel. 0241/474670

Ingenieurbüro für vorbeugenden Brandschutz

Corall Ingenieure GmbH 182
Hochstraße 18
40670 Meerbusch
Tel. 02159/696290

Ingenieurbüro für Wassertechnik

Ingenieurbüro Möller + 72
Meyer Gotha GmbH
Siebleber Straße 9
99867 Gotha
Tel. 03621/87920

Vermessungsingenieure

Vermessungsbüro 106+188
Ruhmhardt Lühring Sonntag
Öffentlich bestellte
Vermessungsingenieure
Westfeldgasse 3
51143 Köln
Tel. 02203/98780

Dipl.-Ing. D. Heuß, 188
Dipl.-Ing. K. Dembowski
Öffentlich bestellte
Vermessungsingenieure
Am Rheinbrauhaus 10
51143 Köln (Porz)
Tel. 02203/955510

Dipl.-Ing. Jürgen Kraft 188
Öffentlich bestellter
Vermessungsingenieur
Eppinghofer Straße 25
45468 Mülheim an der Ruhr
Tel. 0208/459520

Vermessungsbüro 188
Dipl.-Ing. Otmar Steden
Dipl.-Ing. Achim Magendanz
Öffentlich bestellte
Vermessungsingenieure
Von-Liebig-Straße 13
53359 Rheinbach
Tel. 02226/3704

Diplom-Ingenieure 188
Walter und Martin Pilhatsch
Öffentlich bestellte Vermessungsingenieure (ÖbVI) Beratende
Ingenieure
Rüngsdorfer Straße 6
53173 Bonn (Bad Godesberg)
Tel. 0228/308620

Kühnhausen - 188
Dübbert - Semler
Öffentlich bestellte
Vermessungsingenieure
Graf-Geßler-Straße 5
50679 Köln (Deutz)
Tel. 0221/980280

Vermessungsbüro 188
Austerschmidt & Dieper
Öffentlich bestellte
Vermessungsingenieure
Am Malzbüchel 1
50667 Köln
Tel. 0221/924160

Unternehmen

A

Abbruch

Martin Woggesin 64
Bohren & Sägen
Dammstraße 48
44145 Dortmund
Tel. 0231/1768704

Jean Harzheim 66+93
GmbH & Co. KG
Industrieabbrüche-Erdarbeiten-
Container-Service
Neusser Straße 772
50737 Köln
Tel. 0221/77896-0

G. Porschen 107
Containerdienst
Elfgenweg 26a
51061 Köln
Tel. 0221/6804630

Emil Dujin 113
Dienstleistungen am Bau
Wilhelm-Mauser-Straße 41
50827 Köln
Tel. 0221/583034

ESKA GmbH 144
Eschmarer Sand-, Kies und
Ausschachtungsgesellschaft mbH
Belgische Allee 50
53842 Troisdorf
Tel. 02241/932670

Norbert Kamps GmbH 157
Blindeisenweg 8
41468 Neuss
Tel. 02131/523670

BTS-Gesellschaft für 161
**Betonbohr- und Beton-
sägetechnik mbH**
Sacktannen Haus 10
19057 Schwerin
Tel. 0385/6470777

WORMS GmbH 182
Betonbohr- und Sägeservice
Meckenheimer Staße 30
53919 Weilerswist (Metternich)
Tel. 02254/5523

Abdichtungen

STEULER-KCH GmbH 72
Geschäftsbereich Schwimmbadbau
Berggarten 1
56427 Siershahn
Tel. 02623/600196

Akustik

Getzner Werkstoffe GmbH 61
Nördliche Münchner Straße 27a
82031 Grünwald
Tel. 089/6935000

Graner + Partner 65
Ingenieure
Lichtenweg 15-17
51465 Bergisch Gladbach
Tel. 02202/936300

neue Räume 93
Gesellschaft für
Objekteinrichtung mbH
Schanzenstraße 39c (Seiler Höfe)
51063 Köln
Tel. 0221/9777890

KölnKlang GmbH 113
Bang & Olufsen
Brückenstraße 5-11
50667 Köln-City
Tel. 0221/2726370

ATB Gebrüder Golke 122
Akustik Trockenbau Brandschutz
Dorfplatz 26 a
99444 Blankenheim-Tromitz
Tel. 036454/59512

Altlasten

Geotechnisches Büro 92
**Norbert Müller, Dr. Wolfram
Müller und Partner**
Beratende Geologen
und Ingenieure
Bockumer Platz 5a
47800 Krefeld
Tel. 02151/58390

Dr. Tillmanns & 98
Partner GmbH
Ingenieurbüro
Kopernikusstraße 5
50126 Bergheim
Tel. 02271/8010

Mull und Partner 127
Ingenieurgesellschaft mbH
Hauptniederlassung Köln
Widdersdorfer Straße 190
50825 Köln-Ehrenfeld
Tel. 0221/1709170

Hubert Wolfgarten GmbH 140
Bergstraße 7
52391 Vettweiß
Tel. 02252/1456

Anlagenbau

Landwehr 73
Wassertechnik GmbH
Schwarzer Weg 2 a
38170 Schöppenstedt
Tel. 05332/96870

m + m Gebäudetechnik 74
GmbH & Co. KG
Gewerbering 8
09456 Annaberg-Buchholz
Tel. 03733/672550

Eggert Aufzüge 111
Dachsweg 21-23
53842 Troisdorf
Tel. 02241/95000

Arbeitssicherheit im Bauwesen

AGB Müller Büro für 117
Arbeitssicherheit
und Gesundheitsschutz
im Bauwesen
Lülsdorfer Straße 46
51143 Köln
Tel. 02203/102330

Architekten
(s. Verzeichnisbeginn)

Aufzüge

ThyssenKrupp 54
Aufzüge GmbH
Niederlassung / Büro Köln
Robert-Bosch-Straße 1a
50364 Hürth
Tel. 02233/967583

Eggert Aufzüge 111
Dachsweg 21-23
53842 Troisdorf
Tel. 02241/95000

B

Bäder

ZELLER bäderbau GmbH 71
In den Seewiesen 49
89520 Heidenheim
Tel. 07321/93890

Fliesen Lepping 73
GmbH & Co. KG
Max-Planck-Straße 2
48691 Vreden
Tel. 02564/4103

Fliesen Tschentke oHG 144
Paul-Klee-Straße 9
50259 Pulheim
Tel. 02238/54985

Kölner 183
Marmorwerke GmbH
Bergisch Gladbacher Straße 1067
51069 Köln-Dellbrück
Tel. 0221/689240

Badewassertechnik

Landwehr 73
Wassertechnik GmbH
Schwarzer Weg 2 a
38170 Schöppenstedt
Tel. 05332/96870

Bauabdichtungen

Ingenieurgesellschaft 130
Schönborn mbH
Carl-Schurz-Straße 130
50374 Erftstadt
Tel. 02235/684871

Bauendreinigung

BRT - Dienstleistungen 107
Inh. Sayim Kizilirmak
Gebäudereinigermeister
Richard-Byrd-Straße 35
50829 Köln
Tel. 0221/16867752

Gebäudereinigung PETRY 171
Porzer Straße 11
51107 Köln
Tel. 0221/8019838

Bauleitung

BTS-Gesellschaft für 161
Betonbohr- und Beton-
sägetechnik mbH
Sacktannen Haus 10
19057 Schwerin
Tel. 0385/6470777

Ingenieurbüro 177
Ingrid Rietmann
Dipl.-Ing. für Garten- und
Landschaftsplanung VDI
Siegburger Straße 243 a
53639 Königswinter-Uhtweiler
Tel. 02244/912626

H. Langemann 177
GmbH & Co. KG
Bauunternehmung
Osterather Straße 7
50739 Köln
Tel. 0221/172537

Bauschilder

NEON Hiepler GmbH 98
Werbetechnik
Wolfstraße 20
53111 Bonn
Tel. 0228/635176

Bauschildtechnik

SIGN & SHOP 85
Werbeservice GmbH
Landsberger Straße 4
53119 Bonn
Tel. 0228/7669280

Baustoffprüfung

H. V. Finette - 130
A. Schönborn
Ingenieurbüro für Betontechnologie und Bauwerksuntersuchung
Bergheimer Weg 23
50737 Köln
Tel. 0221/5993964

Bauunternehmen

Arbeitsgemeinschaft 61
Nord-Süd Stadtbahn
Köln Los Nord
HOCHTIEF Solutions AG - Bauer
Spezialtiefbau GmbH - Keller
Grundbau GmbH - Brückner
Grundbau GmbH
Unter Taschenmacher 2
50667 Köln
Tel. 0221/2707980

Jean Harzheim 66+93
GmbH & Co. KG
Industrieabbrüche-Erdarbeiten-
Container-Service
Neusser Straße 772
50737 Köln
Tel. 0221/778960

Udimo Bau-Monreal GmbH 74
Hamburger Straße 14a
50321 Brühl
Tel. 02232/567150

Ed. Züblin AG - 81
Bereich Köln
Siegburger Straße 229 a
50679 Köln
Tel. 0221/8243200

Friedrich Wassermann 91
Bauunternehmung für Hoch- und
Tiefbauten GmbH & Co
Eupener Straße 74
50933 Köln (Braunsfeld)
Tel. 0221/498760

Peter Hirsch Bau 97
Hochbau - Verklinkerungen
Ringstraße 121 a
56746 Spessart
Tel. 02655/1448

Johann Brauckmann 116
Bauausführungen
GmbH & Co. KG
Wipperfürther Straße 23
51103 Köln
Tel. 0221/985810

HIB Huber Integral 136
Bau GmbH
Arienheller 5
56598 Rheinbrohl
Tel. 02635/954417

Paul Mertgen 137
GmbH & Co. KG
Bauunternehmung
Raiffeisenstraße 34
56587 Straßenhaus
Tel. 02634/5080

Zechbau GmbH 141
Niederlassung Bonn
Königswinterer Straße 252
53227 Bonn
Tel. 0228/467057

Werner Thoma 147
GmbH & Co. KG
Baugesellschaft
Sonnenhang 8
50127 Bergheim
Tel. 02271/67970

BTS-Gesellschaft für 161
Betonbohr- und Betonsäge-
technik mbH
Sacktannen Haus 10
19057 Schwerin
Tel. 0385/6470777

Nesseler Grünzig 165
Bau GmbH
Indeweg 80
52076 Aachen
Tel. 0241/52980

GSV Bau 175
Inh. Georg Langner
Heidestraße 27a
51147 Köln
Tel. 02203/9242700

H. Langemann 177
GmbH & Co. KG
Bauunternehmung
Osterather Straße 7
50739 Köln
Tel. 0221/172537

Bauwerksabdichtungen

STEULER-KCH GmbH 72
Geschäftsbereich Schwimmbadbau
Berggarten 1
56427 Siershahn
Tel. 02623/600196

Bauwerksprüfung

H. V. Finette - 130
A. Schönborn
Ingenieurbüro für Betontechnologie und Bauwerksuntersuchung
Bergheimer Weg 23
50737 Köln
Tel. 0221/5993964

Bedachungen

Bedachungstechnik 91
Manfred Schröder GmbH
Wankelstraße 8
50996 Köln (Rodenkirchen)
Tel. 02236/67001

Beleuchtungen

Emil Koch GmbH & Co. KG 86
VDE Hoch- und
Niederspannungs-Anlagen
Ägidiusstraße 47
50937 Köln
Tel. 0221/444060/69

neue Räume 93
Gesellschaft für
Objekteinrichtung mbH
Schanzenstraße 39c (Seiler Höfe)
51063 Köln
Tel. 0221/9777890

Schorn Elektro- 97
anlagenbau GmbH
Elektrofachmarkt
Altebach 26
53783 Eitorf
Tel. 02243/5549

Enzinger Elektro GmbH 99
Drachenburgstraße 2-6
53179 Bonn (Nähe Bahnhof Mehlem)
Tel. 0228/943800

E-T-P Rothländer Elektrotechnische Dienstleistungen 99
Keutelstraße 2
56729 Ettringen
Tel. 02651/7052041

PWK Technik GmbH 115
An der Burg Sülz 25
53797 Lohmar
Tel. 02205/904550

HGP GmbH Heribert Günther Planung 127
Ingenieurbüro für Elektrotechnik
Franz-Hitze-Straße 3
50672 Köln
Tel. 0221/515051

Flos GmbH 147
Elisabeth-Selbert-Straße 4 a
40764 Langenfeld
Tel. 02173/109370

GE Elektro Esser 149
Inh. Horst Schumacher e.K.
Im Vogelsang 19
52441 Linnich
Tel. 02462/2029901

Betonarbeiten

TBS Transportbeton Schüssler GmbH & Co. KG 64
An der Vogelstange 95
52428 Jülich
Tel. 02461/99670

H. V. Finette - A. Schönborn 130
Ingenieurbüro für Betontechnologie und Bauwerksuntersuchung
Bergheimer Weg 23
50737 Köln
Tel. 0221/5993964

NOE - Schaltechnik 160
Georg Meyer-Keller GmbH + Co. KG
Im Hasseldamm 8
41352 Korschenbroich
Tel. 02161/67401

WORMS GmbH 182
Betonbohr- und Sägeservice
Meckenheimer Staße 30
53919 Weilerswist (Metternich)
Tel. 02254/5523

Betonbohren

Martin Woggesin Bohren & Sägen 64
Dammstraße 48
44145 Dortmund
Tel. 0231/1768704

Betonbohren und Betonsägen

WORMS GmbH 182
Betonbohr- und Sägeservice
Meckenheimer Staße 30
53919 Weilerswist (Metternich)
Tel. 02254/5523

Betonbohrungen

Karlheinz Döhler GmbH & Co. KG 155
Kernbohrungen, Sägen, Fugenschneiden in Beton, Stahlbeton, Mauerwerk und Asphalt
Behrensstraße 37-39
50374 Erftstadt (Liblar)
Tel. 02235/461466

Betonfertigteile

CEMEX Beton-Bauteile GmbH 121
Bruchstraße 61a
67098 Bad Dürkheim
Tel. 06322/95900

Betoninstandsetzung

Ingenieurgesellschaft Schönborn mbH 130
Carl-Schurz-Straße 130
50374 Erftstadt
Tel. 02235/684871

Betonsägen

Martin Woggesin Bohren & Sägen 64
Dammstraße 48
44145 Dortmund
Tel. 0231/1768704

Peter Hirsch Bau 97
Hochbau - Verklinkerungen
Ringstraße 121 a
56746 Spessart
Tel. 02655/1448

Karlheinz Döhler GmbH & Co. KG 155
Kernbohrungen, Sägen, Fugenschneiden in Beton, Stahlbeton, Mauerwerk und Asphalt
Behrensstraße 37-39
50374 Erftstadt (Liblar)
Tel. 02235/461466

Betonwerkstein

FliesenWeltHöller 99
Probacher Straße 44
53783 Eitorf
Tel. 02243/2729

Bodenbeläge

Fliesen Lepping GmbH & Co. KG 73
Max-Planck-Straße 2
48691 Vreden
Tel. 02564/4103

A. W. Gallhöfer GmbH 93
Fussböden und Estriche
Kalscheurener Straße 154
50354 Hürth-Efferen
Tel. 02233/963060

Schreinerei Otmar Eich 99
Hauptstraße 11 a
54576 Dohm-Lammersdorf
Tel. 06593/998705

Hagedorn GmbH & Co. KG 136
Elektrotechnik - Informationstechnik
Mackestraße 30
53119 Bonn
Tel. 0228/9677330

Galbrecht Parkett 157
Eichenstraße 93 b
41747 Viersen
Tel. 02162/351800

Brandschutz

Heister + Ronkartz 36
Brandschutzsachverständige
Weserstraße 3
41836 Hückelhoven
Tel. 02433/951710

Engler Brandschutz GmbH 64
Lukasstraße 30
50823 Köln
Tel. 0221/9541300

ATB Gebrüder Golke 122
Akustik Trockenbau Brandschutz
Dorfplatz 26 a
99444 Blankenheim-Tromitz
Tel. 036454/59512

Hagedorn GmbH & Co. KG 136
Elektrotechnik - Informationstechnik
Mackestraße 30
53119 Bonn
Tel. 0228/9677330

Corall Ingenieure GmbH 182
Hochstraße 18
40670 Meerbusch
Tel. 02159/696290

ABBS Deutschland GmbH 183
Brandschutz
Friedrichstraße 55
42551 Velbert
Tel. 02051/803160

Brandschutztüren

Klaus Garbitz 93
Innenausbau
Pferdmengesstraße 14
50968 Köln
Tel. 0221/3406230

Briefkastenanlagen

Galant-Service 107
Schlüssel - Laser-Stempel & Gravuren
Chlodwigplatz 1-3
50678 Köln
Tel. 0221/316193

Brückenbau

Janson Bridging GmbH 63
Albert-Einstein-Straße 4
46446 Emmerich am Rhein
Tel. 02822/9157183

Brückenvermietung

Janson Bridging GmbH 63
Albert-Einstein-Straße 4
46446 Emmerich am Rhein
Tel. 02822/9157183

Büro- und Objekteinrichtungen

ZA-Bürodesign GmbH 44
Kölner Straße 30
50859 Köln
Tel. 02234/928080

Büromobiliar

ZA-Bürodesign GmbH 44
Kölner Straße 30
50859 Köln
Tel. 02234/928080

Container

G. Porschen 107
Containerdienst
Eifgenweg 26a
51061 Köln
Tel. 0221/6804630

ESKA GmbH 144
Eschmarer Sand-, Kies und
Ausschachtungsgesellschaft mbH
Belgische Allee 50
53842 Troisdorf
Tel. 02241/932670

Dachdecker

Bedachungstechnik 91
Manfred Schröder GmbH
Wankelstraße 8
50996 Köln (Rodenkirchen)
Tel. 02236/67001

Dämmungen

Engler Brandschutz GmbH 64
Lukasstraße 30
50823 Köln
Tel. 0221/9541300

Denkmalschutz

Bedachungstechnik 91
Manfred Schröder GmbH
Wankelstraße 8
50996 Köln (Rodenkirchen)
Tel. 02236/67001

Dipl.Ing. Stephan Otto 177
Architekt aknw
Cleverstraße 18
50668 Köln
Tel. 0221/9732013

Design

ACHTPUNKT 106
Agentur für Kommunikation
und Design
Sachsenring 2-4
50677 Köln
Tel. 0221/8200780

Digitaldruck

WM Werbestudio W. Müller 86
Pastor-Kröner-Straße 13
50354 Hürth (Berrenrath)
Tel. 02233/374740

Edelstahlbecken

ZELLER bäderbau GmbH 71
In den Seewiesen 49
89520 Heidenheim
Tel. 07321/93890

EDV

FET Fehmer 83
Elektrotechnik GmbH
Hauptsitz Eberswalde
Zweigniederlassung
Am Meerkamp 19 b
40667 Meerbusch
Tel. 02132/91580

Elektro

Arbeitsgemeinschaft 59
Los B2 Nord - Süd
Stadtbahn Köln
N.Vortmann Elektrische Anlagen -
Industrieautomation GmbH/Emil
Koch GmbH & Co. KG
Hühnerkamp 19
41366 Schwalmtal
Tel. 02163/948970

FET Fehmer 83
Elektrotechnik GmbH
Hauptsitz Eberswalde
Zweigniederlassung
Am Meerkamp 19 b
40667 Meerbusch
Tel. 02132/91580

Emil Koch GmbH & Co. KG 86
VDE Hoch- und
Niederspannungs-Anlagen
Ägidiusstraße 47
50937 Köln
Tel. 0221/444060/69

Tholen Elektrotechnik 92
Johann-Conen-Straße 1
52538 Gangelt
Tel. 02454/989090

Schorn 97
Elektroanlagenbau GmbH
Elektrofachmarkt
Altebach 26
53783 Eitorf
Tel. 02243/5549

Enzinger Elektro GmbH 99
Drachenburgstraße 2-6
53179 Bonn (Nähe Bahnhof
Mehlem)
Tel. 0228/943800

E-T-P Rothländer 99
Elektrotechnische
Dienstleistungen
Keutelstraße 2
56729 Ettringen
Tel. 02651/7052041

eleneo - Mike Christ e. K. 111
Im TechnologiePark Friedrich -
Ebert-Straße
51429 Bergisch Gladbach
Tel. 02204/844330

HSG Zander 112
Rhein-Ruhr GmbH
Stolbergerstraße 313
50933 Köln
Tel. 0221/9497420

PWK Technik GmbH 115
An der Burg Sülz 25
53797 Lohmar
Tel. 02205/904550

HGP GmbH Heribert 127
Günther Planung
Ingenieurbüro für Elektrotechnik
Franz-Hitze-Straße 3
50672 Köln
Tel. 0221/515051

Hagedorn 136
GmbH & Co. KG
Elektrotechnik -
Informationstechnik
Mackestraße 30
53119 Bonn
Tel. 0228/9677330

WesterWald 137
Elektrotechnik Hummrich
GmbH & Co. KG
Lindenstraße 53
57627 Hachenburg
Tel. 02662/95180

GE Elektro Esser 149
Inh. Horst Schumacher e.K.
Im Vogelsang 19
52441 Linnich
Tel. 02462/2029901

GMG Gebäudetechnik 169
Mantel GbR
Tieenbrink 6
57439 Attendorn
Tel. 02722/979090

Elementbau

ABI Andernacher 182
Bimswerk GmbH & Co.KG
Füllscheuerweg 21
56626 Andernach
Tel. 02632/20060

Entkernung

Jean Harzheim 66+93
GmbH & Co. KG
Industrieabbrüche-Erdarbeiten-
Container-Service
Neusser Straße 772
50737 Köln
Tel. 0221/77896-0

Entsorgungen

Emil Dujin 113
Dienstleistungen am Bau
Wilhelm-Mauser-Straße 41
50827 Köln
Tel. 0221/583034

G. Porschen 107
Containerdienst
Eifgenweg 26a
51061 Köln
Tel. 0221/6804630

Entwicklung

Nordseetaucher GmbH 56
Bramkampweg 9
22949 Ammersbek
Tel. 04102/23180

Erdarbeiten

Jean Harzheim 66+93
GmbH & Co. KG
Industrieabbrüche-Erdarbeiten-
Container-Service
Neusser Straße 772
50737 Köln
Tel. 0221/77896-0

ESKA GmbH 144
Eschmarer Sand-, Kies und
Ausschachtungsgesellschaft mbH
Belgische Allee 50
53842 Troisdorf
Tel. 02241/932670

Norbert Kamps GmbH 157
Blindeisenweg 8
41468 Neuss
Tel. 02131/523670

Estrich

Fliesen + Parkett 45
Gschwendtner
Heinrich-von-Berge-Weg 36
53332 Bornheim-Walberberg
Tel. 02227/2024

Estrich Bossert GmbH 66
Mercedesstraße 10
71394 Kernen
Tel. 07151/272000

A. W. Gallhöfer GmbH 93
Fussböden und Estriche
Kalscheurener Straße 154
50354 Hürth-Efferen
Tel. 02233/963060

ZEBO-Fußbodentechnik 122
GmbH
Breiter Ring 2
99100 Erfurt-Töttelstädt
Tel. 036208/7820

Brake GmbH & Co. KG 153
Parkett- & Fußbodentechnik
Gewerbestraße 47b
48249 Dülmen
Tel. 02590/91760

F

Fachplaner für wasserundurchlässige Stahlkonstruktionen

Ingenieurbüro Grage 73
Gesellschaft für
Tragwerksplanung mbH
Bielefelder Straße 9
32051 Herford
Tel. 05221/12390

Facility

HSG Zander 112
Rhein-Ruhr GmbH
Stolbergerstraße 313
50933 Köln
Tel. 0221/9497420

Fahrtreppen

ThyssenKrupp 54
Aufzüge GmbH
Niederlassung / Büro Köln
Robert-Bosch-Straße 1a
50364 Hürth
Tel. 02233/967583

Farb- und Digitaldruck

Repro - Point KG 127
Colonia Allee 3
51067 Köln
Tel. 0221/9875453

Fassaden

IFD - BauStorch 84
Innenputz-Fassaden-
Denkmalpflege
Siedlerweg 33
09603 Großschirma OT
Großvoigtsberg
Tel. 037328/18488

Rausch & Schild GmbH 92
Natursteinwerk
Winnfeld-Rampe 3
56736 Kottenheim
Tel. 02651/49290

INTOS Metalldesign GmbH 97
Industriegebiet - Leystraße 14
57629 Luckenbach
Tel. 02662/94580

H. Jos. Trimborn Söhne 113
Metallbau GmbH
Am Honnefer Kreuz 51
53604 Bad Honnef
Tel. 02224/18070

Scheffer 130
Metallbautechnik GmbH
Fenster + Fassaden
Grüner Winkel 10
52070 Aachen
Tel. 0241/18005845

U.S. Gerüsttechnik GmbH 143
Siemensstraße 35
50259 Pulheim
Tel. 02238/964811

Fassaden-Naturstein

Kölner 183
Marmorwerke GmbH
Bergisch Gladbacher Straße 1067
51069 Köln-Dellbrück
Tel. 0221/689240

Fassadenreinigung

BRT - Dienstleistungen 107
Inh. Sayim Kizilirmak
Gebäudereinigermeister
Richard-Byrd-Straße 35
50829 Köln
Tel. 0221/16867752

Gebäudereinigung PETRY 171
Porzer Straße 11
51107 Köln
Tel. 0221/8019838

Fenster

Van Broek GmbH 93
Widdersdorferstraße 258
50933 Köln-Braunsfeld
Tel. 0221/494087

H. Jos. Trimborn Söhne 113
Metallbau GmbH
Am Honnefer Kreuz 51
53604 Bad Honnef
Tel. 02224/18070

Klaus Pfeil 117
GmbH & Co. KG
Hahnenberg 2
53945 Blankenheim-Ripsdorf
Tel. 02449/95200

Scheffer 130
Metallbautechnik GmbH
Fenster + Fassaden
Grüner Winkel 10
52070 Aachen
Tel. 0241/18005845

Stüttgen Tischlerei GmbH 177
Claudius-Dornier-Straße 10
50829 Köln (Gewerbegebiet)
Tel. 0221/593476

Fenster + Türen

INTOS Metalldesign GmbH 97
Industriegebiet - Leystraße 14
57629 Luckenbach
Tel. 02662/94580

Fertigteile

CEMEX Beton- 121
Bauteile GmbH
Bruchstraße 61a
67098 Bad Dürkheim
Tel. 06322/95900

Nesseler Grünzig 165
Bau GmbH
Indeweg 80
52076 Aachen
Tel. 0241/52980

ABI Andernacher 182
Bimswerk GmbH & Co.KG
Füllscheuerweg 21
56626 Andernach
Tel. 02632/20060

Feuerlöschleitungen

Demat GmbH 66
Hauptstraße 4
50859 Köln
Tel. 0221/508175

Flachdächer

Bedachungstechnik 91
Manfred Schröder GmbH
Wankelstraße 8
50996 Köln (Rodenkirchen)
Tel. 02236/67001

Fliesen

Fliesen + Parkett 45
Gschwendtner
Heinrich-von-Berge-Weg 36
53332 Bornheim-Walberberg
Tel. 02227/2024

STEULER-KCH GmbH 72
Geschäftsbereich Schwimmbadbau
Berggarten 1
56427 Siershahn
Tel. 02623/600196

Fliesen Lepping 73
GmbH & Co. KG
Max-Planck-Straße 2
48691 Vreden
Tel. 02564/4103

Uplegger GmbH & Co. KG 74
Meisterbetrieb
Fliesenfachbetrieb
Gewerbegebiet „Am Stellwerk"
18233 Neubukow
Tel. 038294/9138

FliesenWeltHöller 99
Probacher Straße 44
53783 Eitorf
Tel. 02243/2729

Fliesen Tschentke oHG 144
Paul-Klee-Straße 9
50259 Pulheim
Tel. 02238/54985

Fliesen - Baltes 180
Blücherstraße 10
51643 Gummersbach
Tel. 02261/22363

Fliesenfachhandel

Donato Rodio GmbH 113
Fliesen & Marmor
Kölner Straße 63
50226 Frechen
Tel. 02234/15463

Fluggastbrücken

ThyssenKrupp 54
Aufzüge GmbH
Niederlassung / Büro Köln
Robert-Bosch-Straße 1a
50364 Hürth
Tel. 02233/967583

Forschung

Nordseetaucher GmbH 56
Bramkampweg 9
22949 Ammersbek
Tel. 04102/23180

Fugenarbeiten

Fliesen Tschentke oHG 144
Paul-Klee-Straße 9
50259 Pulheim
Tel. 02238/54985

Fugenschneiden

Karlheinz Döhler 155
GmbH & Co. KG
Kernbohrungen, Sägen, Fugen-
schneiden in Beton, Stahlbeton,
Mauerwerk und Asphalt
Behrensstraße 37-39
50374 Erftstadt (Liblar)
Tel. 02235/461466

Fußböden

Estrich Bossert GmbH 66
Mercedesstraße 10
71394 Kernen
Tel. 07151/272000

Brake GmbH & Co. KG 153
Parkett- & Fußbodentechnik
Gewerbestraße 47b
48249 Dülmen
Tel. 02590/91760

G

Garten- und Landschaftsbau

Norbert Kamps GmbH 157
Blindeisenweg 8
41468 Neuss
Tel. 02131/523670

Ingenieurbüro 177
Ingrid Rietmann
Dipl.-Ing. für Garten- und
Landschaftsplanung VDI
Siegburger Straße 243 a
53639 Königswinter-Uhtweiler
Tel. 02244/912626

Gebäudereinigungen

BRT - Dienstleistungen 107
Inh. Sayim Kizilirmak
Gebäudereinigermeister
Richard-Byrd-Straße 35
50829 Köln
Tel. 0221/16867752

eleneo - Mike Christ e. K. 111
Im TechnologiePark Friedrich -
Ebert-Straße
51429 Bergisch Gladbach
Tel. 02204/844330

WWD 152
Dienstleistung GmbH
Esslinger Straße 7
70771 Leinfelden-Echterdingen
Tel. 0711/2494470

Gebäudereinigung PETRY 171
Porzer Straße 11
51107 Köln
Tel. 0221/8019838

Geländer

MJH METALL- 62
und STAHLBAU
JANßEN & VON HEHL
GmbH & Co. KG
Chemiestraße 8, Industriegebiet
Mackenstein
41751 Viersen-Dülken
Tel. 02162/5790

H. Jos. Trimborn Söhne 113
Metallbau GmbH
Am Honnefer Kreuz 51
53604 Bad Honnef
Tel. 02224/18070

Rink Metallbau GmbH 123
Vor der Aue 3a
35094 Lahntal-Goßfelden
Tel. 06423/4684

Generalunternehmen

Arbeitsgemeinschaft 61
Nord-Süd Stadtbahn
Köln Los Nord
HOCHTIEF Solutions AG - Bauer
Spezialtiefbau GmbH - Keller
Grundbau GmbH - Brückner
Grundbau GmbH
Unter Taschenmacher 2
50667 Köln
Tel. 0221/2707980

Friedrich Wassermann 91
Bauunternehmung für Hoch-
und Tiefbauten GmbH & Co
Eupener Straße 74
50933 Köln (Braunsfeld)
Tel. 0221/498760

HIB Huber Integral 136
Bau GmbH
Arienheller 5
56598 Rheinbrohl
Tel. 02635/954417

Paul Mertgen 137
GmbH & Co. KG
Bauunternehmung
Raiffeisenstraße 34
56587 Straßenhaus
Tel. 02634/5080

Zechbau GmbH 141
Niederlassung Bonn
Königswinterer Straße 252
53227 Bonn
Tel. 0228/467057

Nesseler Grünzig 165
Bau GmbH
Indeweg 80
52076 Aachen
Tel. 0241/52980

Gerüstbau

MELIK GmbH 87
Gerüstbau
Waffenschmidtstraße 4
50767 Köln
Tel. 0221/5345713

U.S. Gerüsttechnik GmbH 143
Siemensstraße 35
50259 Pulheim
Tel. 02238/964811

Gipser

Carl Seher GmbH 117
Stuckgeschäft
Berrenrather Straße 484-486
50937 Köln (Sulz)
Tel. 0221/46322122

Gutachter

Büchting + Streit AG 62
Beratende Ingenieure VBI
Gunzenlehstraße 22
80689 München
Tel. 089/5461500

GuD CONSULT GmbH 63
Dudenstraße 78
10965 Berlin
Tel. 030/7890890

Graner + Partner 65
Ingenieure
Lichtenweg 15-17
51465 Bergisch Gladbach
Tel. 02202/936300

Geotechnisches Büro 92
Norbert Müller, Dr. Wolfram
Müller und Partner
Beratende Geologen und
Ingenieure
Bockumer Platz 5a
47800 Krefeld
Tel. 02151/58390

Keilhäuber 106
Baumanagement
Lerchenweg 20
41564 Kaarst
Tel. 02131/204143

Mull und Partner 127
Ingenieurgesellschaft mbH
Hauptniederlassung Köln
Widdersdorfer Straße 190
50825 Köln-Ehrenfeld
Tel. 0221/1709170

Ingenieurgesellschaft 130
Schönborn mbH
Carl-Schurz-Straße 130
50374 Erftstadt
Tel. 02235/684871

Hausmeisterservice

eleneo - Mike Christ e. K. 111
Im TechnologiePark Friedrich -
Ebert-Straße
51429 Bergisch Gladbach
Tel. 02204/844330

Emil Dujin 113
Dienstleistungen am Bau
Wilhelm-Mauser-Straße 41
50827 Köln
Tel. 0221/583034

WWD 152
Dienstleistung GmbH
Esslinger Straße 7
70771 Leinfelden-Echterdingen
Tel. 0711/2494470

Haustechnik

J. Wolfferts GmbH U2+82
Hansestraße 1
51149 Köln
Tel. 02203/30020

YIT Germany GmbH VS4+58
Niederlassung Köln
Dürener Straße 401 B
50858 Köln
Tel. 0221/933100

Arbeitsgemeinschaft 59
Los B2 Nord - Süd
Stadtbahn Köln
N.Vortmann Elektrische Anlagen -
Industrieautomation GmbH/Emil
Koch GmbH & Co. KG
Hühnerkamp 19
41366 Schwalmtal
Tel. 02163/948970

Loyen & Mainz GmbH 74
Sanitär - Heizung - Haustechnik
Methweg 4a
50823 Köln
Tel. 0221/9174410

m + m Gebäudetechnik 74
GmbH & Co. KG
Gewerbering 8
09456 Annaberg-Buchholz
Tel. 03733/672550

Clasen Haustechnik 92
Methweg 22a
50823 Köln
Tel. 0221/7200341

Friedel Hirmer 98
Heizung - Sanitär - Lüftung
Obersaurenbacherstraße 1
53809 Ruppichteroth
Tel. 02295/5320

E-T-P Rothländer 99
Elektrotechnische
Dienstleistungen
Keutelstraße 2
56729 Ettringen
Tel. 02651/7052041

Eggert Aufzüge 111
Dachsweg 21-23
53842 Troisdorf
Tel. 02241/95000

HSG Zander 112
Rhein-Ruhr GmbH
Stolbergerstraße 313
50933 Köln
Tel. 0221/9497420

Anton Ludwig GmbH 116
Heizung - Lüftung - Sanitär
Gebrüder-Coblenz-Straße 1
50679 Köln (Deutz)
Tel. 0221/889890

AB Lüftungs- 117
Klimatechnik GmbH
Brüderstraße 18
51491 Overath
Tel. 02204/73137

PROFI-Haustechnik 123
Jens Zimmermann &
Jens Reinke GbR
Augsburger Straße 10
99091 Erfurt
Tel. 0361/2624978

MBS Elektro- 136
Planung GmbH
Ziethenstraße 39
53773 Hennef
Tel. 02242/9340

Matthias Frischke GmbH 144
Heizung und Sanitär -
Meisterbetrieb
Oberkasseler Straße 23
53639 Königswinter-Oberdollendorf
Tel. 02223/24640

GMG Gebäudetechnik 169
Mantel GbR
Tieenbrink 6
57439 Attendorn
Tel. 02722/979090

Heizung

J. Wolfferts GmbH U2+82
Hansestraße 1
51149 Köln
Tel. 02203/30020

YIT Germany GmbH VS4+58
Niederlassung Köln
Dürener Straße 401 B
50858 Köln
Tel. 0221/933100

Fritz Dietz GmbH & Co. KG 45
Versorgungstechnik - Metallbau
Frohnhofstraße 23
50827 Köln (Ossendorf)
Tel. 0221/95651160

Loyen & Mainz GmbH 74
Sanitär - Heizung - Haustechnik
Methweg 4a
50823 Köln
Tel. 0221/9174410

Friedel Hirmer 98
Heizung - Sanitär - Lüftung
Obersaurenbacherstraße 1
53809 Ruppichteroth
Tel. 02295/5320

HSG Zander 112
Rhein-Ruhr GmbH
Stolbergerstraße 313
50933 Köln
Tel. 0221/9497420

Anton Ludwig GmbH 116
Heizung - Lüftung - Sanitär
Gebrüder-Coblenz-Straße 1
50679 Köln (Deutz)
Tel. 0221/889890

PROFI-Haustechnik 123
Jens Zimmermann &
Jens Reinke GbR
Augsburger Straße 10
99091 Erfurt
Tel. 0361/2624978

Matthias Frischke GmbH 144
Heizung und Sanitär -
Meisterbetrieb
Oberkasseler Straße 23
53639 Königswinter-Oberdollendorf
Tel. 02223/24640

Lanvermann 152
GmbH & Co. KG
Heizung - Sanitär - Lüftung - Klima
Schulstraße 10
46325 Borken-Marbeck
Tel. 02867/97440

Heizung/Sanitär

Demat GmbH 66
Hauptstraße 4
50859 Köln
Tel. 0221/508175

Hochbau

Udimo Bau-Monreal GmbH 74
Hamburger Straße 14a
50321 Brühl
Tel. 02232/567150

Ed. Züblin AG - 81
Bereich Köln
Siegburger Straße 229 a
50679 Köln
Tel. 0221/8243200

Peter Hirsch Bau 97
Hochbau - Verklinkerungen
Ringstraße 121 a
56746 Spessart
Tel. 02655/1448

Johann Brauckmann 116
Bauausführungen
GmbH & Co. KG
Wipperfürther Straße 23
51103 Köln
Tel. 0221/985810

CEMEX Beton- 121
Bauteile GmbH
Bruchstraße 61a
67098 Bad Dürkheim
Tel. 06322/95900

Paul Mertgen 137
GmbH & Co. KG
Bauunternehmung
Raiffeisenstraße 34
56587 Straßenhaus
Tel. 02634/5080

Zechbau GmbH 141
Niederlassung Bonn
Königswinterer Straße 252
53227 Bonn
Tel. 0228/467057

Werner Thoma 147
GmbH & Co. KG
Baugesellschaft
Sonnenhang 8
50127 Bergheim
Tel. 02271/67970

NOE - Schaltechnik 160
Georg Meyer-Keller
GmbH + Co. KG
Im Hasseldamm 8
41352 Korschenbroich
Tel. 02161/67401

BTS-Gesellschaft für 161
Betonbohr- und Beton-
sägetechnik mbH
Sacktannen Haus 10
19057 Schwerin
Tel. 0385/6470777

Individuelle Badgestaltung

Demat GmbH 66
Hauptstraße 4
50859 Köln
Tel. 0221/508175

Industrieböden

Estrich Bossert GmbH 66
Mercedesstraße 10
71394 Kernen
Tel. 07151/272000

Ingenieure
(s. Verzeichnisbeginn)

Innenarchitektur

ZA-Bürodesign GmbH 44
Kölner Straße 30
50859 Köln
Tel. 02234/928080

Innenausbau

Ruben Peter Ausbau GmbH 72
Aue 2
98593 Floh-Seligenthal
Tel. 03683/40970

Klaus Garbitz 93
Innenausbau
Pferdmengesstraße 14
50968 Köln
Tel. 0221/3406230

ZEBO-Fußbodentechnik 122
GmbH
Breiter Ring 2
99100 Erfurt-Töttelstädt
Tel. 036208/7820

Jürgensen & Jürgensen 140
Architekten GbR
Brühler Straße 11-13
50968 Köln
Tel. 0170/4593088

Stüttgen Tischlerei GmbH 177
Claudius-Dornier-Straße 10
50829 Köln (Gewerbegebiet)
Tel. 0221/593476

Inneneinrichtungen

ZA-Bürodesign GmbH 44
Kölner Straße 30
50859 Köln
Tel. 02234/928080

Schreinerei Wolff 84
Otto-Brenner-Straße 22
52353 Düren
Tel. 02421/88477

neue Räume 93
Gesellschaft für
Objekteinrichtung mbH
Schanzenstraße 39c (Seiler Höfe)
51063 Köln
Tel. 0221/9777890

KölnKlang GmbH 113
Bang & Olufsen
Brückenstraße 5-11
50667 Köln-City
Tel. 0221/2726370

Rosink GmbH 160
Objekteinrichtungen
Marienburger Straße 29
48529 Nordhorn
Tel. 05921/97310

Isolierungen

Getzner Werkstoffe GmbH 61
Nördliche Münchner Straße 27a
82031 Grünwald
Tel. 089/6935000

Engler Brandschutz GmbH 64
Lukasstraße 30
50823 Köln
Tel. 0221/9541300

K

Kernbohrungen

Karlheinz Döhler 155
GmbH & Co. KG
Kernbohrungen, Sägen, Fugen-
schneiden in Beton, Stahlbeton,
Mauerwerk und Asphalt
Behrensstraße 37-39
50374 Erftstadt (Liblar)
Tel. 02235/461466

Klima

J. Wollferts GmbH U2+82
Hansestraße 1
51149 Köln
Tel. 02203/30020

YIT Germany GmbH VS4+58
Niederlassung Köln
Dürener Straße 401 B
50858 Köln
Tel. 0221/933100

HSG Zander 112
Rhein-Ruhr GmbH
Stolbergerstraße 313
50933 Köln
Tel. 0221/9497420

AB Lüftungs- 117
Klimatechnik GmbH
Brüderstraße 18
51491 Overath
Tel. 02204/73137

Lanvermann 152
GmbH & Co. KG
Heizung - Sanitär - Lüftung - Klima
Schulstraße 10
46325 Borken-Marbeck
Tel. 02867/97440

GMG Gebäudetechnik 169
Mantel GbR
Tieenbrink 6
57439 Attendorn
Tel. 02722/979090

Kommunikation

ACHTPUNKT 106
Agentur für Kommunikation
und Design
Sachsenring 2-4
50677 Köln
Tel. 0221/8200780

Kommunikations-Einrichtungen

Schorn Elektro- 97
anlagenbau GmbH
Elektrofachmarkt
Altebach 26
53783 Eitorf
Tel. 02243/5549

HGP GmbH Heribert 127
Günther Planung
Ingenieurbüro für Elektrotechnik
Franz-Hitze-Straße 3
50672 Köln
Tel. 0221/515051

Hagedorn GmbH & Co. KG 136
Elektrotechnik -
Informationstechnik
Mackestraße 30
53119 Bonn
Tel. 0228/9677330

Koordination nach Baustellenverordnung

AGB Müller Büro für 117
Arbeitssicherheit
und Gesundheitsschutz
im Bauwesen
Lülsdorfer Straße 46
51143 Köln
Tel. 02203/102330

Küchen

GST professional 147
Großküchen-Service-Team GmbH
Friedrich-Ebert-Damm 202a
22047 Hamburg
Tel. 040/66859510

L

Ladenbau

Rosink GmbH 160
Objekteinrichtungen
Marienburger Straße 29
48529 Nordhorn
Tel. 05921/97310

Leitsysteme

SIGN & SHOP 85
Werbeservice GmbH
Landsberger Straße 4
53119 Bonn
Tel. 0228/7669280

Leuchtreklame

SIGN & SHOP 85
Werbeservice GmbH
Landsberger Straße 4
53119 Bonn
Tel. 0228/7669280

NEON Hiepler GmbH 98
Werbetechnik
Wolfstraße 20
53111 Bonn
Tel. 0228/635176

Licht

FET Fehmer 83
Elektrotechnik GmbH
Hauptsitz Eberswalde
Zweigniederlassung
Am Meerkamp 19 b
40667 Meerbusch
Tel. 02132/91580

Enzinger Elektro GmbH 99
Drachenburgstraße 2-6
53179 Bonn (Nähe Bahnhof
Mehlem)
Tel. 0228/943800

HGP GmbH Heribert 127
Günther Planung
Ingenieurbüro für Elektrotechnik
Franz-Hitze-Straße 3
50672 Köln
Tel. 0221/515051

Westerwald 137
Elektrotechnik Hummrich
GmbH & Co. KG
Lindenstraße 53
57627 Hachenburg
Tel. 02662/95180

Flos GmbH 147
Elisabeth-Selbert-Straße 4 a
40764 Langenfeld
Tel. 02173/109370

GE Elektro Esser 149
Inh. Horst Schumacher e.K.
Im Vogelsang 19
52441 Linnich
Tel. 02462/2029901

Logistik

PTV Planung Transport 130
Verkehr AG Düsseldorf
Büropark La Vie
Gladbecker Straße 5
40472 Düsseldorf
Tel. 0211/93885816

Lüftung

J. Wollferts GmbH U2+82
Hansestraße 1
51149 Köln
Tel. 02203/30020

YIT Germany GmbH VS4+58
Niederlassung Köln
Dürener Straße 401 B
50858 Köln
Tel. 0221/933100

AB Lüftungs- 117
Klimatechnik GmbH
Brüderstraße 18
51491 Overath
Tel. 02204/73137

Matthias Frischke GmbH 144
Heizung und Sanitär -
Meisterbetrieb
Oberkasseler Straße 23
53639 Königswinter-
Oberdollendorf
Tel. 02223/24640

GMG Gebäudetechnik 169
Mantel GbR
Tieenbrink 6
57439 Attendorn
Tel. 02722/979090

M

Maler

Carl Seher GmbH 117
Stuckgeschäft
Berrenrather Straße 484-486
50937 Köln (Sulz)
Tel. 0221/46322122

FAMA Fassaden GmbH 122
Siedlung 133
99510 Zottelstedt-Stadt Apolda
Tel. 03644/619802

Marmor

Fliesen - Baltes 180
Blücherstraße 10
51643 Gummersbach
Tel. 02261/22363

Metallbau

Fritz Dietz GmbH & Co. KG 45
Versorgungstechnik - Metallbau
Frohnhofstraße 23
50827 Köln (Ossendorf)
Tel. 0221/95651160

MJH METALL- 62
und STAHLBAU
JANßEN & VON HEHL
GmbH & Co. KG
Chemiestraße 8, Industriegebiet
Mackenstein
41751 Viersen-Dülken
Tel. 02162/5790

Van Broek GmbH 93
Widdersdorferstraße 258
50933 Köln-Braunsfeld
Tel. 0221/494087

INTOS Metalldesign GmbH 97
Industriegebiet - Leystraße 14
57629 Luckenbach
Tel. 02662/94580

H. Jos. Trimborn Söhne 113
Metallbau GmbH
Am Honnefer Kreuz 51
53604 Bad Honnef
Tel. 02224/18070

Rink Metallbau GmbH 123
Vor der Aue 3a
35094 Lahntal-Goßfelden
Tel. 06423/4684

Scheffer 130
Metallbautechnik GmbH
Fenster + Fassaden
Grüner Winkel 10
52070 Aachen
Tel. 0241/18005845

Möbel

Schreinerei Wolff 84
Otto-Brenner-Straße 22
52353 Düren
Tel. 02421/88477

Rosink GmbH 160
Objekteinrichtungen
Marienburger Straße 29
48529 Nordhorn
Tel. 05921/97310

Mosaik

Uplegger GmbH & Co. KG 74
Meisterbetrieb
Fliesenfachbetrieb
Gewerbegebiet „Am Stellwerk"
18233 Neubukow
Tel. 038294/9138

Fliesen - Baltes 180
Blücherstraße 10
51643 Gummersbach
Tel. 02261/22363

N

Naturstein

Rausch & Schild GmbH 92
Natursteinwerk
Winnfeld-Rampe 3
56736 Kottenheim
Tel. 02651/49290

FliesenWeltHöller 99
Probacher Straße 44
53783 Eitorf
Tel. 02243/2729

Fliesen Tschentke oHG 144
Paul-Klee-Straße 9
50259 Pulheim
Tel. 02238/54985

Kölner 183
Marmorwerke GmbH
Bergisch Gladbacher Straße 1067
51069 Köln-Dellbrück
Tel. 0221/689240

O

Objektbeschilderung

SIGN & SHOP 85
Werbeservice GmbH
Landsberger Straße 4
53119 Bonn
Tel. 0228/7669280

Objektmanagement

eleneo - Mike Christ e. K. 111
Im TechnologiePark Friedrich -
Ebert-Straße
51429 Bergisch Gladbach
Tel. 02204/844330

WWD 152
Dienstleistung GmbH
Esslinger Straße 7
70771 Leinfelden-Echterdingen
Tel. 0711/2494470

Öl- und Gas-
feuerungsanlagen

Demat GmbH 66
Hauptstraße 4
50859 Köln
Tel. 0221/508175

P

Parkett

Fliesen + Parkett 45
Gschwendtner
Heinrich-von-Berge-Weg 36
53332 Bornheim-Walberberg
Tel. 02227/2024

Schreinerei Otmar Eich 99
Hauptstraße 11 a
54576 Dohm-Lammersdorf
Tel. 06593/998705

Brake GmbH & Co. KG 153
Parkett- & Fußbodentechnik
Gewerbestraße 47b
48249 Dülmen
Tel. 02590/91760

Galbrecht Parkett 157
Eichenstraße 93 b
41747 Viersen
Tel. 02162/351800

Pfahlgründungen

Jacbo Pfahlgründungen 182
GmbH
Niederlassung Köln
Auenweg 185
51063 Köln
Tel. 0221/8019180

Photovoltaik

Tholen Elektrotechnik 92
Johann-Conen-Straße 1
52538 Gangelt
Tel. 02454/989090

Photovoltaik-Anlagen

Schorn Elektro- 97
anlagenbau GmbH
Elektrofachmarkt
Altebach 26
53783 Eitorf
Tel. 02243/5549

Planung

ZA-Bürodesign GmbH 44
Kölner Straße 30
50859 Köln
Tel. 02234/928080

Planungsbüro

BPP - Vollmer 141
Büro für Planung und
Projektsteuerung
Cäcilienstraße 48
50667 Köln
Tel. 0221/27255960

Platten

Fliesen - Baltes 180
Blücherstraße 10
51643 Gummersbach
Tel. 02261/22363

Plotservice

Repro - Point KG 127
Colonia Allee 3
51067 Köln
Tel. 0221/9875453

Pontonvermietung

Janson Bridging GmbH 63
Albert-Einstein-Straße 4
46446 Emmerich am Rhein
Tel. 02822/9157183

Profilbuchstaben

NEON Hiepler GmbH 98
Werbetechnik
Wolfstraße 20
53111 Bonn
Tel. 0228/635176

Projektentwicklung

VAMED Health U4
Project GmbH
Schicklerstraße 5-7
10179 Berlin
Tel. 030/2462690

Dipl.Ing. Stephan Otto 177
Architekt aknw
Cleverstraße 18
50668 Köln
Tel. 0221/9732013

Projektmanagement

AMED Health U4
Project GmbH
Schicklerstraße 5-7
10179 Berlin
Tel. 030/2462690

M-TEQ Technische 45
Gebäudeausrüstung
Schanzenstraße 7A
51063 Köln
Tel. 0221/9649060

GuD CONSULT GmbH 63
Dudenstraße 78
10965 Berlin
Tel. 030/7890890

Projektsteuerung

AMED Health U4
Project GmbH
Schicklerstraße 5-7
10179 Berlin
Tel. 030/2462690

BPP - Vollmer 141
Büro für Planung und
Projektsteuerung
Cäcilienstraße 48
50667 Köln
Tel. 0221/27255960

H. Langemann 177
GmbH & Co. KG
Bauunternehmung
Osterather Straße 7
50739 Köln
Tel. 0221/172537

Putz

Fliesen + Parkett 45
Gschwendtner
Heinrich-von-Berge-Weg 36
53332 Bornheim-Walberberg
Tel. 02227/2024

IFD - BauStorch 84
Innenputz-Fassaden-
Denkmalpflege
Siedlerweg 33
09603 Großschirma OT
Großvoigtsberg
Tel. 037328/18488

FAMA Fassaden GmbH 122
Siedlung 133
99510 Zottelstedt-Stadt Apolda
Tel. 03644/619802

Q

Qualitätsmanagement

Keilhäuber 106
Baumanagement
Lerchenweg 20
41564 Kaarst
Tel. 02131/204143

R

Restaurationen

GST professional 147
Großküchen-Service-Team GmbH
Friedrich-Ebert-Damm 202a
22047 Hamburg
Tel. 040/66859510

Rollladen

Klaus Pfeil 117
GmbH & Co. KG
Hahnenberg 2
53945 Blankenheim-Ripsdorf
Tel. 02449/95200

Rückbau

Jean Harzheim 66+93
GmbH & Co. KG
Industrieabbrüche-Erdarbeiten-
Container-Service
Neusser Straße 772
50737 Köln
Tel. 0221/77896-0

Mull und Partner 127
Ingenieurgesellschaft mbH
Hauptniederlassung Köln
Widdersdorfer Straße 190
50825 Köln-Ehrenfeld
Tel. 0221/1709170

WORMS GmbH 182
Betonbohr- und Sägeservice
Meckenheimer Straße 30
53919 Weilerswist (Metternich)
Tel. 02254/5523

S

Sachverständigen-
büro für Schäden
an Gebäuden

Keilhäuber 106
Baumanagement
Lerchenweg 20
41564 Kaarst
Tel. 02131/204143

Sanierungen

betkos Sichtbetonkosmetik 98
Fuldastraße 11
50389 Wesseling
Tel. 02232/942691

HSG Zander 112
Rhein-Ruhr GmbH
Stolbergerstraße 313
50933 Köln
Tel. 0221/9497420

Mull und Partner 127
Ingenieurgesellschaft mbH
Hauptniederlassung Köln
Widdersdorfer Straße 190
50825 Köln-Ehrenfeld
Tel. 0221/1709170

U.S. Gerüsttechnik GmbH 143
Siemensstraße 35
50259 Pulheim
Tel. 02238/964811

Sanitär

J. Wolfferts GmbH U2+82
Hansestraße 1
51149 Köln
Tel. 02203/30020

YIT Germany GmbH VS4+58
Niederlassung Köln
Dürener Straße 401 B
50858 Köln
Tel. 0221/933100

Fritz Dietz GmbH & Co. KG 45
Versorgungstechnik - Metallbau
Frohnhofstraße 23
50827 Köln (Ossendorf)
Tel. 0221/95651160

Loyen & Mainz GmbH 74
Sanitär - Heizung - Haustechnik
Methweg 4a
50823 Köln
Tel. 0221/9174410

m + m Gebäudetechnik 74
GmbH & Co. KG
Gewerbering 8
09456 Annaberg-Buchholz
Tel. 03733/672550

Friedel Hirmer 98
Heizung - Sanitär - Lüftung
Obersaurenbacherstraße 1
53809 Ruppichteroth
Tel. 02295/5320

Anton Ludwig GmbH 116
Heizung - Lüftung - Sanitär
Gebrüder-Coblenz-Straße 1
50679 Köln (Deutz)
Tel. 0221/889890

PROFI-Haustechnik 123
Jens Zimmermann &
Jens Reinke GbR
Augsburger Straße 10
99091 Erfurt
Tel. 0361/2624978

Matthias Frischke GmbH 144
Heizung und Sanitär -
Meisterbetrieb
Oberkasseler Straße 23
53639 Königswinter-Oberdollendorf
Tel. 02223/24640

Lanvermann 152
GmbH & Co. KG
Heizung - Sanitär - Lüftung - Klima
Schulstraße 10
46325 Borken-Marbeck
Tel. 02867/97440

GMG Gebäudetechnik 169
Mantel GbR
Tieenbrink 6
57439 Attendorn
Tel. 02722/979090

Scanservice

Repro - Point KG 127
Colonia Allee 3
51067 Köln
Tel. 0221/9875453

Schallschutz

Getzner Werkstoffe GmbH 61
Nördliche Münchner Straße 27a
82031 Grünwald
Tel. 089/6935000

Graner + Partner 65
Ingenieure
Lichtenweg 15-17
51465 Bergisch Gladbach
Tel. 02202/936300

Schaltanlagen

Arbeitsgemeinschaft 59
Los B2 Nord - Süd
Stadtbahn Köln
N.Vortmann Elektrische Anlagen -
Industrieautomation GmbH/Emil
Koch GmbH & Co. KG
Hühnerkamp 19
41366 Schwalmtal
Tel. 02163/948970

HERMES Systeme GmbH 74
MSR- & Automatisierungstechnik
Visbeker Straße 55
27793 Wildeshausen
Tel. 04431/93600

Schalungen

NOE - Schaltechnik 160
Georg Meyer-Keller
GmbH + Co. KG
Im Hasseldamm 8
41352 Korschenbroich
Tel. 02161/67401

Schilder

Berndt 52+181
Verkehrstechnik GmbH
Germaniastraße 180
51065 Köln
Tel. 0221/9696760

SIGN & SHOP 85
Werbeservice GmbH
Landsberger Straße 4
53119 Bonn
Tel. 0228/7669280

WM Werbestudio W. Müller 86
Pastor-Kröner-Straße 13
50354 Hürth (Berrenrath)
Tel. 02233/374740

Schließanlagen

Galant-Service 107
Schlüssel - Laser-
Stempel & Gravuren
Chlodwigplatz 1-3
50678 Köln
Tel. 0221/316193

Schlosserei

INTOS Metalldesign GmbH 97
Industriegebiet - Leystraße 14
57629 Luckenbach
Tel. 02662/94580

Schlüsselfertigbau

Ed. Züblin AG - 81
Bereich Köln
Siegburger Straße 229 a
50679 Köln
Tel. 0221/8243200

Friedrich Wassermann 91
Bauunternehmung für Hoch-
und Tiefbauten GmbH & Co
Eupener Straße 74
50933 Köln (Braunsfeld)
Tel. 0221/498760

HW Ingenieur Consult 116
Gesellschaft für
Baubetreuung mbH
Joseph-von-Fraunhofer-Straße 4
53501 Grafschaft-Ringen
Tel. 02641/911800

HIB Huber Integral 136
Bau GmbH
Arienheller 5
56598 Rheinbrohl
Tel. 02635/954417

Paul Mertgen 137
GmbH & Co. KG
Bauunternehmung
Raiffeisenstraße 34
56587 Straßenhaus
Tel. 02634/5080

Zechbau GmbH 141
Niederlassung Bonn
Königswinterer Straße 252
53227 Bonn
Tel. 0228/467057

Werner Thoma 147
GmbH & Co. KG
Baugesellschaft
Sonnenhang 8
50127 Bergheim
Tel. 02271/67970

Nesseler Grünzig 165
Bau GmbH
Indeweg 80
52076 Aachen
Tel. 0241/52980

ABI Andernacher 182
Bimswerk GmbH & Co.KG
Füllscheuerweg 21
56626 Andernach
Tel. 02632/20060

Schränke

Rosink GmbH 160
Objekteinrichtungen
Marienburger Straße 29
48529 Nordhorn
Tel. 05921/97310

Schreinerei

Schreinerei Wolff 84
Otto-Brenner-Straße 22
52353 Düren
Tel. 02421/88477

Schreinerei Otmar Eich 99
Hauptstraße 11 a
54576 Dohm-Lammersdorf
Tel. 06593/998705

K & M Bauelemente GmbH — 183
Am Handwerkerhof 3
45701 Herten
Tel. 02366/18130

Schwimmbadbau

Uplegger GmbH & Co. KG — 74
Meisterbetrieb
Fliesenfachbetrieb
Gewerbegebiet „Am Stellwerk"
18233 Neubukow
Tel. 038294/9138

Schwimmbäder

Landwehr Wassertechnik GmbH — 73
Schwarzer Weg 2 a
38170 Schöppenstedt
Tel. 05332/96870

Schwimmbecken

ZELLER bäderbau GmbH — 71
In den Seewiesen 49
89520 Heidenheim
Tel. 07321/93890

Sicherheitstechnik

Berndt Verkehrstechnik GmbH — 52+181
Germaniastraße 180
51065 Köln
Tel. 0221/9696760

Tholen Elektrotechnik — 92
Johann-Conen-Straße 1
52538 Gangelt
Tel. 02454/989090

Galant-Service — 107
Schlüssel - Laser-
Stempel & Gravuren
Chlodwigplatz 1-3
50678 Köln
Tel. 0221/316193

PWK Technik GmbH — 115
An der Burg Sülz 25
53797 Lohmar
Tel. 02205/904550

Westerwald Elektrotechnik Hummrich GmbH & Co. KG — 137
Lindenstraße 53
57627 Hachenburg
Tel. 02662/95180

Sichtbetonkosmetik

betkos Sichtbetonkosmetik — 98
Fuldastraße 11
50389 Wesseling
Tel. 02232/942691

SiGe-Koordination

AGB Müller Büro für Arbeitssicherheit — 117
und Gesundheitsschutz
im Bauwesen
Lülsdorfer Straße 46
51143 Köln
Tel. 02203/102330

Solaranlagen

Demat GmbH — 66
Hauptstraße 4
50859 Köln
Tel. 0221/508175

Solartechnik

YIT Germany GmbH — VS4+58
Niederlassung Köln
Dürener Straße 401 B
50858 Köln
Tel. 0221/933100

Tholen Elektrotechnik — 92
Johann-Conen-Straße 1
52538 Gangelt
Tel. 02454/989090

Friedel Hirmer — 98
Heizung - Sanitär - Lüftung
Obersaurenbacherstraße 1
53809 Ruppichteroth
Tel. 02295/5320

Sondergründung

Jacbo Pfahlgründungen GmbH — 182
Niederlassung Köln
Auenweg 185
51063 Köln
Tel. 0221/8019180

Spezialtiefbau

Jacbo Pfahlgründungen GmbH — 182
Niederlassung Köln
Auenweg 185
51063 Köln
Tel. 0221/8019180

Sprinkleranlagen

ABBS Deutschland GmbH — 183
Brandschutz
Friedrichstraße 55
42551 Velbert
Tel. 02051/803160

Stahlbau

MJH METALL- und STAHLBAU — 62
JANßEN & VON HEHL
GmbH & Co. KG
Chemiestraße 8, Industriegebiet
Mackenstein
41751 Viersen-Dülken
Tel. 02162/5790

Steinmetz

Rausch & Schild GmbH — 92
Natursteinwerk
Winnfeld-Rampe 3
56736 Kottenheim
Tel. 02651/49290

Stuck

Carl Seher GmbH — 117
Stuckgeschäft
Berrenrather Straße 484-486
50937 Köln (Sulz)
Tel. 0221/46322122

Tapezierer

FAMA Fassaden GmbH — 122
Siedlung 133
99510 Zottelstedt-Stadt Apolda
Tel. 03644/619802

Taucherarbeiten

Nordseetaucher GmbH — 56
Bramkampweg 9
22949 Ammersbek
Tel. 04102/23180

Telekommunikation

FET Fehmer Elektrotechnik GmbH — 83
Hauptsitz Eberswalde
Zweigniederlassung
Am Meerkamp 19 b
40667 Meerbusch
Tel. 02132/91580

KölnKlang GmbH — 113
Bang & Olufsen
Brückenstraße 5-11
50667 Köln-City
Tel. 0221/2726370

Tiefbau

Arbeitsgemeinschaft Nord-Süd Stadtbahn Köln Los Nord — 61
HOCHTIEF Solutions AG - Bauer Spezialtiefbau GmbH - Keller Grundbau GmbH - Brückner Grundbau GmbH
Unter Taschenmacher 2
50667 Köln
Tel. 0221/2707980

GuD CONSULT GmbH — 63
Dudenstraße 78
10965 Berlin
Tel. 030/7890890

Jean Harzheim GmbH & Co. KG — 66+93
Industrieabbrüche-Erdarbeiten-
Container-Service
Neusser Straße 772
50737 Köln
Tel. 0221/77896-0

Tischlerei

Schreinerei Wolff — 84
Otto-Brenner-Straße 22
52353 Düren
Tel. 02421/88477

Stüttgen Tischlerei GmbH 177
Claudius-Dornier-Straße 10
50829 Köln (Gewerbegebiet)
Tel. 0221/593476

Tore

K & M 183
Bauelemente GmbH
Am Handwerkerhof 3
45701 Herten
Tel. 02366/18130

Tragwerksplanung

Tragwerksplanung 137
Dipl.-Ing. Hanisch + Heck
Nietzschestraße 6
50934 Köln
Tel. 0221/421361

Treppen

MJH METALL- 62
und STAHLBAU
JANßEN & VON HEHL
GmbH & Co. KG
Chemiestraße 8, Industriegebiet
Mackenstein
41751 Viersen-Dülken
Tel. 02162/5790

CEMEX Beton- 121
Bauteile GmbH
Bruchstraße 61a
67098 Bad Dürkheim
Tel. 06322/95900

Rink Metallbau GmbH 123
Vor der Aue 3a
35094 Lahntal-Goßfelden
Tel. 06423/4684

Fliesen Tschentke oHG 144
Paul-Klee-Straße 9
50259 Pulheim
Tel. 02238/54985

Galbrecht Parkett 157
Eichenstraße 93 b
41747 Viersen
Tel. 02162/351800

Trockenbau

Ruben Peter Ausbau GmbH 72
Aue 2
98593 Floh-Seligenthal
Tel. 03683/40970

Klaus Garbitz 93
Innenausbau
Pferdmengesstraße 14
50968 Köln
Tel. 0221/3406230

Carl Seher GmbH 117
Stuckgeschäft
Berrenrather Straße 484-486
50937 Köln (Sulz)
Tel. 0221/46322122

ATB Gebrüder Golke 122
Akustik Trockenbau Brandschutz
Dorfplatz 26 a
99444 Blankenheim-Tromitz
Tel. 036454/59512

ZEBO-Fußbodentechnik 122
GmbH
Breiter Ring 2
99100 Erfurt-Töttelstädt
Tel. 036208/7820

GSV Bau 175
Inh. Georg Langner
Heidestraße 27a
51147 Köln
Tel. 02203/9242700

Tunnelbau

Nordseetaucher GmbH 56
Bramkampweg 9
22949 Ammersbek
Tel. 04102/23180

Türen

H. Jos. Trimborn Söhne 113
Metallbau GmbH
Am Honnefer Kreuz 51
53604 Bad Honnef
Tel. 02224/18070

Klaus Pfeil 117
GmbH & Co. KG
Hahnenberg 2
53945 Blankenheim-Ripsdorf
Tel. 02449/95200

K & M 183
Bauelemente GmbH
Am Handwerkerhof 3
45701 Herten
Tel. 02366/18130

Umbauten

Udimo Bau-Monreal GmbH 74
Hamburger Straße 14a
50321 Brühl
Tel. 02232/567150

Friedrich Wassermann 91
Bauunternehmung für Hoch- und
Tiefbauten GmbH & Co
Eupener Straße 74
50933 Köln (Braunsfeld)
Tel. 0221/498760

BTS-Gesellschaft für 161
Betonbohr- und Beton-
sägetechnik mbH
Sacktannen Haus 10
19057 Schwerin
Tel. 0385/6470777

GSV Bau 175
Inh. Georg Langner
Heidestraße 27a
51147 Köln
Tel. 02203/9242700

Umweltschutz

Hubert Wolfgarten GmbH 140
Bergstraße 7
52391 Vettweiß
Tel. 02252/1456

Ingenieurbüro 177
Ingrid Rietmann
Dipl.-Ing. für Garten- und Land-
schaftsplanung VDI
Siegburger Straße 243 a
53639 Königswinter-Uhtweiler
Tel. 02244/912626

Unterhaltsreinigung

Gebäudereinigung PETRY 171
Porzer Straße 11
51107 Köln
Tel. 0221/8019838

Verglasungen

Van Broek GmbH 93
Widdersdorferstraße 258
50933 Köln-Braunsfeld
Tel. 0221/494087

H. Jos. Trimborn Söhne 113
Metallbau GmbH
Am Honnefer Kreuz 51
53604 Bad Honnef
Tel. 02224/18070

Verkehrstechnik

Berndt 52+181
Verkehrstechnik GmbH
Germaniastraße 180
51065 Köln
Tel. 0221/9696760

Verklinkerungen

Peter Hirsch Bau 97
Hochbau - Verklinkerungen
Ringstraße 121 a
56746 Spessart
Tel. 02655/1448

Vermessung

Vermessung M-R-D Köln 107
Öffentlich bestellte
Vermessungsingenieure
Koelhoffstraße 1
50676 Köln
Tel. 0221/924740

Diplom-Ingenieur 188
Dieter Heuß Diplom-Ingeni-
eur Karsten Dembowski
Öffentlich bestellte
Vermessungsingenieure
Am Rheinbrauhaus 10
51143 Köln (Porz)
Tel. 02203/955510

Vermessungsbüro 188
Dipl.-Ing. Otmar Steden
Dipl.-Ing. Achim Magendanz
Öffentlich bestellte
Vermessungsingenieure
Von-Liebig-Straße 13
53359 Rheinbach
Tel. 02226/3704

Kühnhausen - Dübbert - Semler 188
Öffentlich bestellte Vermessungsingenieure
Graf-Geßler-Straße 5
50679 Köln (Deutz)
Tel. 0221/980280

Wärme-Dämm-Verbund-System

Ruben Peter Ausbau GmbH 72
Aue 2
98593 Floh-Seligenthal
Tel. 03683/40970

IFD - BauStorch 84
Innenputz-Fassaden-Denkmalpflege
Siedlerweg 33
09603 Großschirma OT
Großvoigtsberg
Tel. 037328/18488

Wartung + Service

ABBS Deutschland GmbH 183
Brandschutz
Friedrichstraße 55
42551 Velbert
Tel. 02051/803160

Wassertechnik

Landwehr Wassertechnik GmbH 73
Schwarzer Weg 2 a
38170 Schöppenstedt
Tel. 05332/96870

HERMES Systeme GmbH 74
MSR- & Automatisierungstechnik
Visbeker Straße 55
27793 Wildeshausen
Tel. 04431/93600

Werbeagentur

ACHTPUNKT 106
Agentur für Kommunikation und Design
Sachsenring 2-4
50677 Köln
Tel. 0221/8200780

Werbetechnik

WM Werbestudio W. Müller 86
Pastor-Kröner-Straße 13
50354 Hürth (Berrenrath)
Tel. 02233/374740

Wohnungsbau

Johann Brauckmann Bauausführungen GmbH & Co. KG 116
Wipperfürther Straße 23
51103 Köln
Tel. 0221/985810

> Die Eintragungen im Verzeichnis die „Bauspezialisten" erfolgen auf Wunsch des Kunden/Beitragstellers und sind somit kostenloser Service in der Publikation. Der Verlag übernimmt keine Gewähr für die Vollständigkeit und Richtigkeit der Eintragungen.

Wirtschafts- und Verlagsgesellschaft mbH
Küferstraße 9 – 11
D-67551 Worms
Tel. 0 62 47/ 9 08 90-0
Fax 0 62 47/9 08 90-10
E-Mail info@wv-verlag.de

www.wv-verlag.de
www.bauenundwirtschaft.com

Geschäftsführer:
Uwe Becker

Organisation/Verkauf:
WV Wirtschafts- und Verlagsgesellschaft mbH

Chefredakteur:
Christian Heinz (v.i.S.d.P.)

Herstellungsleiter:
Andreas Lochinger

Gastautoren:
Jürgen Roters –
Oberbürgermeister der Stadt Köln

Jürgen Nimptsch –
Oberbürgermeister der Stadt Bonn

Impressum

Bernd Streitberger –
Dezernent für Stadtentwicklung, Planen und Bauen der Stadt Köln

Werner Wingenfeld –
Stadtbaurat der Stadt Bonn

Dipl.-Ing. Thomas Kempen –
Vorsitzender des Landesverbandes Bund Deutscher Baumeister, Architekten und Ingenieure e.V. NRW

Dipl.-Ing. Bernhard Spitthöver
Vorsitzender des VBI-Landesverbandes Nordrhein-Westfalen

Dr. Daniel Arnold –
Regionalbeauftragter Nordrhein-Westfalen des ZIA Zentraler Immobilien Ausschuss e.V.

Bernd Ebers –
Rechtsanwalt und Notar

(Anschriften: siehe Seite 188)

Redaktion:
Brigitte Freitag, Hans Wolfrum, Miriam Märthesheimer, Sabine Renz, Anette Sommer

Herstellung:
Michaela Schaalo, Ilka Becker

Kundenbetreuung/ Anzeigenverwaltung:
Ute Zbawiony, Petra Butty, Irina Peters, Wolfgang Frenzel

Druck:
ABT Print Medien GmbH
Bruchsaler Straße 5
69469 Weinheim
Tel. 0 62 01/18 90-0
Fax 0 62 01/18 90-90

Titelfotos (im Uhrzeigersinn):
„Campus Poppelsdorf, Bonn" (Bau- und Liegenschaftsbetrieb NRW, Abb.: © skt umbaukultur Bonn); „Umbau ehem. Altes Abgeordnetenhochhaus, Bonn" (Assmann Planen+Beraten, Abb.: © Bundesamt für Bauwesen und Raumordnung); „ARK-art´otel, Köln" (LIP Ludger Inholte Projektentwicklung); „Nord-Süd Stadtbahn Köln" (Kölner Verkehrs-Betriebe, Abb.: © KVB/HH vision)

Fotonachweis:
Architekten, Beitragsteller u.a. (siehe Urheberrechtshinweise).

Autorenbeiträge geben nicht in jedem Fall die Meinung der Redaktion wider.

18. Jahrgang S 241
ISBN 978-3-939824-76-3

Verkaufs-/Einzelpreis bei Nachbestellungen:
19,90 Euro, zzgl. Verpackung/Versand

Alle Rechte vorbehalten:
© 2011 WV Wirtschafts- und Verlagsgesellschaft mbH,
D-67551 Worms

Diese Publikation ist in ihrer Gesamtheit urheberrechtlich geschützt. Jede Verwendung, die die Grenzen des Urheberrechts überschreitet, ist ohne schriftliche Genehmigung des Verlages unzulässig und strafbar. Dies gilt insbesondere für Vervielfältigungen, Übersetzungen, Mikroverfilmung und die Einspeicherung und Verbreitung in elektronischen Medien. Die in dieser Publikation zusammengestellten Fakten erheben keinen Anspruch auf Vollständigkeit, wurden jedoch mit größtmöglicher Sorgfalt recherchiert. Aus diesem Grund können weder an die Autoren noch an den Verlag rechtliche Ansprüche gestellt werden.